21st Century Application-oriented Undergraduate Course for Higher Education · Accounting Series
21世纪高等院校应用本科会计系列

政府与非营利组织会计

Accounting for Government and Nonprofit Organizations

李荣梅 关辉 尤玉沣 编著

（第三版）

东北财经大学出版社
Dongbei University of Finance & Economics Press
·大连·

图书在版编目（CIP）数据

政府与非营利组织会计 / 李荣梅，关辉，尤玉沣编著．—3 版．—大连：东北财经大学出版社，2014.7（2015.12 重印）
（21 世纪高等院校应用本科会计系列）
ISBN 978-7-5654-1548-7

Ⅰ．政… Ⅱ．①李… ②关… ③尤… Ⅲ．①单位预算会计-高等学校-教材 ②预算会计-高等学校-教材 Ⅳ．F810.6

中国版本图书馆 CIP 数据核字（2014）第 113227 号

东北财经大学出版社出版
（大连市黑石礁尖山街 217 号 邮政编码 116025）
教学支持：（0411）84710309
营 销 部：（0411）84710711
总 编 室：（0411）84710523
网 址：http://www.dufep.cn
读者信箱：dufep@dufe.edu.cn

大连图腾彩色印刷有限公司印刷 东北财经大学出版社发行

幅面尺寸：170mm×240mm 字数：421 千字 印张：20 3/4 插页：1
2014 年 7 月第 3 版 2015 年 12 月第 7 次印刷

责任编辑：朱 艳 责任校对：毛 杰 赵 楠
封面设计：沈 冰 版式设计：钟福建

ISBN 978-7-5654-1548-7
定价：34.00 元

第三版前言

本书是根据现行的《政府总预算会计制度》和2013年12月新修订的《行政单位财务制度》、《行政单位会计制度》(2014年1月1日起全面施行)、新修订的《事业单位会计准则》和《事业单位会计制度》及《民间非营利组织会计制度》，结合相关法律法规基础上完成修订的第三版《政府与非营利组织会计》教材。

本书内容包括政府会计和非营利组织会计。政府会计又分为政府财政会计和行政单位会计；非营利组织会计又分为公立非营利组织会计（即事业单位会计）和民间非营利组织会计。本书共分为三篇二十五章：第一篇为政府与非营利组织会计基础，主要阐述政府与非营利组织会计基本理论和基本方法；第二篇为政府会计，分别阐述政府财政会计和行政单位会计基本理论与实务；第三篇为非营利组织会计，分别阐述事业单位会计和民间非营利组织会计基本理论与实务。

本书理论联系实际，突出内容的实用性、可操作性、前瞻性。本书既可作为高等院校经济管理类各专业的教材，又可作为从事政府与非营利组织会计核算和审计相关人员的自学参考书籍。

本书写作分工如下：第一章至第十一章由李荣梅编写；第十二章至第十九章由关辉编写；第二十章至第二十五章由尤玉沣编写。全书由李荣梅、关辉定稿。

由于编者水平有限，时间仓促，书中难免存在错误和疏漏，恳请各位读者批评指正。

编著者

2014年4月

目 录

第一篇 政府与非营利组织会计基础

第二篇 政府会计

第三篇 非营利组织会计

第一篇　政府与非营利组织会计基础

第一章

政府与非营利组织会计的特点及组成体系

学习目标

通过本章的学习，明确政府与非营利组织会计的适用范围，掌握政府与非营利组织会计的概念和特点，熟悉政府与非营利组织会计体系的构成。

第一节 政府与非营利组织会计的概念与特点

一、政府与非营利组织会计的概念

会计按其适用范围和核算对象可分为两大类：企业会计和政府与非营利组织会计。

作为企业会计，它反映和监督社会再生产过程中生产、流通等领域企业经营资金的活动，这类企业的主要特征是以营利为目的。它们基本上属于物质生产部门，通过从事各项生产经营活动，提供社会必需的生产资料和生活资料并创造价值，在社会再生产过程中起着决定性的作用。适用于农、工、交、商、金融等企业单位的会计，称为企业会计。

作为政府与非营利组织会计，它反映和监督社会再生产过程中分配领域、精神生产和社会福利领域的政府财政机关、行政单位财政资金和非营利组织业务资金的活动，这些单位的主要特征是不以营利为目的，而以社会效益为目的。

作为非物质生产部门的政府、行政单位和非营利组织所使用的资金，基本上属于社会再生产过程中分配领域里的政府财政资金和非营利组织业务资金。这些单位不直接提供物质产品，它们从事各种业务活动，为社会生产和人民生活服务，在社会再生产过程中同样起着不可忽视的作用。适用于各级政府财政机关、行政单位和各类非营利组织的会计，称为政府与非营利组织会计。在我国实际工作中相当于预算会计。

政府财政机关是各级政府中负责组织国家财政收支、办理国家预算决算的工作部门，它以各级政府为会计主体，对各级政府的财政收支进行管理和核算，对国民经济进行宏观调控和管理。

行政单位是指管理国家事务、组织经济建设和文化建设、维护社会公共秩序的国家机关及其派出机构。行政单位按其管理职权不同分为以下几类：

（1）国家权力机关，主要指中央和地方各级人民代表大会及其常务委员会的常设机构。

（2）国家行政机关，主要指国务院及地方各级人民政府的常设机构及其派出机构。

（3）司法机关，主要指中央和地方各级法院和检察机关。

（4）列入国家行政编制的各党派和人民团体。

行政单位的主要职能是对社会公共事务实施有效的管理，并通过运用国家管理职能组织领导和调控国民经济与社会发展。行政单位在国民经济和社会发展中起着统筹规划和核心的作用。

非营利组织是指不具有物质产品生产和国家事务管理职能，主要以精神产品和各种劳务形式向社会公众提供服务，不以营利为目的，以实现社会效益为宗旨的各类组织机构。非营利组织按其资金来源不同可分为公立非营利组织和私立非营利组织。前者开展业务活动的资金来源主要是财政拨款，也称为事业单位；后者开展业务活动的资金来源主要是民间投资，也称为民间非营利组织。

公立非营利组织主要包括科学、教育、文艺、广播电视、信息服务、卫生、体育等科学文化事业单位，气象、水利、地震、环保、计划生育等公益事业单位，孤儿院、养老院等社会福利救济事业单位。

民间非营利组织主要指依照国家法律、行政法规登记的社会团体、基金会、民办非企业单位和寺院、清真寺、教堂等类型的组织。这些民间非营利组织一般具有三方面的基本特征：一是该组织不以营利为目的；二是资源提供者向该组织投入的资源不取得经济回报；三是资源提供者不享有该组织的所有权。

非营利组织的主要职能是通过文化教育、科学技术、社会服务、医疗卫生等手段，直接或间接地为上层建筑、经济建设和人民生活服务，以达到提高全民素质，促进社会经济发展的目的。

政府与非营利组织在社会政治和经济生活中发挥着重要的作用，已成为社会政治和经济生活中的重要力量。政府与非营利组织的支出已经接近我国经济总支出的1/3。无论是从绝对数来说，还是从相对数来说，投入到政府与非营利组织的财力和人力资源的总数都是巨大的。随着政府与非营利组织的日益扩大和业务活动的复杂化，核算、监督和考核政府与非营利组织业务资金活动情况和结果的政府与非营利组织会计显得日益重要。

所谓政府与非营利组织会计，是指各级政府、行政单位和各类非营利组织核算和监督政府财政资金和各类非营利组织业务资金活动情况的专业会计。它以货币为主要计量单位，对各级政府财政资金和各类非营利组织业务资金活动的过程和结果进行完整、连续、系统的核算和监督，以加强预算管理和财务管理，提高资金的使用效益。它是政府宏观管理的重要信息系统，也是各单位经济管理的重要组成部分。

二、政府与非营利组织会计的对象

政府与非营利组织会计由政府会计和非营利组织会计两大部分组成。

政府会计又分为政府财政会计和行政单位会计。政府财政会计是各级人民政府财政部门核算和监督各级政府预算财务收支活动及其受托责任履行情况的会计，又称财政总预算会计。行政单位会计是各级人民政府所属行政单位核算和监督单位预算执行情况的会计，又称行政单位会计，是同级政府会计的组成部分。因为政府会计更多地服务于政府公共财务管理的需要，所以，政府会计的内涵也更为丰富。

非营利组织会计按其开展业务活动资金来源的不同，分为公立非营利组织会计和民办非营利组织会计。公立非营利组织会计是核算和监督预算拨款的各类非营利组织预算执行情况及其他经营活动的专业会计，又称事业单位会计。民办非营利组织会计是核算和监督民间投资的各类非营利组织预算执行情况及其他经营活动的专业会计。

政府与非营利组织会计管理核算的内容为非物质生产领域中政府财政资金和非营利组织业务资金的活动。因为政府财政部门、行政单位和非营利组织的业务活动和收支范围不尽相同，所以，政府财政会计、行政单位会计和非营利组织会计的对象就有一定的差别。

各级政府为了实现宪法赋予的使命，保障经济和社会的健康发展，要有计划地集中一部分国民收入，按照国家的施政方针以及国民经济和社会发展计划进行再分配。国家集中的国民收入，主要来自各种类型企业和经济组织的税金、国有资产收益和其他缴款，这些收入形成政府的预算收入。国家集中的各种收入，通过预算拨款和经费使用的方式，有计划地分配给企业、基建、事业、行政等单位，由它们按照规定的用途用于经济建设，发展社会文化事业，支付国家军政费用等，形成国家的预算支出。每年预算执行的结果，即为政府财政的收支结余。因此，政府财政会计的核算对象，就是在执行总预算过程中各级政府财政资金的集中、分配及其结果。收入、支出、结余以及在执行总预算过程中形成的资产、负债、净资产，则是政府财政会计反映和监督的具体内容。

行政单位为了执行国家机关工作任务所需要的资金，由各级政府财政部门从本级政府预算集中的资金中分配和拨付。各行政单位要按照核定的预算向财政部门领取经费，形成单位的资金收入。取得经费后除拨付下级单位所需经费外，要用以购置行政工作所需的设备和材料物资，支付人员经费、公用经费等，并形成单位的资金支出。而尚未使用的货币资金，就是行政单位的收支结余。因此，行政单位会计的核算对象，就是在执行单位预算过程中各级行政单位财政资金领拨、使用及其结果。收入、支出、结余以及在执行单位预算过程中形成的资产、负债、净资产，则是行政单位会计反映和监督的具体内容。

非营利组织的业务活动多种多样，其资金来源也比较复杂。各类非营利组织除有自身的业务收入以外，还可以从政府拨款、有关机构拨款、各种专项资金、捐赠收入等方面取得资金，形成非营利组织的业务资金收入。为开展各项业务活动，非营利组织取得的资金要用以购置数额较多的设备和材料物资，形成非营利组织的实物资产，并由此发生一定的负债；在开展业务活动的过程中，要发生各项业务支出；收支相抵后，表现为非营利组织会计的收支结余。因此，非营利组织会计的核算对象就是各类非营利组织业务资金的取得、使用及其结果。资产、负债、净资产以及在进行业务活动中所发生的收入、支出、结余，则是非营利组织会计反映和监督的具体内容。

三、政府与非营利组织会计的特点

政府与非营利组织会计的特点主要表现在以下几个方面：

（一）出资者提供的资金不具有营利性、增值性，但具有限制性

政府和非营利组织资财的供给者称为出资者，涉及纳税人、捐赠人、受益人等

广大的人群，他们提供的资金原则上称为基金。基金的特征是要按出资者的意愿完成一定的任务，实现社会效益。政府与非营利组织会计首先表现为基金会计，要能反映各项基金按预期目的运用的结果。

政府和非营利组织的出资者不要求投资回报和投资回收，但要求按法律规定或出资者的意愿把资金用在指定用途上，即要求资金有限制性。在这些单位中不仅固定基金、留本基金、专用基金、拨入专项资金等具有特定的用途，就是经费拨款、事业基金等实际上也都有严格的具体用途，不能移作他用。资本金的增值性体现了企业投资者的权利，而基金的限制性则体现了政府和非营利组织出资者的权利。为此，政府与非营利组织会计要按不同的项目核算基金的使用情况，提供各项基金的收支结余情况，以便考核各项基金的使用效果。

（二）有关财政资金的收支项目要适应国家预算管理的要求

政府与非营利组织会计核算的内容主要是政府财政资金的收支活动。政府及非营利组织会计以预算为基础，以财政资金收支为主要核算内容。这就要求政府及非营利组织会计的组成体系必须与国家预算的组成体系相适应。凡是成立总预算或单位预算的地区、部门、单位都要设置政府财政会计、行政单位会计和公立非营利组织会计，并执行政府与非营利组织会计准则和会计制度。政府及非营利组织会计的指标体系、会计科目和会计报表的设置，要同《政府收支分类科目》保持一致，以适应预算管理的需要，全面反映政府与非营利组织预算的执行情况。

（三）提供政府与非营利组织受托责任履行情况的信息

政府与非营利组织的受托责任通常指资源或活动从公众或其他资源提供者转移给政府与非营利组织管理当局并负责的一种转换，或政府与非营利组织所承担的向社会公众服务对象提供劳务的责任。政府代表国家意志行使公共财政资源筹集、使用和管理的权力，必须受到资源提供者及其代表、国家法律、行政法令、合同协议以及其他约定的限制。政府与非营利组织管理当局受托使用公共财政资源，对资源使用的经济性、有效性和使用效果负有责任。这种受托责任不仅表现为经济或财务的责任，而且还表现为政治和社会的责任。

（四）会计确认基础具有多样化的特征

在政府会计与非营利组织会计核算中，采用的会计核算基础包括权责发生制、收付实现制、修正的权责发生制和修正的收付实现制。政府类型基金的确认基础在各个国家都不同。大部分国家的政府或政府单位采用收付实现制基础和修正的收付实现制基础，如德国、法国，以及欧洲联盟等，要求政府单位采用收付实现制基础提供财务报告，同时揭示有关应收账款和应付账款的信息。如加拿大、美国和地方州政府等则要求政府单位采用修正的权责发生制会计核算基础。此外，有的国家采用比较激进的完全权责发生制，如新西兰、澳大利亚、英国等少数国家。西方各国的非营利组织会计则普遍采用权责发生制会计核算基础，特别是医院和健康与福利组织。

我国政府会计与非营利组织会计核算中，政府会计为了如实反映当期预算收入和预算支出的情况，一般都采用收付实现制会计核算基础；但是，政府会计按规定将对个别事项采用权责发生制会计核算基础。非营利组织会计为了考核收入和支出情况，以及非营利组织开展业务活动的成果，同时也为了充分地反映非营利组织在财务活动中的权利和义务，同时存在两种会计核算基础，有些业务采用收付实现制会计核算基础，另一些业务则采用权责发生制会计核算基础。在实际工作中也可以采用修正的权责发生制和修正的收付实现制会计核算基础。

第二节　政府与非营利组织会计的组成体系

政府与非营利组织会计由政府会计和非营利组织会计两大部分组成。

政府会计的组成体系，是由国家预算的组成体系决定的。我国国家预算的组成体系，根据国家政权结构和行政区域划分建立，包括中央预算和地方预算。中央预算由国务院直属各部门的预算组成，地方预算由省、自治区、直辖市及以下各级人民政府的预算组成。国家预算按照预算收支管理范围，又分为总预算和单位预算。中央政府预算即为中央总预算，地方各级总预算由本级政府预算和下一级总预算组成；单位预算是指列入总预算的国家机关和其他单位的收支预算。

根据国家预算的组成体系和分类，政府会计分为政府财政会计和行政单位会计。前者是各级人民政府财政部门核算和监督总预算执行情况的会计，又称财政总预算会计；后者是各级人民政府所属行政单位核算和监督单位预算执行情况的会计，它又是同级政府会计的组成部分。行政单位会计按国家机关性质，可以分为立法机关会计、行政机关会计、审判机关会计、检察机关会计和军队会计。此外，党派会计、社会团体会计从会计业务处理程序来看，也归属于行政单位会计。

组织财政性资金的运行，除了有财政部门以外，还有其他一些部门参与。在我国，财政资金的收入、拨出和报解，是由中国人民银行代理的国库经办的，财政收入主要是由税务机关、海关监管机构征收解缴的。因此，中国人民银行办理国库业务的国库会计，税务机关、海关监管机构办理税款的收入征解会计，也是政府会计必不可少的分支。此外，政府委托管理机构的社会保障基金会计，国家重要物资储备部门的战略物资储备会计，也是政府会计的重要内容。

国库既是政府财政的出纳中心，也是参与组织和执行政府预算的管理机关。任何国家和政府都要设立国库办理财政收支出纳业务。我国国库采用委托国库制，国库由中国人民银行总行及其分支银行代理。根据《中华人民共和国国库条例》的规定，我国国库机构按照“统一领导、分级管理”的财政管理体制设立，原则上一级财政设立一级国库。与财政管理体制相适应，我国的国库分为总库、分库、中心支库和支库四级。

国库会计是核算和监督财政资金运动的专业会计，是国库工作的基础。国库会计参与政府财政总预算的执行，与政府会计与非营利组织会计有着密切的内在联系：国库会计以政府预算为基础，与政府财政会计、税收会计等共同组成政府会计体系；从国库资金运动方面看，国库会计是连接税收资金和财政资金的纽带。预算收入的主体是税收，税收由收入征收机关负责征收，经国库收纳、划分、报解等一系列会计处理后，形成财政资金；在业务核算上，国库会计必须满足政府预算执行的要求，与政府财政会计和税收会计相适应，国库会计每天编制的预算收入日报表和分成收入计算表是政府财政会计登记收入分类账的唯一合法凭证和掌握预算拨款的可靠凭证。

非营利组织会计按其开展业务活动资金来源的不同，可以分为公立非营利组织会计和民办非营利组织会计。前者是核算和监督预算拨款的各类非营利组织预算执行情况及其他经营活动的专业会计，又称事业单位会计；后者是核算和监督民间投资的各类非营利组织预算执行情况及其他经营活动的专业会计。

非营利组织涉及的范围很广，按其主要行业来看，可以分为科学单位会计、教育单位会计、文化单位会计、医院会计、体育单位会计、农林水利事业单位会计等。

因此，政府与非营利组织会计是一种兼容宏观与微观、遍及社会各领域的应用范围极为广泛的重要会计分支。

政府与非营利组织会计的组成体系如图 1-1 所示。

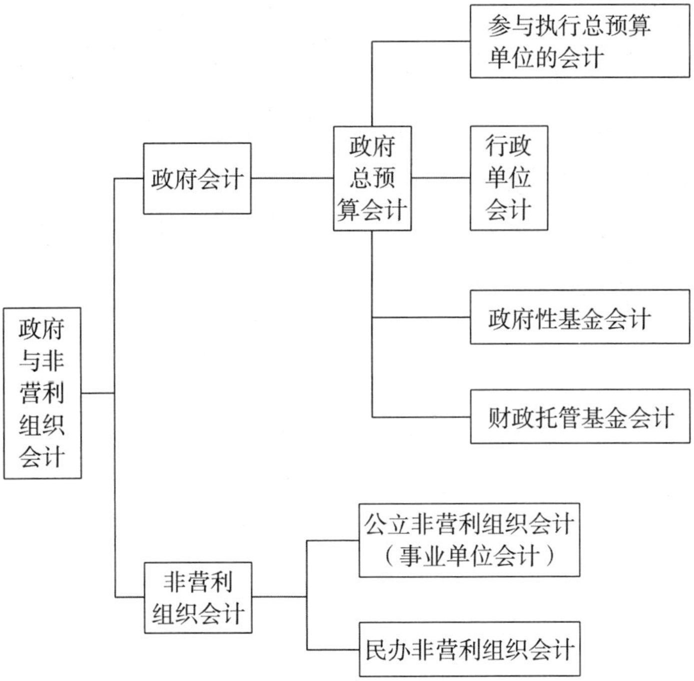

图 1-1 政府与非营利组织会计的组成体系图

本章小结

政府与非营利组织会计是各级政府、行政单位和各类非营利组织核算和监督政府财政资金和各类非营利组织业务资金活动情况的专业会计。它是政府宏观管理的重要信息系统，也是各单位经济管理的重要组成部分。

政府与非营利组织会计的特点在于：出资者提供的资金不具有营利性、增值性，但具有限制性；有关财政资金的收支项目要适应国家预算管理的要求；提供政府与非营利组织受托责任履行情况的信息；会计确认基础具有多样化的特征。

政府与非营利组织会计由政府会计和非营利组织会计两大部分组成。

政府会计的组成体系分为政府财政会计和行政单位会计；非营利组织会计可分为公立非营利组织会计（事业单位会计）和民办非营利组织会计。

思考题

1. 政府与非营利组织会计的适用范围如何？其组成体系是怎样的？
2. 试述政府与非营利组织会计的概念及核算对象。
3. 政府与非营利组织会计同企业会计比较有哪些主要特点？

第二章

政府与非营利组织会计基本理论与记账方法

学习目标

通过本章的学习，明确政府与非营利组织会计的基本目标，了解政府与非营利组织会计信息需求者的构成；了解政府与非营利组织会计规范的内容；掌握政府与非营利组织会计要素的内容和记账方法，了解政府与非营利组织会计的任务。

第一节 政府与非营利组织会计的目标

政府与非营利组织的会计目标，即政府与非营利组织的财务会计报告目标，解决的是政府与非营利组织财务会计报告编制目的的问题。

一、政府与非营利组织会计的基本目标

政府与非营利组织会计的基本目标在于，为会计信息使用者提供对决策有用的信息，评价政府及非营利组织受托责任的履行情况信息。

在会计理论上，对会计目标有受托责任观和决策有用观两种不同观点。受托责任观强调会计目标是有效地反映资源受托者受托经营责任的履行情况。各会计主体对所接受的资财要承担经营管理的责任，为了监督评价这种责任的履行情况，各会计主体必须提供有关的会计信息。这种会计信息要有助于资财提供者监督评价会计主体承担的经营管理责任。决策有用观强调会计目标在于向信息使用者提供有助于进行经济决策的信息。会计信息的使用者利用会计信息主要是为了作出有关决策，为了满足这一需要，会计信息必须首先具有对决策有用的性质，会计信息是经济决策的基础。其实这两种观点不是对立的，而是相辅相成的。会计起源于对受托责任的考评，随着社会经济的发展，竞争和市场风险的形成，单位决策范围的扩大，为经济决策服务逐步提到重要的地位。

我国政府与非营利组织的会计目标是：提供符合国家宏观经济管理要求，适应预算管理和各级政府财政、行政、各类公立事业单位及民间非营利组织管理需要的对决策有用的信息。这些信息应能真实、完整地反映政府及非营利组织的财务状况、收支结余及结余分配情况，受托责任的履行情况，以满足信息使用者的决策之需。

二、政府与非营利组织会计信息的需求者

政府与非营利组织会计信息的需求者是指与会计主体有“利害关系”、需要利用财务报告所提供的信息作出各种决策的团体和人士。鉴于政府及非营利组织的环境特征，其会计信息使用者与企业组织有很大的区别；同时，政府与非营利组织会计的服务对象广泛，决定了政府与非营利组织会计信息需求者的广泛性。

（1）政府各级主管部门，包括各级政府财政、行政、各类非营利组织主管部门等。它们代表政府对所属下级政府及非营利组织受托责任的履行情况及财务业绩等作出评价，并据此制定有关的政策。

（2）立法及监督机构，如我国的各级人民代表大会及其代表、各级审计机关、非营利组织的相关监督机构等。他们代表全体人民或利益关系者的利益，了解政府及非营利组织财务资源的使用情况及管理当局的廉政勤政等情况，以便作出各种相关的经济、政治决策。

（3）政府与非营利组织服务的对象。政府会计的服务对象是社会公众，也包括企业组织；非营利组织的服务对象较固定，如各类学校的服务对象主要是受教育者，医院的服务对象主要是病人。

（4）资源提供者，如纳税人、服务费付款人、捐赠人等。纳税人依法纳税，服务对象交纳服务费，捐赠人无偿捐赠。他们虽不求回报，但都关心资源使用的效果、效益，以及税务负担的合理性。政府及非营利组织在财务收支活动中，也需要通过债券或向金融机构融资，所以，资源提供者也包括债券投资者和债权人。

（5）其他需求者，如经济和财务分析师、媒体、工会组织、社会福利机构、政府与非营利组织的职工等。

三、政府与非营利组织会计的任务

根据政府与非营利组织会计目标的要求，政府与非营利组织会计应完成的基本任务如下：

（一）核算财政财务收支情况，促进预算实现，保证行政事业任务完成

政府和非营利组织会计要利用其专门的核算方法，对政府财政资金和非营利组织业务资金的活动情况进行连续、全面、系统的核算和监督，为国家预算管理和单位财务管理提供可靠的数据资料。政府和非营利组织会计的日常核算资料，是编报财政财务收支情况的依据。非营利组织的收支情况，要向有关出资者报告，要向政府主管部门报告。各级财政机关、行政单位和非营利组织逐级汇编上报的会计报表，最终要形成各级政府的财政决算，它是各级领导机关指导国家预算执行的重要依据。国家和各地区、各部门、各单位只有及时掌握会计报表资料，才能从中发现财政管理和财务管理中的问题，制定政策，采取措施，组织预算执行中的收支平衡，促进各级预算收支任务的实现。

政府和非营利组织会计应当提供单位资产、负债，特别是各项基金增减变动情况的信息，提供单位收入、支出及收支结余方面的信息，以便出资者作出是否继续出资、是否需要增资的决策，确保单位各项任务的顺利完成。

（二）分析财政财务收支执行进度，合理调度资金，调节资金供需关系

经常保持资金需求与供应的协调、平衡，经常保持适当数量的财政库存和单位库存，是保证年度总预算和单位预算顺利执行的必要条件。由于各种收入和支出在年度过程中是有波动的，在年度预算安排收支平衡的条件下，每个季度，每个月份直至每旬的收入和支出，不可能都是平衡的。这就需要运用会计提供的有关资金集中、分配和结余的资料，经常地分析研究财政库存和经费存款的情况，掌握资金收入和支出的变化规律，以解决年度预算执行过程中财政资金、业务资金需求和供应之间可能出现的矛盾，发挥资金的调度作用，掌握年度预算执行的主动权。

（三）检查财政财务收支计划执行结果，实行会计监督，维护国家财经纪律

国家财政资金和非营利组织业务资金的收支，反映着财政、行政和非营利组织等单位活动的范围和方向，反映着国家财经方针、政策的执行情况。政府、事业单

位会计在核算总预算和单位预算收支情况的同时，必须按照财政财务收支计划，以国家有关方针、政策、法令和制度为依据进行严格的检查。要认真研究收入是否及时、足额缴库，是否符合政策；支出是否按预算拨付，有无挪用预算收入、任意支付计划外开支、违反财经纪律等行为发生；资金结余如何分配等。要充分利用会计信息反映灵敏、综合性强的特点，认真检查经济业务和财务收支的合理性、合法性和有效性，以保证国家财经方针、政策的执行。

第二节　政府与非营利组织会计规范

会计规范是人们在从事会计活动时所应遵循的约束性或指导性的行为准则。政府受人民委托，代表国家意志，以税收的形式向纳税人无偿地征集公共财政资源，并将其用于满足社会共同需要。对公共财政活动情况和结果进行反映的会计行为，也必须以相应的法律规章进行规范，以满足政府与非营利组织财务信息使用者的需要。我国政府与非营利组织现行的会计规范主要包括会计法律、会计行政法规和会计部门规章三个部分。

一、会计法律

法律是由国家最高权力机关通过一定立法程序颁布施行的。我国规范政府与非营利组织会计的法律主要有《中华人民共和国预算法》（以下简称《预算法》）和《中华人民共和国会计法》（以下简称《会计法》）。其中，《预算法》自 1995 年 1 月 1 日起施行，是规范政府与非营利组织财务活动行为的基本法律，各级政府、政府单位及非营利事业单位都必须按照《预算法》的规定组织财务收支活动，并接受立法机构的监督。《会计法》是规范会计活动行为的基本法律，是其他会计法规的“母法”，任何会计规范都必须以《会计法》为基本准绳。

二、会计行政法规

行政法规是由国家最高行政机关国务院制定发布施行的，它是根据法律制定、颁布的一种规范，也是法律规定的具体化。我国政府与非营利组织会计的行政法规有：《中华人民共和国预算法实施细则》等。《中华人民共和国预算法实施细则》是根据《预算法》制定的。

三、会计部门规章

会计部门规章是由国家主管会计工作的行政部门财政部制定的会计方面的规范。我国由财政部制定的会计部门规章有：《财政总预算会计制度》、《行政单位会计制度》、《行政单位财务规则》、《事业单位会计准则》、《事业单位会计制度》、《事业单位财务规则》等。此外，财政部出台了一些新的核算规定，如《财政部关于将按预算外资金管理的收入纳入预算管理的通知》、《财政国库管理制度改革试点会计核算暂行办法》、《行政事业单位工资和津贴补贴有关会计核算办法》、《财政部关于国有资本经营预算收支会计核算的通知》等对会计制度作出局部补充或调整。

第三节　政府与非营利组织会计要素与记账方法

一、政府与非营利组织会计要素

会计要素是对会计对象的基本分类，科学地确定会计要素，有助于设置会计科目，有助于对会计事项的确认、计量和报告。我国在《财政总预算会计制度》、《行政单位会计制度》、《事业单位会计准则》、《民间非营利组织会计制度》中明确规定了政府与非营利组织会计的要素，包括资产、负债、净资产、收入、支出（费用）。

（一）资产要素

资产是指过去的交易、事项形成的并由会计主体拥有或控制的能以货币计量的资源，该资源预期会给会计主体带来经济利益，包括各种财产、债权和其他权利。

1. 政府会计的资产

根据《财政总预算会计制度》的规定，政府财政会计资产包括财政性存款、有价证券、暂付及应收款项、预拨款项等。根据《行政单位会计制度》规定，行政单位会计核算的资产包括流动资产和固定资产。

2. 非营利组织会计的资产

根据 2013 年 1 月 1 日起施行的《事业单位会计准则》的规定，公立非营利组织会计核算的资产按照流动性，分为流动资产和非流动资产。流动资产包括货币资金、短期投资、应收及预付款项、存货等。非流动资产包括长期投资、在建工程、固定资产、无形资产等。

根据《民间非营利组织会计制度》的规定，民间非营利组织会计核算的资产包括流动资产、受赠资产、长期投资、固定资产、无形资产和其他资产。

（二）负债要素

负债是过去的经济业务或会计事项形成的现时义务，履行该义务预期会导致经济利益流出会计主体。

1. 政府会计的负债

根据《财政总预算会计制度》的规定，政府财政会计核算的负债包括应付及暂收款项、按法定程序及核定的预算举借的债务等。根据《行政单位会计制度》规定，行政单位会计核算的负债包括应缴预算款、暂存款等。

2. 非营利组织会计的负债

根据 2013 年 1 月 1 日起施行的《事业单位会计准则》的规定，公立非营利组织会计核算的负债按照流动性，分为流动负债和非流动负债。流动负债包括短期借款、应付及预收款项、应付职工薪酬、应缴款项等。非流动负债包括长期借款、长期应付款等。

根据《民间非营利组织会计制度》的规定，民间非营利组织会计核算的负债包括流动负债和长期负债。

（三）净资产要素

净资产是所有者在单位享有的经济利益，其金额是资产减去负债的差额。

1. 政府会计的净资产

根据《财政总预算会计制度》的规定，政府财政会计核算的净资产包括各项结余、预算稳定调节基金和预算周转金等。根据《行政单位会计制度》的规定，行政单位会计核算的净资产包括固定基金、结余等。

2. 非营利组织会计的净资产

根据2013年1月1日起施行的《事业单位会计准则》的规定，公立非营利组织会计核算的净资产包括事业基金、非流动资产基金、专用基金、财政补助结转结余、非财政补助结转结余等。

根据《民间非营利组织会计制度》的规定，民间非营利组织会计核算的净资产包括不受限制净资产、暂时受限制净资产、永久受限制净资产、业务发展基金和留本基金。

（四）收入要素

收入是会计主体为执行公共事务、开展业务活动和其他活动而取得的经济利益流入，即非偿还性资金流入。

1. 政府会计的收入

根据《财政总预算会计制度》等的规定：政府财政会计的收入是指各级政府财政根据国家法律法规所取得的非偿还性资金，是一级政府财政的资金来源。政府财政会计核算的收入包括一般预算收入（公共财政预算资金收入）、基金预算收入、专用基金收入、转移性收入、国有资本经营预算收入和财政专户管理资金收入等。

根据《行政单位会计制度》的规定，行政单位会计核算的收入包括拨入经费、其他收入等。

2. 非营利组织会计的收入

根据2013年1月1日起施行的《事业单位会计准则》的规定，公立非营利组织会计核算的收入包括财政补助收入、事业收入、上级补助收入、附属单位上缴收入、经营收入和其他收入等。

根据《民间非营利组织会计制度》的规定，民间非营利组织会计核算的收入包括基本业务收入、其他业务收入、政府资助收入、投资收益和其他收入。

（五）支出（费用）要素

支出是政府与公立非营利组织依据国家有关法规所发生的经济利益的流出。

1. 政府会计的支出

根据《财政总预算会计制度》等的规定：政府财政会计的支出是指一级政府为实现其职能，依法对财政资金进行的分配和使用所形成的支出。政府财政会计核算的支出包括一般预算支出（公共财政预算资金支出）、基金预算支出、国有资本经营预算支出、专用基金支出、转移性支出和财政专户管理资金支出等。

根据《行政单位会计制度》等的规定，行政单位会计核算的支出根据资金管理要求分为基本支出和项目支出。

2. 公立非营利组织会计的支出或费用

根据2013年1月1日起施行的《事业单位会计准则》的规定，公立非营利组织会计核算的支出或者费用包括事业支出、对附属单位补助支出、上缴上级支出、经营支出和其他支出等。

3. 民间非营利组织会计的费用

根据《民间非营利组织会计制度》的规定，费用是指民间非营利组织为开展业务活动所发生的、导致本期净资产减少的经济利益或者服务潜力的流出，包括业务活动成本、管理费用、筹资费用和其他费用等。

各类政府财政部门、行政单位及非营利组织开展的经济活动不同，上述五个会计要素所包含的具体内容也有所区别，这些区别将在以后各章中叙述。

二、政府与非营利组织会计等式

会计等式也称会计平衡式，是指政府与非营利组织会计要素之间客观存在的必然相等的关系。用公式表示如下：

资产＝负债＋净资产　　(1)

在政府与非营利组织经济业务活动过程中，必然取得一定数额的收入，同时也必然发生一定数额的支出（或费用）。收入和支出（或费用）相抵后的余额为结余，一定期间的结余可以增加净资产，如果抵减后的结余是负数，会发生相反的变化，可用公式表示如下：

资产＝负债＋净资产＋（收入－支出或费用）

即　资产＋支出或费用＝负债＋净资产＋收入　　(2)

公式（1）反映在某一时点上资产、负债和净资产的恒等关系；公式（2）反映了会计主体单位收支结余情况及净资产（溢余或损失）增减情况；政府与非营利组织会计的资产负债表是依据公式（1）编制的。

会计等式是政府与非营利组织设置账户、复式记账、登记账簿、编制会计报表的理论依据。

三、政府与非营利组织会计的记账方法

记账方法就是运用一定的记账符号、记账规则来编制会计分录和登记账簿的

方法。

人们曾采用单式记账和复式记账两种记账方法。单式记账方法对发生的每一项经济业务只在一个账户中登记，是一种简单的记账方法，不能全面反映经济业务的来龙去脉，各账户之间也没有联系和制约，也不便于检查账户记录的正确性与完整性。复式记账是对发生的每一项经济业务，以相等金额，在相互联系的两个或两个以上账户中进行登记的方法。它能清楚地反映每一项经济业务的来龙去脉，并能掌握资金总体活动的全貌，是当前世界各国普遍采用的一种科学方法。

完整意义上的复式记账法包括记账符号、账户结构、记账规则和试算平衡四项基本内容。

借贷记账法是以“借”、“贷”作为记账符号，对每一笔经济业务，在相互联系的两个或两个以上账户中进行登记，用来反映会计主体资金运动的一种复式记账方法。

（一）记账符号和账户结构

借贷记账法是以“借”、“贷”作为记账符号，表示记账方向。它通常把账户分成左右两方，分别反映经济业务的增加和减少。其中，左方为借方，右方为贷方，这便形成了借贷记账法下账户的基本结构。在账户的借、贷两方，究竟哪一方登记增加数，哪一方登记减少数，这要取决于账户的性质。政府与非营利组织会计制度将账户分为五大类：资产类账户、支出（费用）类账户、负债类账户、净资产类账户、收入类账户。前两类可统称为“资产部类”账户，后三类可统称为“负债部类”账户。

1. 资产部类账户的基本结构

资产部类账户，增加记借方，减少记贷方，余额在借方。用“T”型账户表示，资产部类账户的结构如表 2-1 所示。

表 2-1 **资产部类账户**

借方	贷方
期初余额×××	
本期增加额×××	本期减少额×××
本期发生额×××	本期发生额×××
期末余额×××	

资产部类账户余额关系式为：

期初余额+本期借方发生额-本期贷方发生额=期末余额

2. 负债部类账户的基本结构

负债部类账户，增加记贷方，减少记借方，余额在贷方。用“T”型账户表示，负债部类账户结构如表 2-2 所示。

表 2-2 **负债部类账户**

借方	贷方
	期初余额×××
本期减少额×××	本期增加额×××
本期发生额×××	本期发生额×××
	期末余额×××

负债部类账户余额的关系式为：

期初余额+本期贷方发生额-本期借方发生额=期末余额

（二）记账规则

在会计实务中，要把经济业务记入账户中还要掌握和运用记账规则。记账规则是指记账中必须遵循的规则和要求。借贷记账法的记账规则是：有借必有贷，借贷必相等。

单位发生的经济业务，登记账簿有四种情况：

（1）经济业务影响的同为资产部类账户，则：一个账户增加，记在借方；一个账户减少，记在贷方；双方金额相等。

（2）经济业务影响的同为负债部类账户，则：一个账户增加，记在贷方；一个账户减少，记在借方；双方金额相等。

（3）经济业务分别影响两类账户增加，则：资产部类账户增加，记在借方；负债部类账户增加，记在贷方；双方金额相等。

（4）经济业务分别影响两类账户减少，则：资产部类账户减少，记在贷方；负债部类账户减少，记在借方；双方金额相等。

在采用借贷记账法进行复式记账时，我们把对每笔经济业务列示其应借和应贷的账户及其金额的记录叫做会计分录。在各项经济业务登记到账户之前，都要先根据经济业务的内容，运用借贷记账法的记账规则，确定所涉及的账户及其应借、应贷的方向和金额。在会计实务中，这项工作是通过在记账凭证上编制会计分录来完成的。

（三）试算平衡

试算平衡是根据会计等式的平衡关系，按照记账规则的要求，通过汇总计算和比较，来检查账户记录是否正确的方法。

借贷记账法是按照“有借必有贷，借贷必相等”的记账规则进行试算平衡的。按照这一规则，每项经济业务发生时所编制会计分录的对应账户的借贷金额必然相等。当一定时期内发生的所有经济业务全部记入有关账户后，全部账户的本期借方发生额合计数与本期贷方发生额合计数必然相等，全部账户的期末借方余额与期末贷方余额也必然相等。因此，在借贷记账法下，试算平衡可采用余额试算平衡法，也可以采用发生额试算平衡法。其试算平衡公式分别如下：

全部账户借方余额合计=全部账户贷方余额合计

全部账户借方发生额合计=全部账户贷方发生额合计

每个月结束时，在已经结出各个账户的本月发生额和月末余额后，试算平衡一般是通过编制试算平衡表来进行的。通过试算平衡表来检查账簿记录是否平衡，如果借贷不平衡，就可以肯定账户的记录或计算有错误。但是如果借贷平衡，却不能肯定记账没有错误，因为有些错误并不影响借贷双方的平衡。因此，试算平衡对会计记录正确与否的检查只是相对的。

本章小结

政府与非营利组织会计的基本目标在于：为会计信息使用者提供对决策有用的信息，评价政府及非营利组织受托责任的履行情况信息。

我国政府与非营利组织现行的会计规范主要包括会计法律、会计行政法规和会计部门规章三个部分。

政府与非营利组织会计要素包括：资产、负债、净资产、收入、支出（费用）。政府与非营利组织会计采用借贷记账法。

思考题

1. 试述政府与非营利组织会计的基本目标。
2. 试述政府与非营利组织会计要素包括的内容。
3. 试述政府与非营利组织会计信息的需求者。
4. 试述我国政府与非营利组织会计规范包括的主要内容。
5. 政府与非营利组织会计改革要研究的主要问题有哪些？

第二篇　政府会计

第三章

政府财政会计概述

学习目标

通过本章的学习，掌握政府财政会计的概念及政府财政会计核算的资金种类，熟悉政府财政会计要素和会计科日，明确政府财政会计的特点，了解政府财政会计的任务。

第一节 政府财政会计的概念与特点

一、政府财政会计的概念

政府财政会计是对政府的财政资金活动进行核算和监督的专业会计。政府财政会计的会计主体是各级政府，其执行机构是各级政府的财政部门。政府财政会计的核算对象是各级政府财政资金的收入、支出和结余，以及在资金运动过程中形成的资产、负债和净资产。由于政府财政会计负责核算和监督政府财政总预算的执行情况和结果，因此，通常也将政府财政会计称为财政总预算会计。

我国实行一级政府一级财政预算，即各级政府都编制相对独立完整的财政收支预算，共分五级政府五级预算。为核算和监督各级政府的财政总预算的执行情况和结果，各级政府在财政部门均设立相应的政府财政会计。具体设立情况为：中央政府财政部设立中央政府财政会计；省、自治区、直辖市政府财政厅（局）设立省、自治区、直辖市政府财政会计；设区的市、自治州政府财政局设立市、州政府财政会计；县、自治县、不设区的市、市辖区政府财政局设立县、市、区政府财政会计；乡、民族乡、镇政府设立乡、镇政府财政会计。

二、政府财政会计核算的资金

财政部门对财政资金有不同的管理方式，不同管理方式的财政资金有着不同的来源和用途。因此，政府财政会计需要对不同管理方式的财政资金分别进行核算。按照对财政资金不同的管理方式，可以将政府财政会计核算的财政资金划分为一般预算资金（公共财政预算资金）、政府性基金预算资金、国有资本经营预算资金、专用基金、财政专户管理资金等。

（一）一般预算资金

一般预算资金又称公共财政预算资金，是指纳入一般预算管理的财政资金。一般预算资金的主要来源是政府的税收收入和纳入一般预算管理的非税收入。一般预算资金可以安排使用在政府开支的各个方面。

一般预算资金还包括纳入一般预算管理的上下级政府转移支付资金，其中又包括与上级政府之间转移的一般预算资金和与下级政府之间转移的一般预算资金。

（二）政府性基金预算资金

政府性基金预算资金简称基金预算资金，是指纳入政府性基金预算管理的各种政府性基金。政府性基金预算资金的主要来源是政府的非税收入中的政府性基金收费收入；政府性基金预算资金只能安排政府性基金规定使用的用途。

政府性基金预算资金按照“以收定支、专款专用、收支平衡、结余结转下年安排使用”的原则安排使用。每项政府性基金要自求平衡，而且只能使用在建立该项政府性基金时规定的用途上，不得挪作他用。为了反映各项政府性基金的收、支、余情况，对政府性基金预算资金要按照各项政府性基金分别进行收、支、余的核算。

上下级政府可以通过转移支付对某种政府性基金进行调剂。所以政府性基金预算资金还包括政府性基金预算资金的上下级政府转移支付资金，其中又包括与上级政府之间转移的政府性基金预算资金和与下级政府之间转移的政府性基金预算资金。

（三）国有资本经营预算资金

国有资本经营预算资金是指纳入国有资本经营预算管理的财政资金。国有资本经营预算资金主要来源是政府的非税收入中的国有资本经营收入，主要包括国家出资企业上缴财政的利润、股利，出售国有股权取得的收入及国有股权清算收入。国有资本经营预算资金一般用于补充国有企业的资本金出资，或者用于国有企业改革的成本支出等。

（四）专用基金

专用基金是指从一般预算资金中安排用于某种专门用途的资金，目前包括粮食风险基金、重要商品储备专项基金等。专用基金的来源主要包括两个方面：一是本级财政按照预算从一般预算中安排的资金；二是上级财政部门拨入的用于建立或补充专用基金的资金。另外，专用基金在使用过程中产生的收入，如利息收入、粮食或商品购销差价收入等，也作为专用基金收入。专用基金只能用于规定专用基金使用的专门用途，不同专用基金用途也不同。如粮食风险基金只能用于平抑市场粮食价格方面的用途，重要商品储备专项基金只能用于该专项储备商品的购买、储备、调拨等。

专用基金实行专款专用、单独管理，单独核算。

（五）财政专户管理资金

财政专户管理资金是指实行收支两条线的事业性收费交由财政部门设置资金专户管理的资金，目前只包括教育部门的计划内教育收费和彩票机构的部分销售收入。财政专户管理资金的来源是教育部门的教育收费和彩票机构的销售收入（补偿彩票发行、销售机构业务费的部分）。财政专户管理资金按照单位预算拨付给教育单位和彩票发行、销售机构作为业务经费使用。

财政专户管理资金不纳入财政预算管理。

三、政府财政会计的特点

政府财政会计以政府财政性资金的预算收支活动为对象，以提供一级政府宏观经济管理信息为目标，既不同于以营利为目的的企业会计，也与政府与非营利组织会计体系中的行政单位会计、公立非营利组织会计存在一定的差异。政府财政会计的主要特点包括：

（1）政府财政会计为国家预算执行服务，对财政性资金进行核算与监督，为合理调度预算资金提供会计信息，并为宏观经济管理提供信息。

（2）政府财政会计核算国家的预算收支情况，不进行成本核算和损益计算，但随着财政改革的不断深化，应对预算执行情况进行绩效评价。

（3）政府财政会计所提供的信息，不仅要符合基本的会计原则要求，还要符合我国《预算法》的要求，以满足人民代表大会、上级财政部门及本级政府对预算管理和财政决策方面的需要。

（4）会计核算基础的选择是为会计目标服务的。财政总预算会计以当期收支为核算重点，提供财政预算管理信息，要求采用收付实现制核算基础，各级政府财政会计按规定将对个别事项实行权责发生制会计基础。

第二节　政府财政会计的原则与任务

一、政府财政会计的一般原则

政府财政会计的一般原则是政府财政会计在组织会计核算时应当遵循的基本要求或指导思想。政府财政会计在进行会计核算时应当遵循以下一般原则：

（一）客观性原则

客观性原则指政府财政会计应当以实际发生的经济业务为依据，如实反映财政收支执行情况和结果。

（二）适应性原则

适应性原则指政府财政会计提供的会计信息，应当符合预算法规的要求，适应国家宏观经济管理和上级财政部门及本级政府对财政管理的需要。

（三）可比性原则

可比性原则指政府财政会计应当按照规定的会计处理方法进行会计核算，保证各级政府财政会计的核算口径一致，所提供的会计信息相互可比。

（四）整体性原则

整体性原则指政府财政会计应当将财政部门管理的各项财政资金（包括一般预算资金、政府性基金预算资金、国有资本经营预算资金、专用基金、财政专户管理资金等）都纳入政府财政会计的核算范围。

（五）一致性原则

一致性原则指政府财政会计的会计处理方法前后各期应当一致，不得随意变更。如确有必要变更，应将变更的情况、原因和对会计报表的影响在预算执行报告中说明。

（六）及时性原则

及时性原则指政府财政会计的核算应当及时进行。

（七）明晰性原则

明晰性原则指政府财政会计的记录和会计报表应当清晰明了，便于理解；对于重要的经济业务，应当单独反映。

（八）收付实现制原则

收付实现制原则指政府财政会计的会计核算应当以收付实现制为基础。政府财政会计在确认收入和支出时，一般应当以实际收到或付出货币资金为标准，而不是以应收或应付财政预算资金为标准。因为我国政府财政预算是以收付实现制为基础编制的，为了如实反映各类财政预算资金的执行情况和结果，政府财政会计一般应当以收付实现制原则进行会计核算。

（九）专款专用原则

专款专用原则指政府财政会计对于凡是有指定用途的资金，必须按规定用途安排使用，并分别进行单独的核算和反映。在政府财政会计管理的预算资金中，一般预算资金、政府性基金预算资金、国有资本经营预算资金都是分别编制预算的，必须做到专款专用。为了如实反映各类财政预算资金的预算执行情况，政府财政会计对各类财政预算资金分别管理、分别核算，因此，政府财政会计必须实行专款专用的会计核算原则。

二、政府财政会计的任务

政府财政会计是财政预算管理中一项专业性较强的工作，其主要职责是进行会计核算，反映预算执行，实行会计监督，参与预算管理，合理调度资金。政府财政会计的基本任务如下：

（一）正确处理政府财政会计的日常核算业务

办理财政各项收支、资金调拨及往来款项的会计核算工作，及时组织年度政府决算、行政事业单位决算的编审和汇总工作，进行上下级财政之间的年终结算工作。

（二）合理调度财政资金

根据财政收支的特点，妥善解决财政资金库存和用款单位需求的矛盾，在保证按计划及时供应资金的基础上，合理调度资金，提高资金使用效益。

（三）实行会计监督，参与预算管理

通过会计核算和反映，提出预算执行情况分析，并对总预算、部门预算和单位预算的执行实施会计监督。协调参与预算执行的国库会计、收入征解会计等之间的业务关系，共同做好预算执行的核算、反映和监督工作。

（四）组织和指导本行政区域预算会计工作

省、自治区、直辖市（含计划单列城市）政府财政会计在不违背财政部发布的政府财政会计制度的前提下，负责制定或审定本行政区域预算会计有关具体核算办法的补充规定；组织预算会计人员的培训活动，不断提高政策、业务水平。

（五）做好预算会计的事务管理工作

负责预算会计的基础工作管理，参与预算会计人员专业技术资格考试、评定及核发会计证工作。

第三节 政府财政会计要素与会计科目

政府财政会计要素包括资产、负债、净资产、收入和支出五类。

会计科目是对会计对象具体内容进行分类核算的项目，是对会计要素的进一步分类。政府财政会计有资产、负债、收入、支出和净资产五个会计要素，会计科目也相应地划分为五大类。目前《财政总预算会计制度》（包括后来补充的内容）规定，政府财政会计科目见表 3-1。

表 3-1 政府财政会计科目表

类别	编码	科目名称
一、资产类		
	101	国库存款
	102	其他财政存款
	103	财政零余额账户存款
	104	有价证券
	105	在途款
	111	暂付款
	112	与下级往来
	121	预拨经费
	122	基建拨款
二、负债类		
	211	暂存款
	212	与上级往来
	213	已结报支出
	222	借入款
三、净资产类		
	301	预算结余
	305	基金预算结余
	306	国有资本经营预算结余
	307	专用基金结余
	315	预算稳定调节基金
	321	预算周转金
	323	财政专户管理资金结余

续表

类别	编码	科目名称
四、收入类		
	401	一般预算收入
	405	基金预算收入
	406	国有资本经营预算收入
	407	专用基金收入
	411	补助收入
	412	上解收入
	414	调入资金
	415	调入预算稳定调节基金
	423	财政专户管理资金收入
五、支出类		
	501	一般预算支出
	505	基金预算支出
	506	国有资本经营预算支出
	507	专用基金支出
	511	补助支出
	512	上解支出
	514	调出资金
	515	安排预算稳定调节基金
	516	国有资本经营预算调出资金
	523	财政专户管理资金支出

政府财政会计科目，是根据统一性、适应性和简明性设置的。它是各级政府财政会计设置账户、确定核算内容的依据。各级政府财政会计必须按以下要求使用会计科目：

1. 一级科目必须统一

各级政府财政会计应按照规定设置会计科目，按科目使用说明使用，不需要的可以不用，不得擅自更改科目名称。

2. 明细科目允许有一定的灵活性

明细科目除制度统一规定外，各级政府财政会计可以根据需要，自行设置。

3. 与政府收支科目相适应

政府财政会计的会计科目应与政府收支分类相适应，使会计记录和反映的结果能与预算相对应，便于分析和比较，以更好地为预算管理服务。

4. 统一会计科目编码

编码是为便于编制会计凭证、登记账簿、查阅账目和实行会计电算化，规定的统一的会计科目编码。政府财政会计在填制会计凭证、登记账簿时，应填列会计科目的名称或者同时填制会计科目的名称和编码，不能只使用科目编码而不使用科目名称。

本章小结

政府财政会计，也称财政总预算会计，是对政府的财政资金活动进行核算和监督的专业会计。为核算和监督各级政府的财政总预算的执行情况和结果，各级政府在财政部门均应设立相应的政府财政会计。

按照对财政资金不同的管理方式，可以将政府财政会计核算的财政资金划分为一般预算资金、政府性基金预算资金、国有资本经营预算资金、专用基金、财政专户管理资金。

政府财政会计的主要特点为：为国家预算执行服务，对财政性资金进行核算和监督，为合理调度预算资金提供会计信息，并为宏观经济管理提供信息；核算国家的预算收支情况，不进行成本核算和损益计算；政府财政会计以收付实现制为收支确认基础。

政府财政会计有资产、负债、收入、支出和净资产五个会计要素，会计科目也相应地划分为五大类。

思考题

1. 如何理解政府财政会计的概念？
2. 按照不同的管理方式划分，政府财政会计核算的资金有哪些？
3. 政府财政会计有何特点？
4. 政府财政会计在进行会计核算时应当遵循的一般原则包括哪些？
5. 政府财政会计的基本任务是什么？

第四章

政府财政会计资产的核算

学习目标

通过本章的学习，明确财政性存款的概念、内容和管理要求，理解国库单一账户制度的意义和国库单一账户体系的内容，熟悉政府财政会计资产的内容，掌握各项财政资产的核算及政府财政会计对有价证券的管理与核算要求。

政府财政会计所核算的资产，是一级政府财政掌管或控制的能以货币计量的经济资源，包括财政性存款、有价证券、暂付及应收款项、预拨款项等。

第一节　财政性存款和有价证券

一、财政性存款

（一）财政性存款的管理要求

财政性存款是财政部门代表政府所掌管的财政资金，包括国库存款及其他财政存款。国库存款是指各级政府财政存放在中国人民银行国库的财政预算资金存款，包括一般预算资金存款、政府性基金预算资金存款和国有资本经营预算资金存款等存款种类。其他财政存款是指各级政府财政存放在非国库存款账户的财政性资金存款。其他财政存款的种类主要有财政部门指定的存入专业银行的专用基金存款、未设国库的乡（镇）财政在专业银行的预算资金存款、政府采购专户存款、财政专户管理资金存款等。财政性存款的支配权属于同级政府财政部门，并由政府财政会计负责管理，统一收付。政府财政会计在管理财政性存款中，应当遵循以下管理要求：

1. 集中支付，统一调度

国库存款由政府财政会计集中支付，统一调度。政府的其他职能部门不能支付和调度国库存款中的资金。

2. 严格控制存款开户

各级政府的预算资金除财政部门有明确规定者外，都要由政府财政会计统一在国库或指定银行开立存款账户，不得在国家规定之外将预算资金或其他财政性资金任意转存其他金融机构。

3. 执行预算，计划支拨

政府财政会计应根据人民代表大会通过的年度预算和经批准的单位季度分月用款计划从国库存款中拨付存款资金，不得办理超预算、无计划的存款资金拨付。

4. 转账结算，不提现金

政府财政会计的各种资金拨付凭证，只能用以转账结算，不得提取现金。财政部门是资金分配部门，不是财政资金的具体使用单位，采用转账结算，符合政府财政会计的实际情况，也有利于保护国库存款的安全。

5. 在存款余额内支付，不得透支

政府财政会计只能在国库存款余额内办理资金拨付，不能办理超余额的资金拨付。

（二）国库集中收付制度

1. 国库集中收付制度的意义

国库集中收付制度一般也称为国库单一账户制度，是指政府在国库或国库指定的代理银行开设账户，集中收纳和支付财政性资金的一种管理制度。国库集中支付制度和国库集中收缴制度共同构成了国库集中收付制度。其主要内容是，建立国库单一账户体系，所有财政性资金都纳入国库单一账户管理，收入直接缴入国库或财政专户，支出通过国库单一账户体系，按照不同支付类型，采用财政直接支付与授权支付的方法，支付到商品或货物供应者或用款单位。

实行国库集中收付制度，对于从源头上解决有关部门和单位滥设财政资金收支过渡账户、随意截留和挪用财政资金等问题；解决由于财政资金分散管理而形成的财政资金统一调度效率不高、财政宏观调控能力不强等问题，具有重要的现实意义。我国从 2001 年开始试行国库单一账户制度以来，国库单一账户制度得到普遍的应用。

2. 国库单一账户体系的内容

国库单一账户体系是指实行财政国库集中收付制度后，用于所有财政性资金收支核算管理的账户体系，这个账户体系主要由国库单一账户、财政零余额账户、预算单位零余额账户、财政专户、特设专户等账户构成。这一账户体系涵盖了所有财政性资金的管理，它既借鉴了市场经济发达国家财政国库管理制度的经验，又考虑了现阶段我国的具体国情，方便操作和单位用款。

（1）国库单一账户

国库单一账户是财政部门在中国人民银行开设的国库存款账户，用于记录、核算和反映纳入预算管理的财政收入和财政支出，并与财政部门在代理银行开设财政零余额账户以及财政部门为预算单位在代理银行开设的预算单位零余额账户进行清算，实现支付。所有财政预算资金在支付行为实际发生前均保存在国库单一账户内。国库单一账户在政府财政会计中使用。

（2）财政零余额账户

财政零余额账户是财政部门在代理银行开设的零余额账户，用于财政直接支付并与国库存款账户进行清算，为过渡性质账户。不实存财政资金。财政部门零余额账户在财政国库支付执行机构会计中使用。

（3）预算单位零余额账户

财政部门为预算单位在代理银行开设的零余额账户，用于财政授权支付并与国库存款账户进行清算，为过渡性质账户。不实存财政资金。预算单位零余额账户在行政单位会计和事业单位会计中使用，主要用于预算单位办理转账、提取现金等结算业务。

（4）财政专户

根据《财政部关于将按预算外资金管理的收入纳入预算管理的通知》，从 2011 年起，原预算外资金管理的收入纳入预算管理后，仍保留教育收费、彩票发行和销售机构业务费用的财政专户管理。这些财政专户管理的资金改称为财政专户管理资金。财政专户是财政部门在代理银行开设的，财政专户在财政部门设立和使用。

(5) 特设专户

它是经国务院和省级人民政府批准或授权财政部门在商业银行开设的特殊专户，用于核算和反映预算单位的特殊专项支出活动，并用于与国库单一账户清算。特设专户在按规定申请了特设专户的预算单位使用。

(三) 财政性存款的核算

1. 国库存款的核算

为了核算国库存款业务，政府财政会计设置“国库存款”总账账户。政府财政会计收到国库存款时，借记本账户，贷记“一般预算收入”、“基金预算收入”、“国有资本经营预算收入”等账户；拨付国库存款时，借记“一般预算支出”、“基金预算支出”、“国有资本经营预算支出”等账户，贷记本账户。该账户为借方余额，反映国库存款的结存数。

该账户按不同预算管理的财政资金设置一般预算存款、基金预算存款和国有资本经营预算存款等明细账户进行明细分类核算。

【例 4-1】某市财政收到国库报来的“预算收入日报表”，列明当日一般预算收入为 1 000 000 元，基金预算收入为 200 000 元，国有资本经营预算收入为62 000 元。应做会计分录：

借：国库存款——一般预算存款	1 000 000	
——基金预算存款	200 000	
——国有资本经营预算存款	62 000	
贷：一般预算收入		1 000 000
基金预算收入		200 000
国有资本经营预算收入		62 000

【例 4-2】某市财政按计划为该市民政局拨付了预算资金共计 560 000 元。其中，一般预算资金 300 000 元，基金预算资金 260 000 元。应做会计分录：

借：一般预算支出	300 000	
基金预算支出	260 000	
贷：国库存款——一般预算存款		300 000
——基金预算存款		260 000

2. 其他财政存款的核算

为了核算其他财政存款业务，政府财政会计设置“其他财政存款”总账账户。政府财政会计收到经办银行报来的收款通知时，借记本账户，贷记“一般预算收入”、“基金预算收入”、“专用基金收入”、“财政专户管理资金收入”等账户；从经办银行拨付其他财政存款时，借记“一般预算支出”、“基金预算支出”、“专用基金支出”、“财政专户管理资金支出”等账户，贷记本账户。本账户为借方余额，反映其他财政存款的实际结存数。“其他财政存款”总账账户应按不同的其他财政存款种类设置明细账，进行明细核算。

【例 4-3】某市财政拨付 A 单位粮食风险基金支出 400 000 元。应做会计分录：

借：专用基金支出　400 000

　贷：其他财政存款——专用基金存款　400 000

【例 4-4】某乡财政未设国库，收到县财政会计返回的一般预算收入 850 000 元。应做会计分录：

借：其他财政存款——一般预算存款　850 000

　贷：一般预算收入　850 000

【例 4-5】接【例 4-4】，乡财政会计开出付款通知单，向乡所属中学拨付本月经费 360 000 元。应做会计分录：

借：一般预算支出　360 000

　贷：其他财政存款——一般预算存款　360 000

二、有价证券

政府财政会计核算的有价证券，是地方政府财政部门使用暂时不用的财政结余资金购买并持有的中央政府以信用方式发行的国家公债。政府财政会计对有价证券的管理与核算应遵循以下几方面的要求：

（1）各级政府只能用各项财政结余资金购买国家指定的有价证券，如国库券、国家重点建设债券等，但不能购买公司债券和股票。购买有价证券的业务不能纳入财政支出预算。

（2）支付购买有价证券的资金不能列作支出反映，应作为有价证券反映。

（3）当期有价证券兑付的利息及转让有价证券取得的收入，与有价证券账面成本的差额，应按购入有价证券时的资金来源性质，分别作为一般预算收入或基金预算收入等账户。

（4）有价证券（含债券收款单）要视同货币资金妥善保管。

为核算有价证券业务，应设置“有价证券”总账账户。购入有价证券时，借记本账户，贷记“国库存款”账户；到期兑付的本金部分，借记“国库存款”账户，贷记本账户；利息部分，借记“国库存款”账户，贷记“一般预算收入”或“基金预算收入”等账户。本账户应按有价证券种类设置明细账，进行明细核算。

【例 4-6】某市财政用一般预算结余购买中央财政发行的甲类公债 500 000 元。根据预算拨款凭证回单和国库券收据，应做会计分录：

借：有价证券——甲类公债　500 000

　贷：国库存款——一般预算存款　500 000

【例 4-7】某市财政用基金预算结余购买中央财政发行的乙类公债 100 000 元。根据预算拨款凭证回单和特种国债收据，应做会计分录：

借：有价证券——乙类公债　100 000

　贷：国库存款——基金预算存款　100 000

【例 4-8】某市财政以前用一般预算结余购买的中央财政发行的国库券到期，

收回本金 600 000 元，利息收入 30 000 元，应做会计分录：

借：国库存款——一般预算存款　　630 000

　贷：有价证券——国库券　　600 000

　　　一般预算收入　　30 000

【例 4-9】某市财政以前用基金预算结余购买的中央政府发行的丙类公债到期，收回本金 100 000 元，利息收入 3 500 元，应做会计分录：

借：国库存款——基金预算存款　　103 500

　贷：有价证券——丙类公债　　100 000

　　　基金预算收入　　3 500

第二节　暂付及应收款项

暂付及应收款项属于往来结算中形成的债权，包括在预算执行过程中上下级财政结算形成的债权以及对用款单位借垫款形成的债权。暂付及应收款项应按实际发生数额记账，并应及时清理结算，不得长期挂账。

一、在途款

在途款是指在国库存款的报解整理期内，政府财政会计收到的属于上年度收入、收回的不属于上年度的支出及其他需要通过在途款过渡处理的款项。国库存款的报解整理期通常设定为年度终了后的 10 天内。在国库存款的报解整理期内，政府财政会计收到的属于上年度的预算收入应当记入上年度账，上年度已经拨付的不属于上年度的支出应当予以收回。设置国库存款报解整理期的目的是为了正确反映各财政年度财政收支的数额。

为了核算在途款业务，设置“在途款”总账账户。在库款报解整理期内收到属于上年度收入的款项时，在上年度账上借记本账户，贷记“一般预算收入”、“基金预算收入”、“国有资本经营预算收入”、“补助收入”、“上解收入”等账户；同时，在新年度账上借记“国库存款”账户，贷记本账户。收回不属于上年度支出的款项时，在上年度账上借记本账户，贷记“一般预算支出”、“基金预算支出”、“国有资本经营预算支出”、“补助支出”、“上解支出”等账户；同时，在新年度账上借记“国库存款”账户，贷记本账户。该账户期末为借方余额，表示本年度尚未入库的财政预算收入数额，或本年度应当予以收回的财政预算支出。在记入新年度账后，本账户无余额。

【例 4-10】在库款报解整理期内，某市财政收到国库报来的一般预算收入日报表及其附件，列示所属上年度的一般预算收入 50 000 元。应做会计分录：

（1）在上年度账上记

借：在途款　　50 000

　贷：一般预算收入　　50 000

（2）在本年度新账上记

借：国库存款——一般预算存款　　50 000

　贷：在途款　　50 000

【例 4-11】在库款报解整理期内，某市财政应予以收回属于上年度的基金预算支出 20 000 元，该市财政及时收回了这笔款项。应做会计分录：

（1）在上年度账上记

借：在途款　　20 000

　贷：基金预算支出　　20 000

（2）在本年新账上记

借：国库存款——基金预算存款　　20 000

　贷：在途款　　20 000

二、暂付款

暂付款是指各级财政部门借给所属预算单位临时急需的款项。暂付款属于债权性质，政府财政会计对其要及时清理、结算，不得长期挂账。暂付款有可能收回，也有可能转作预算支出。

为了核算暂付款业务，政府财政会计应设置“暂付款”总账账户。政府财政会计借给所属预算单位临时急需的款项时，借记本账户，贷记“国库存款”、“其他财政存款”等账户；收回或转作预算支出时，借记“国库存款”、“其他财政存款”或“一般预算支出”、“基金预算支出”等账户，贷记本账户。该账户平时为借方余额，反映尚待结算的暂付款数额。本账户应及时清理结算，年终，原则上应无余额。本账户应按资金性质及借款单位名称设置明细账户，进行明细核算。

【例 4-12】某市财政局借给市教育局一般预算款项 300 000 元，用于维修中小学校舍。应做会计分录：

借：暂付款——一般预算资金（教育局）　　300 000

　贷：国库存款——一般预算存款　　300 000

【例 4-13】经批准借给市教育局款项 200 000 元暂付款落实预算，转作一般预算支出，其余 100 000 元收回存入国库。应做会计分录：

借：国库存款　　100 000

　　一般预算支出　　200 000

　贷：暂付款——一般预算资金（教育局）　　300 000

三、与下级往来

各级政府的预算收入和预算支出在年度内并不总是平衡的，政府财政在年度的某个时期有可能出现支出大于收入的情况，引起国库存款的不足。此时，下级财政可以向上级财政申请借款，上级财政也可以向有结余的下级财政借入款项。这些款项就形成了上、下级财政之间的往来款项。此外，年终财政体制结算中，全年上下级财政的实际上解或补助款与应上解或应补助款之间也会形成暂时借垫款项，这也形成财政上下级之间的债权债务。

与下级往来是本级财政与下级财政之间由于财政体制结算、借给下级财政周转款项等原因而形成的待结算款项。与下级往来是本级财政与下级财政部门的往来关系。对于与下级往来的款项，应及时清理，不能长期挂账。

为了核算与下级往来业务，应设置“与下级往来”总账账户。该账户借方登记借给下级的财政款和体制结算中应由下级财政上交的收入数，贷方登记收回下级财政偿还的、转作补助支出或体制结算应补助下级财政的数额。余额在借方，反映下级财政应归还本级财政的款项；余额在贷方，反映本级财政欠下级财政的款项，在编制资产负债表时应以负数表示。

该账户应及时清理结算：转作补助支出的部分，应在当年结清，不得长期挂账；其他年终未能结清的余额，结转下年。

政府财政会计经批准借给下级财政周转款项时，借记本账户，贷记“国库存款”账户；借款收回或转作补助支出时，借记“国库存款”或“补助支出”账户，贷记本账户。政府财政会计计算出财政体制结算中应由下级财政上解给本级财政的款项时，借记本账户，贷记“上解收入”账户；计算出财政体制结算中本级财政应补助给下级财政的款项时，借记“补助支出”账户，贷记本账户。该账户按资金性质和下级财政部门名称设置明细账，进行明细分类核算。

【例 4-14】市财政同意某县财政局申请，借给县财政一般预算临时周转资金 150 000 元。应做会计分录：

借：与下级往来——一般预算资金（某县财政）	150 000	
贷：国库存款——一般预算存款		150 000

【例 4-15】接【例 4-14】，市财政将借给所属某县的往来款项 100 000 元转作对该县的补助支出，其余收回。应做会计分录：

借：补助支出	100 000	
国库存款——一般预算存款	50 000	
贷：与下级往来——一般预算资金（某县财政）		150 000

【例 4-16】年终，在财政体制结算中，市财政应补未补某县财政一般预算补助款 500 000 元。应做会计分录：

借：补助支出	500 000	
贷：与下级往来——一般预算资金（某县财政）		500 000

【例 4-17】年终，在财政体制结算中，某县财政应上解市财政一般预算款项 8 000 000元，实际上解 6 500 000 元，余款 1 500 000 元暂作往来处理。应作会计分录：

借：与下级往来——一般预算资金（某县财政）	1 500 000	
贷：上解收入		1 500 000

在途款、暂付款、与下级往来均具有预算资金待清理或待结算的性质。

第三节 预拨款项

预拨款项是按规定预拨给用款单位的待结算资金，包括预拨经费和基建拨款。

一、预拨经费

预拨经费是指财政部门预拨给所属预算单位但不在本期列支的款项。凡是在会计年度终了前政府财政会计用预算资金预拨给用款单位的下年度经费款项及年度预算执行中预拨款应在以后各期列支的款项，应作预拨经费管理。

为了核算预拨经费业务，政府财政会计应设置“预拨经费”总账账户。政府财政会计预拨经费时，借记本账户，贷记“国库存款”、“其他财政存款”账户；转列支出时，借记“一般预算支出”账户，贷记本账户。该账户为借方余额，反映尚未转列预算支出的预拨经费数。本账户应按拨款单位设置明细账，进行明细核算。

【例 4-18】某市财政按规定采用实拨资金方式向所属某预算单位预拨下年度初部分一般预算经费 700 000 元。应做会计分录：

借：预拨经费——某预算单位	700 000	
贷：国库存款——一般预算存款		700 000

【例 4-19】接【例 4-18】，该市政府财政会计在下年按规定将预拨给该预算单位的一般预算经费 700 000 元转作一般预算支出。应做会计分录：

借：一般预算支出	700 000	
贷：预拨经费——某预算单位		700 000

二、基建拨款

基建拨款是指政府财政会计按基本建设计划预拨给受委托经办基本建设支出的商业银行的基本建设拨款。

为了核算基建拨款业务，政府财政会计应设置“基建拨款”总账账户。政府财政会计向经办基本建设支出业务的商业银行拨付基本建设款项时，借记本账户，贷记“国库存款”账户；收到经办基本建设支出业务的商业银行报来的拨付建设单位基本建设款项报表及缴回基本建设拨款数时，借记“一般预算支出”、“国库存款”等有关账户，贷记本账户。本账户应按拨款单位设置明细账，进行明细核算。直接拨给建设单位的基本建设资金，不通过本账户核算。

【例 4-20】某市财政根据批准的基本建设计划，使用一般预算存款拨付给建设银行基本建设款 600 000 元。应做会计分录：

借：基建拨款——建设银行	600 000	
贷：国库存款——一般预算存款		600 000

【例4-21】市财政局根据建设银行报来的基建拨款报表列基建支出580 000元，交回余款20 000元。应做会计分录：

借：一般预算支出　　580 000

　　国库存款——一般预算存款　　20 000

　贷：基建拨款——建设银行　　600 000

预拨经费和基建拨款在业务内容上均属于预拨预算资金性质。政府财政会计在拨付款项时，作为债权处理。有关单位在按规定使用拨款时，再将拨付的款项转作预算支出处理。

本章小结

政府财政会计所核算的资产，是一级政府财政掌管或控制的能以货币计量的经济资源，包括财政性存款、有价证券、暂付及应收款项、预拨款项等。

财政性存款是财政部门代表政府所掌管的财政资金，包括国库存款及其他财政存款。政府财政会计在管理财政性存款中，应当遵循的管理要求是：集中支付，统一调度；严格控制存款开户；执行预算，计划支拨；转账结算，不提现金；在存款余额内支付，不得透支。

国库集中收付制度一般也称为国库单一账户制度，是指政府在国库或国库指定的代理银行开设账户，集中收纳和支付财政性资金的一种管理制度。

暂付及应收款项属于往来结算中形成的债权，包括在预算执行过程中上下级财政结算形成的债权以及对用款单位借垫款形成的债权。

预拨款项是按规定预拨给用款单位的待结算资金，包括预拨经费和基建拨款。

思考题

1. 什么是财政性存款？财政性存款的内容是什么？
2. 政府财政会计在管理财政性存款时，应当遵循的管理要求是什么？
3. 什么是财政零余额账户？什么是预算单位零余额账户？它们与国库存款账户有什么关系？
4. 什么是其他财政存款？其他财政存款主要有哪些种类？
5. 什么是有价证券？各级政府财政会计应如何管理有价证券？
6. 什么是在途款？在途款应当如何核算？

7. 什么是暂付款？什么是与下级往来？二者有什么不同？

8. 什么是预拨经费？什么是基建拨款？政府财政会计在核算预拨经费和基建拨款时有什么相同之处？

第五章

政府财政会计负债的核算

学习目标

通过本章的学习，明确政府财政会计负债的内容，理解暂存款和与上级往来的区别，掌握政府财政会计各项负债的核算。

政府财政会计的负债是一级政府财政所承担的，需要以资产偿还的债务，包括按法定程序及核定的预算举借的债务、应付及暂收款项等。

第一节　借入款

借入款是按法定程序及核定的预算举借的债务，包括中央财政按全国人民代表大会批准的数额举借的国内和国外债务，以及地方财政根据国家法律或国务院特别规定举借的债务。

为了核算借入款业务，政府财政会计应设置“借入款”总账账户。中央财政或地方财政按规定发行债券或举借债务收到款项时，借记“国库存款”账户，贷记该账户；到期偿还本金时，借记该账户，贷记“国库存款”账户。该账户贷方余额为尚未偿还的债务本金。本账户应按债务收入的种类或债权人设置明细账，进行明细分类核算。

【例5-1】中央财政经全国人民代表大会批准，按规定程序向国内发行A类国债5亿元，当日收到款项600 000元。应做会计分录：

借：国库存款——一般预算存款　600 000

　贷：借入款——A类国债　600 000

【例5-2】中央财政清偿已到期的B类国债40 000 000元，利息800 000元。应做会计分录：

借：借入款——B类国债　40 000 000

　　一般预算支出　800 000

　贷：国库存款——一般预算存款　40 800 000

第二节　应付及暂收款项

应付及暂收款项是在预算执行期间，上下级财政或财政与其他部门结算中形成的债务，包括结算中发生的与上级往来、暂存款以及收到其他性质不明的款项等。

一、与上级往来

与上级往来是本级财政与上级财政之间由于财政体制结算或向上级财政借入财政周转款项等原因而形成的待结算款项。如本级财政因资金调度困难而向上级财政借款周转和归还借款，在财政体制年终结算中发生本级财政应上解款或上级财政应补助款等。

为了核算与上级往来业务，政府财政会计设置“与上级往来”总账账户。该账户贷方登记借入款或应上交的数额，借方登记归还借款、转作上级补助收入或上级应补款项的数额。余额在贷方，反映本级财政欠上级财政的款项；余额在借方，则反映上级财政欠本级财政的款项，在编制“资产负债表”时应以负数反映。本账户应按资金性质设置明细账，并应及时清理结算，年终未能结清的余额应结转下年。

政府财政会计计算出财政体制结算中本级财政应上解上级财政的款项时，借记"上解支出"账户，贷记该账户；计算出财政体制结算中应由上级财政补助给本级财政的款项时，借记该账户，贷记"补助收入"账户。从上级财政借入款时，借记"国库存款"账户，贷记该账户；归还借款或将借款转作上级对本级的补助收入时，借记该账户，贷记"国库存款"或"补助收入"账户。

【例 5-3】某市财政向省财政申请一笔临时一般预算借款 800 000 元获得批准。应做会计分录：

借：国库存款——一般预算存款　　800 000

　贷：与上级往来——一般预算资金　　800 000

【例 5-4】接【例 5-3】，省财政月末同意将上述临时借款中的 600 000 元作为预算补助款，200 000 元归还给省财政厅。应做会计分录：

借：与上级往来——一般预算资金　　800 000

　贷：补助收入　　600 000

　　国库存款——一般预算存款　　200 000

【例 5-5】年终财政体制结算时，某市财政应上解上级财政一般预算款项为 500 000 元。应做会计分录：

借：上解支出　　500 000

　贷：与上级往来——一般预算资金　　500 000

【例 5-6】年终财政体制结算时，某市财政应获得省财政补助的一般预算款项为 200 000 元。应做会计分录：

借：与上级往来——一般预算资金　　200 000

　贷：补助收入　　200 000

二、暂存款

暂存款是指各级财政部门在预算执行过程中与各预算单位之间，由于某些特殊原因，临时发生的应付、暂收和收到不明性质的款项。暂存款进行处理时，有可能退还，也有可能转作收入。暂存款必须及时处理，不能长期挂账。

为了核算暂存款业务，政府财政会计应设置"暂存款"总账账户。收到暂存款时，借记"国库存款"、"其他财政存款"账户，贷记本账户；冲转、退还或转作收入时，借记该账户，贷记"国库存款"、"其他财政存款"、"一般预算收入"等账户。该账户余额在贷方，反映尚未结清的暂存款数额。本账户应按资金性质、债权单位或款项来源设置明细账，进行明细分类核算。

【例 5-7】某市财政局收到某行政单位交来性质不明的缴款 30 000 元。应做会计分录：

借：国库存款　　30 000

贷：暂存款——某行政单位 30 000

【例5-8】接【例5-7】，经查明上述暂收款中有25 000元为该单位合法的罚款收入，另外5 000元为不合法罚款，退回原单位。应做会计分录：

借：暂存款——某行政单位 30 000

贷：一般预算收入 25 000

国库存款 5 000

本章小结

政府财政会计的负债是一级政府财政所承担的，需要以资产偿还的债务，包括按法定程序及核定的预算举借的债务、应付及暂收款项等。

借入款是按法定程序及核定的预算举借的债务，包括中央财政按全国人民代表大会批准的数额举借的国内和国外债务，以及地方财政根据国家法律或国务院特别规定举借的债务。

应付及暂收款项是在预算执行期间，上下级财政或财政与其他部门结算中形成的债务，包括结算中发生的与上级往来、暂存款以及收到其他性质不明的款项等。

思考题

1. 什么是政府财政会计的负债？政府财政会计负债包括哪些内容？
2. 什么是与上级往来？它同与下级往来在业务内容上有什么关系？
3. “与上级往来”账户和“暂存款”账户核算的内容有什么区别？

第六章

政府财政会计收入的核算

学习目标

通过本章的学习，明确政府财政会计收入的种类，熟悉各项收入的概念，掌握一般预算收入、基金预算收入、国有资本经营预算收入、专用基金收入、转移性收入、财政专户管理资金收入的核算。

政府财政会计核算的收入是指各级政府财政根据国家法律法规所取得的非偿还性资金，是一级政府财政的资金来源。政府财政会计核算的收入包括一般预算收入（公共财政预算资金收入）、基金预算收入、国有资本经营预算收入、专用基金收入、转移性收入和财政专户管理资金收入等。

第一节　一般预算收入

一、一般预算收入及其分类

一般预算收入是指各级政府财政组织纳入预算管理的收入，是可以综合地安排用于政府的各项一般预算支出的收入，也称公共财政预算资金收入。例如，各级政府财政的一般预算收入，可以用来安排人大事务支出、发展与改革事务支出、外交事务支出、国防事务支出、公共安全事务支出、教育事务支出、医疗卫生事务支出、环境保护事务支出、社会保障和就业事务支出等。一般预算收入是各级政府最主要的财力来源。

政府财政会计核算的一般预算收入应当按照《政府收支分类科目》的一般预算收入科目进行分类。按照现行《政府收支分类科目》对政府收入统一分类分为六类，分别是税收收入、社会保险基金收入、非税收入、贷款转贷回收本金收入、债务收入、转移性收入（资金调拨收入），属于一般预算收入的主要是其中的税收收入和部分非税收入等，其中税收收入在一般预算收入中占最主要的份额。

按现行的《政府收支分类科目》，政府收入科目分为类、款、项、目四级，四级科目内容逐渐细化。其中，类、款两级科目设置情况如下：

1. 税收收入

该类级科目分设如下款级科目：增值税、消费税、营业税、企业所得税、企业所得税退税、个人所得税、资源税、固定资产投资方向调节税、城市维护建设税、房产税、印花税、城镇土地使用税、土地增值税、车船使用和牌照税、船舶吨税、车辆购置税、关税、耕地占用税、契税、烟叶税、其他税收收入。

2. 社会保险基金收入

该类级科目分设如下款级科目：基本养老保险基金收入、失业保险基金收入、基本医疗保险基金收入、工伤保险基金收入、生育保险基金收入、其他社会保险基金收入等。

3. 非税收入

该类级科目分设如下款级科目：政府性基金收入、专项收入、行政事业性收费收入、罚没收入、国有资本经营收入、国有资源（资产）有偿使用收入、其他收入等。

4. 贷款转贷回收本金收入

该类级科目分设如下款级科目：国内贷款回收本金收入、国外贷款回收本金收入、国内转贷回收本金收入、国外转贷回收本金收入。

5. 债务收入

该类级科目分设如下款级科目：国内债务收入、国外债务收入。

6. 转移性收入

该类级科目分设如下款级科目：返还性收入、一般性转移支付收入、专项转移支付收入、政府性基金转移收入、上年结余收入、调入资金等。

其中，全部的税收收入和非税收入中的专项收入、行政事业性收费收入、罚没收入、国有资源（资产）有偿使用收入、其他收入等，属于一般预算收入。

二、一般预算收入的收缴方式和程序

一般预算收入的收缴方式有直接缴库、集中汇缴和征收单位自收汇缴三种。三种收缴方式的程序分别是：

1. 直接缴库方式

直接缴库方式是由预算单位或缴款人按照有关部门法律、法规的规定，直接将财政收入缴入国库或财政专户的收入缴库方式。直接缴库的税收收入，由纳税人或税务代理人提出纳税申报，经征收机关审核无误后，开具"税收收入缴款书"，由纳税人通过开户银行将税款缴入国库存款账户。直接缴库的非税收入，由征收机构向交费人开具"非税收入缴款书"，由交费人通过开户银行将政府性收费等缴入国库存款账户。

2. 集中汇缴方式

集中汇缴方式是由征收机关和依法享有征收权限的单位按法律法规的规定，将所收取的应缴政府收入汇总缴入国库或财政专户的收入收缴方式。实行集中汇缴方式的收入，主要是小额零散税收和非税收入中的现金缴款。在集中汇缴方式下，由征收机关先代政府向纳税人或缴费人收取小额零散税收和非税收入中的现金缴款，然后将收到的政府收入于当日汇总缴入国库存款账户。

无论是直接缴库还是集中汇缴，征收机关都不需要设立应缴款项的过渡账户。直接缴库和集中汇缴是国库单一账户制度下的两种一般预算收入收缴方式。

3. 征收单位自收汇缴方式

这是一种传统的一般预算收入收缴方式。适用于尚未实行国库单一账户制度的情况。征收单位自收汇缴方式是征收单位在按规定收取应缴财政预算的款项后，先存入各自在银行开设的银行存款账户，然后通过各自的银行存款账户，将收取的应缴财政预算的款项汇总缴入财政国库账户。

在征收单位自收汇缴方式下，征收单位各自在银行开设的银行存款账户成为一般预算收入在收缴过程中的过渡账户。

三、一般预算收入的划分及报解

为了保证预算收入的顺利实现，我国设立了专门的征收机构来负责预算收入的征收和管理工作。预算收入的征收机构主要包括财政部门、海关、税务部门和其他征收机构。

国库是预算收入的出纳机构，负责预算收入的收纳、划分、报解工作。取得的一般预算收入由国库负责收纳入库管理，并按财政体制的要求划分为中央财政收入和地方财政收入，分别报解财政部门。政府预算收入的收纳缴库，一律通过国库办理。

为了适应各级政府行使职权的需要，根据事权与财权相结合的原则，须将预算收入在各级政府之间进行划分。为使这个划分科学有序，在集中领导、分级管理的原则下，将预算收入分为“固定收入”和“共享收入”两大部分。“固定收入”又分为“中央固定收入”和“地方固定收入”；“共享收入”又称“分成收入”，以一定的比例或其他方法进行分配。具体的收入内容和分配方式，通过“财政管理体制”加以规定。首先在中央财政和地方财政之间进行划分，然后在地方各级财政之间进行划分。

一般预算收入在中央财政和地方财政之间的划分如下：

1. 中央固定收入

中央固定收入包括关税，海关代征的消费税和增值税，消费税，中央企业所得税、地方银行、外资银行及非银行金融企业（包括信用社）所得税，铁道部门、各银行总行、各保险总公司等集中缴纳的收入（包括营业税、所得税、城市维护建设税）。

2. 地方固定收入

地方固定收入包括营业税（不含铁道部门、各银行总行、各保险总公司集中缴纳的营业税）、城镇土地使用税、固定资产投资方向调节税、城市维护建设税（不含铁道部门、各银行总行、各保险总公司集中缴纳的部分）、房产税、车船税、屠宰税、耕地占用税、契税、遗产税和赠予税、土地增值税等。

3. 中央与地方分成收入

中央与地方分成收入包括增值税、资源税（除海洋石油资源税为中央收入外，其他为地方收入）、地方企业所得税、个人所得税、证券交易印花税。

一般预算收入在地方各级财政之间的划分情况，由上一级财政制定本级和下级财政之间的财政管理体制，按规定划分的方法执行。由于各地的情况不同，其划分的方法也不尽相同。

国家金库在对收到的一般预算收入进行划分后，将各级财政应得的一般预算收入解缴到相应级别的财政国库存款户。同时，将各级财政应得的一般预算收入以预算收入日报表的形式报送给相应级别的政府财政会计。

四、一般预算收入的核算

为了核算一般预算收入业务，政府财政会计应设置“一般预算收入”总账账户。政府财政会计根据国库报来的预算收入日报表所列的当日一般预算收入科目和金额，应借记“国库存款”账户，贷记“一般预算收入”账户；如果当日的收入数为负数，则以红字记入。年终结账时，将“一般预算收入”账户的贷方余额转入“预算结余”账户，即借记“一般预算收入”账户，贷记“预算结余”账户。该科目应按照《政府收支分类科目》中的“一般预算收入”科目（包括“类”、“款”、“项”、“目”级）设置各级明细账户，进行明细核算。平时余额在贷方，反映一般预算收入累计数。年终，将其贷方余额转入“预算结余”账户后，无余额。

一般预算收入一般以本年度缴入基层国库（支金库）的数额为准。基层国库在年度库款报解整理期内收到经收处报来的上年度收入，记入上年度账。整理期结束后，收到上年度收入一律记入新年度账。

【例6-1】某市财政收到同级国库报来的“预算收入日报表”，列示当日一般预算收入764 000元，其中：“税收收入——增值税——国内增值税——国有企业增值税”485 000元，“税收收入——企业所得税——国有汽车工业所得税 ”86 000元，“税收收入——房产税——国有企业房产税”65 000元，“非税收入——专项收入——排污费收入”90 000元，“非税收入——行政事业性收费收入——工商行政事业性收费收入”38 000元。应做会计分录：

借：国库存款——一般预算存款	764 000	
贷：一般预算收入		764 000

同时，在“一般预算收入”明细账的贷方登记如下：

税收收入——增值税——国内增值税——国有企业增值税	485 000
税收收入——企业所得税——国有汽车工业所得税	86 000
税收收入——房产税——国有企业房产税	65 000
非税收入——专项收入——排污费收入	90 000
非税收入——行政事业性收费收入——工商行政事业性收费收入	38 000

【例6-2】某市财政收到国库报来的“预算收入日报表”，其上列示“税收收入——企业所得税退税——私营企业所得税退税”20 000元。应做会计分录：

借：国库存款——一般预算存款	(20 000)	
贷：一般预算收入		(20 000)

同时，在“一般预算收入”明细账的贷方登记如下：

税收收入——企业所得税退税——私营企业所得税退税	(20 000)

【例6-3】年终，市财政将“一般预算收入”账户的贷方余额8 500 000元结转至“预算结余”账户。应做会计分录：

借：一般预算收入	8 500 000	
贷：预算结余		8 500 000

同时，政府财政会计应结清所有的“一般预算收入”账户的明细账户。

未设国库的乡（镇）政府财政会计，在收到征收机关（乡税务所）报来的交到县级国库支库的预算收入日报表时，先根据日报表所列数额登记预算收入辅助账，待收到县级财政返回收入时，再做收入的账务处理。县级财政收到国库报解的乡财政的预算收入时，借记"国库存款"账户，贷记"一般预算收入"等账户及其明细账户（注明乡镇财政收入）。县级财政部门将乡镇的预算收入返还拨付给乡镇财政部门的财政存款账户时，借记"一般预算收入"等账户，贷记"国库存款"账户。乡（镇）财政收到款项时，借记"其他财政存款"账户，贷记"一般预算收入"等账户及其明细账户。

【例6-4】某县财政收到国库报来的预算收入日报表，所列当日的预算收入中，所属某乡财政（未设国库）的预算收入250 000元，是乡企业缴付的一般营业税。应做会计分录：

借：国库存款——一般预算存款　　250 000

　贷：一般预算收入　　250 000

同时，在"一般预算收入"明细账的贷方登记如下：

某乡——税收收入——营业税——一般营业税　　250 000

【例6-5】接【例6-4】，该县政府财政会计对所属未设国库的乡财政报来的"预算收入日报表"进行审核，经确认无误后，拨出款项250 000元。应做会计分录：

借：一般预算收入　　250 000

　贷：国库存款——一般预算存款　　250 000

同时，在"一般预算收入"明细账的借方登记如下：

某乡——税收收入——营业税——一般营业税　　250 000

【例6-6】接【例6-5】，乡财政收到县财政返回的预算收入250 000元。应做会计分录：

借：其他财政存款——一般预算存款　　250 000

　贷：一般预算收入　　250 000

同时，在"一般预算收入"明细账的贷方登记如下：

税收收入——营业税——一般营业税　　250 000

第二节　基金预算收入

一、基金预算收入及其分类

基金预算收入是指各级政府财政组织和管理的具有指定用途的政府财政预算资金收入，也称政府性基金预算收入。基金预算收入是纳入基金预算管理的各项收入，是政府预算收入的重要组成部分。政府设立基金项目，目的是保证特定项目的财政资金来源。基金预算收入要求专项核算，按规定用途使用，是一种限定性的资金资源。政府性基金预算资金的主要来源是政府非税收入中的政府性基金预算收入，只能安排政府性基金规定使用的用途。

政府财政会计核算的基金预算收入应当按《政府收支分类科目》中的非税收入类级科目下政府性基金收入科目进行分类。根据现行的《政府收支分类科目》，基金预算收入属于非税收入类级科目下的政府性基金预算收入款级科目，该款级科目下设置的项级科目有：铁路建设基金收入、民航基础设施建设基金收入、民航机场管理建设费收入、港口建设费收入、旅游发展基金收入、文化事业建设费收入、地方教育费附加收入、国家电影事业发展专项资金收入、中央水利建设基金收入、地方水利建设基金收入、残疾人就业保障金收入、政府住房基金收入、城市公用事业附加收入、国有土地使用权出让金收入、彩票公益金收入、车辆通行费等。

按照现行财政预算资金的管理模式，一般预算和基金预算应当分别管理，分别平衡。在基金预算中，各项基金预算也需要分别管理，分别平衡。如果一般预算资金和基金预算资金之间需要调剂使用，应当经过批准，并分别在一般预算和基金预算中作转移性收入或转移性支出处理。

基金预算收入的收缴方式和程序、划分和报解方法等比照一般预算收入执行。

二、基金预算收入的核算

为了核算各级财政部门管理的政府性基金预算收入，政府财政会计应设置“基金预算收入”总账账户。政府财政会计取得基金预算收入时，借记“国库存款”账户，贷记该账户。年终转账时，将本账户贷方余额全数转入“基金预算结余”账户，借记本账户，贷记“基金预算结余”账户。该账户平时为贷方余额反映当年基金预算收入累计数。年终，将其贷方余额转入“基金预算结余”账户后，无余额。该账户应按《政府收支分类科目》中的政府性基金预算收入科目设置各级明细账户，进行明细核算。

【例6-7】某市财政收到国库报来的预算收入日报表，列示政府性基金收入合计380 000元，其中：“残疾人就业保障金收入”280 000元，“政府住房基金收入——计提廉租住房资金”100 000元。应做会计分录：

借：国库存款——基金预算存款	380 000	
贷：基金预算收入		380 000

同时，在“基金预算收入”明细账的贷方登记如下：

残疾人就业保障金收入	280 000
政府住房基金收入——计提廉租住房资金	100 000

【例6-8】某市财政收到国库报来的预算收入日报表，列示政府性基金收入合计980 000元，其中：“彩票公益金收入——福利彩票公益金收入”650 000元，“彩票公益金收入——体育彩票公益金收入”330 000元。应做会计分录：

借：国库存款——基金预算存款	980 000	
贷：基金预算收入		980 000

同时，在“基金预算收入”明细账的贷方登记如下：

彩票公益金收入——福利彩票公益金收入	650 000

彩票公益金收入——体育彩票公益金收入　　330 000

【例 6-9】年终，市财政将“基金预算收入”账户的贷方余额 1 250 000 元结转至“基金预算结余”账户。应做会计分录：

借：基金预算收入　　1 250 000

　贷：基金预算结余　　1 250 000

同时，政府财政会计应结清所有的“基金预算收入”账户的明细账户。

第三节　国有资本经营预算收入

一、国有资本经营预算收入及其分类

国有资本经营预算收入是指各级政府以所有者身份依法取得的国有资本经营收益。国有资本经营预算收入应当按照国有资本经营预算支出的内容综合安排使用。国有资本经营预算是政府预算的重要组成部分，主要是国家以所有者身份依法取得国有资本收益，并对所得收益进行分配而发生的各项收支预算。建立国有资本经营预算制度，对增强政府宏观调控能力，规范政府与企业分配关系，完善政府预算管理体系，推动国有经济结构和布局的战略性调整，具有十分重要的意义。我国从 2007 年开始实施国有资本经营预算制度。

政府财政会计核算的国有资本经营预算收入，应当按照《政府收支分类科目》中的国有资本经营预算收入科目进行分类。按现行的《政府收支分类科目》，国有资本经营预算收入分设类、款、项、目四级科目，内容逐渐细化。国有资本经营预算收入类级科目是非税收入。该类级科目设有国有资本经营收入款级科目，该款级科目分设的项级科目有：利润收入、股利股息收入、产权转让收入、清算收入、其他国有资本经营预算收入。

国有资本经营预算收入的收缴方式和程序、划分和报解方法等比照一般预算收入执行。

二、国有资本经营预算收入的核算

为了核算国有资本经营预算资金收入业务，政府财政会计应设置“国有资本经营预算收入”总账账户。政府财政会计取得国有资本经营预算资金收入时，借记“国库存款”账户，贷记本账户。年终转账时，将本账户贷方余额全数转入“国有资本经营预算结余”账户，借记本账户，贷记“国有资本经营预算结余”账户。该账户平时为贷方余额，反映当年国有资本经营预算收入累计数。年终，将其贷方余额全数转入“国有资本经营预算结余”账户后，无余额。该账户应按《政府收支分类科目》中国有资本经营收入款级科目下的项、目级科目设置相应明细账。

【例 6-10】某市财政收到国库报来的预算收入日报表，列示国有资本经营收入合计1 480 000元，其中："利润收入——电信企业利润收入"580 000元，"产权转让收入——国有股份转让收入"800 000元，清算收入——国有股权股份清算收入100 000元。应做会计分录：

借：国库存款——国有资本经营预算存款　　1 480 000

　贷：国有资本经营预算资金收入　　1 480 000

同时，在"国有资本经营预算收入"明细账的贷方登记如下：

利润收入——电信企业利润收入　　580 000

产权转让收入——国有股份转让收入　　800 000

清算收入——国有股权股份清算收入　　100 000

【例6-11】某市财政年终将"国有资本经营预算收入"账户贷方余额8 540 000元全数转入"国有资本经营预算结余"账户。应做会计分录：

借：国有资本经营预算资金收入　　8 540 000

　贷：国有资本经营预算结余　　8 540 000

同时，政府财政会计应结清所有的国有资本经营预算收入账户的明细账户。

第四节　专用基金收入

专用基金收入是政府财政按照规定取得的具有专门用途的资金，如粮食风险基金、重要商品储备专项基金等。专用基金的来源主要包括两个方面：一是本级财政按照预算从一般预算中安排的资金；二是上级财政部门拨入的用于建立或补充专用基金的资金。另外，专用基金在使用过程中产生的收入，如利息收入、粮食或商品购销差价收入等，也作为专用基金收入。专用基金收入应以政府财政会计实际收到数额为准。

专用基金收入和基金预算收入都是政府财政会计管理的收入种类，二者的主要区别是：专用基金收入不纳入政府财政预算管理，其款项存入其他财政存款账户，而基金预算收入纳入政府财政预算管理，其款项存入财政国库存款账户。

为了核算专用基金收入业务，政府财政会计应设置"专用基金收入"总账账户。政府财政会计从上级财政部门或通过本级预算支出安排取得专用基金收入时，借记"其他财政存款"账户，贷记本账户；退回专用基金收入时，作相反的会计分录。年终转账时，将本账户余额全数转入"专用基金结余"账户，借记本账户，贷记"专用基金结余"账户。该账户平时为贷方余额，反映专用基金收入的累计数。年终转账后，本账户无余额。该账户应根据专用基金的种类设置明细账户，进行明细核算。

【例6-12】某省财政收到中央财政拨来的粮食风险基金补助500 000元。应做会计分录：

借：其他财政存款——专用基金存款　　500 000

　贷：专用基金收入——粮食风险基金收入——中央财政资金　　500 000

【例6-13】某省财政根据批准的政府财政预算，从本级一般预算支出中安排专用基金900 000元，以补充粮食风险基金的数额。应做会计分录：

借：一般预算支出　　900 000

　贷：国库存款——一般预算存款　　900 000

并在“一般预算支出”明细账的借方登记如下：

粮油物资储备事务——粮油事务——粮食风险基金　　900 000

同时：

借：其他财政存款——专用基金存款　　900 000

　贷：专用基金收入——粮食风险基金收入——本级财政资金　　900 000

【例6-14】年终，省财政将“专用基金收入——粮食风险基金”账户贷方余额4 950 000元，“专用基金收入——重要商品储备基金收入”账户贷方余额2 230 000元全数转入“专用基金结余”账户。应做会计分录：

借：专用基金收入——粮食风险基金　　4 950 000

　　　　　　　　——重要商品储备金金收入　　2 230 000

　贷：专用基金结余——粮食风险基金结余　　4 950 000

　　　　　　　　——重要商品储备基金结余　　2 230 000

第五节　转移性收入

在我国各级政府财政分级管理的体制下，财政收入要在各级政府财政之间进行划分，要做到每级政府事权和财权对等。由于各地区经济发展的不平衡或者经济体制改革中各级政府事权的变化，有可能导致有的政府财权和事权不匹配，造成有的政府财力不足。为了解决这一问题，就需要进行政府之间的转移支付。

在政府财政部门管理的财政资金包括：一般预算资金、政府性基金预算资金和国有资本经营预算资金。在有些情况下，这三种资金之间发生转移，即将某种资金转移给另外一种资金，这是同级财政管理的不同财政资金之间的转移。

转移性收入是根据财政体制规定财政预算资金在中央与地方、地方各级财政之间以及在本级财政不同性质资金之间进行转移所形成的收入，包括补助收入、上解收入、调入资金三个种类。转移性收入根据收入资金的性质和收入的种类，分别纳入一般预算、基金预算、国有资本经营预算。

一、转移性收入的内容

1. 补助收入

补助收入是指上级财政按财政管理体制的规定或因其他专门原因对本级财政进行补助所形成的收入，包括返还性补助收入、一般性转移支付补助收入、专项转移支付补助收入、政府性基金转移支付补助收入等。补助收入属于上级财政对本级财政的财力转移。

2. 上解收入

上解收入是指按照财政管理体制的规定由下级财政上交给本级财政的收入，包括一般性转移支付上解收入、专项转移支付上解收入、政府性基金转移上解收入等。上解收入属于下级财政对本级财政的财力转移。

3. 调入资金

调入资金是指一级政府财政中不同性质资金之间的调入收入，包括一般预算调入资金、政府性基金预算调入资金等。调入资金的目的是为了平衡一般预算或基金预算。调入资金属于预算资金的横向调拨，不影响上下级财政和本级财政各自的财力，但会影响本级财政不同性质财政资金的数额。

二、转移性收入的核算

为了核算各级财政的转移性收入业务，政府财政会计应设置“补助收入”、“上解收入”、“调入资金”总账账户。

为了核算补助收入业务，政府财政会计应设置“补助收入”总账账户。政府财政会计收到上级财政拨入的补助款时，借记“国库存款”账户，贷记本账户；年终结账将该账户的贷方余额转入“预算结余”、“基金预算结余”、“国有资本经营预算结余”账户时，借记该账户，贷记“预算结余”、“基金预算结余”、“国有资本经营预算结余”账户。该账户平时余额在贷方，反映上级补助收入的累计数。年终转账后无余额。

本级财政的“补助收入”数额应与上级财政对本级财政的“补助支出”数额相等。

为了核算上解收入业务，政府财政会计应设置“上解收入”总账账户。政府财政会计收到下级财政上解给本级财政的款项时，借记“国库存款”账户，贷记本账户；年终将该账户的贷方余额转入“预算结余”、“基金预算结余”等账户时，借记本账户，贷记“预算结余”、“基金预算结余”等账户。该账户平时余额在贷方，反映下级上解收入累计数。年终转账后无余额。

本级财政的“上解收入”数额应与所属下级财政的“上解支出”数额相等。

“补助收入”和“上解收入”账户，按照《政府收支分类科目》中的转移收入类级科目下的“款”、“项”级科目设置明细账。“上解收入”账户还要按上解地区设置明细账，进行明细分类核算。

为了核算调入资金业务，政府财政会计应设置“调入资金”总账账户。政府财政会计调入资金时，借记“国库存款”账户，贷记本账户；年终结账将该账户贷方余额转入“预算结余”、“基金预算结余”等账户时，借记本账户，贷记“预算结余”、“基金预算结余”等账户。该账户平时余额在贷方，反映调入资金的累计数。年终转账后无余额。该账户应当按《政府收支分类科目》中的转移性收入科目设置明细账，具体包括“一般预算调入资金”、“政府性基金预算调入资金”等。

【例6-15】某市财政收到国库报来的预算收入日报表，其上列示转移收入合计

784 000 元，其中："返还性收入——增值税和消费税返还收入" 100 000 元，"一般性转移支付收入——体制补助收入" 322 000 元，"一般性转移支付收入——均衡性转移支付收入" 120 000 元，"专项转移支付收入——节能环保专项补助收入" 102 000 元，"政府性基金转移收入——政府性基金补助收入" 140 000 元。应做会计分录：

借：国库存款——一般预算存款　　644 000

　　　　　　——基金预算存款　　140 000

　贷：补助收入　　784 000

同时，在"补助收入"明细账的贷方登记如下：

返还性收入——增值税和消费税返还收入　　100 000

一般性转移支付收入——体制补助收入　　322 000

一般性转移支付收入——均衡性转移支付收入　　120 000

专项转移支付收入——节能环保专项补助收入　　102 000

政府性基金转移收入——政府性基金补助收入　　140 000

【例 6-16】某市财政根据体制结算的规定，年终计算出本级财政应获得的上级财政的补助收入 259 000 元。具体科目是"一般性转移支付收入——民族地区转移支付补助收入"。应做会计分录：

借：与上级往来——一般预算资金　　259 000

　贷：补助收入　　259 000

同时，在"补助收入"明细账的贷方登记如下：

一般性转移支付收入——民族地区转移支付补助收入　　259 000

【例 6-17】某市财政年终"补助收入"总账账户的贷方余额 5 690 000 元分别转入"预算结余"和"基金预算结余"账户。其中，2 230 000 元属于政府性基金补助收入，其余 3 460 000 元属于一般预算补助收入。应做会计分录：

借：补助收入　　5 690 000

　贷：预算结余　　2 230 000

　　　基金预算结余　　3 460 000

同时，政府财政会计应结清所有的补助收入账户的明细账。

【例 6-18】某市财政收到国库报来的预算收入日报表，其上列示转移收入合计 950 000 元，其中："一般性转移支付收入——体制上解收入" 454 000 元，"专项转移支付收入——专项上解收入" 310 000 元，"政府性基金转移收入——政府性基金上解收入" 186 000 元。应做会计分录：

借：国库存款——一般预算存款　　764 000

　　　　　　——基金预算存款　　186 000

　贷：上解收入　　950 000

同时，在"上解收入"明细账的贷方登记如下：

一般性转移支付收入——体制上解收入　　454 000

专项转移支付收入——专项上解收入 310 000

政府性基金转移收入——政府性基金上解收入 186 000

【例 6-19】某市财政年终“上解收入”总账账户的贷方余额为 2 560 000 元。其中，属于政府性基金上解收入的是 830 000 元，其余 1 730 000 元属于一般预算上解收入。应做会计分录：

借：上解收入 2 560 000

　贷：预算结余 1 730 000

　　基金预算结余 830 000

同时，政府财政会计应结清所有的上解收入账户的明细账。

【例 6-20】某市财政为了平衡一般预算，从基金预算结余中调入资金 96 000 元。应做会计分录：

借：国库存款——一般预算存款 96 000

　贷：调入资金——一般预算调入资金 96 000

同时：

借：调出资金——政府性基金预算调出资金 96 000

　贷：国库存款——基金预算存款 96 000

【例 6-21】年终，某市财政局将属于一般预算的“调入资金”账户贷方余额 96 000 元全数转入“预算结余”账户。应做会计分录：

借：调入资金——一般预算调入资金 96 000

　贷：预算结余 96 000

第六节　财政专户管理资金收入

财政预算外资金管理的收入纳入预算管理后，仍保留了教育收费、彩票发行和销售机构业务费用的财政专户管理。这些财政专户管理的资金改称为财政专户管理资金。财政专户管理资金作为教育事业单位及彩票发行和销售机构的收入，实行收支两条线，缴入财政专户管理。财政专户管理资金不纳入财政预算范围，也不用于和财政预算资金之间的调剂。

财政部门收到教育事业单位、彩票发行和销售机构交来的财政专户管理资金时，政府财政会计确认财政专户管理资金收入。

政府财政会计应设置“财政专户管理资金收入”账户，核算事业单位交来的财政专户管理资金以及财政专户管理资金的专户存款利息收入。财政部门收到财政专户管理的资金收入时，借记“其他财政存款——财政专户管理资金存款”账户，贷记本账户。年终转账时，将本账户贷方余额全数转入“财政专户管理资金结余”账户时，借记本账户，贷记“财政专户管理资金结余”账户。本账户平时为贷方余额，反映当年财政专户管理的资金收入累计数。年终转账后无余额。本账户应按《政府收支分类科目》中收入分类科目设置相应明细账。同时，根据管理需要，按部门进行明细核算。

【例6-22】某市财政部门的财政专户收到某高校交来的学费收入560 000元。应做会计分录：

借：其他财政存款——财政专户管理资金存款 560 000

贷：财政专户管理资金收入 560 000

同时，在“财政专户管理资金收入”明细账的贷方登记如下：

教育收费收入——教育行政事业性收费收入——高等学校学费 560 000

【例6-23】某市财政收到彩票销售机构交来的彩票销售收入1 500 000元，其中1 200 000元属于提取的福利彩票公益金收入，缴入国库，300 000元属于彩票销售机构业务费用，缴入财政专户。应做会计分录：

借：其他财政存款——财政专户管理资金存款 300 000

贷：财政专户管理资金收入 300 000

同时，在“财政专户管理资金收入”明细账的贷方登记如下：

彩票业务收入——彩票发行和销售机构业务费用

——福利彩票销售机构业务费用 300 000

借：国库存款——基金预算存款 1 200 000

贷：基金预算收入 1 200 000

同时，在“基金预算收入”明细账的贷方登记如下：

彩票公益金收入——福利彩票公益金收入 1 200 000

【例6-24】某市财政部门财政专户管理资金收入账户年末贷方余额为5 900 000元，全数转入“财政专户管理资金结余”账户。其中：2 210 000元属于教育收费收入，其余3 690 000元属于彩票业务费收入。应做会计分录：

借：财政专户管理资金收入——教育收费收入 2 210 000

——彩票业务费收入 3 690 000

贷：财政专户管理资金结余——教育收费结余 2 210 000

——彩票业务费结余 3 690 000

本章小结

政府财政会计核算的收入是指各级政府财政根据国家法律法规所取得的非偿还性资金，是一级政府财政的资金来源，包括一般预算收入（公共财政预算资金收入）、基金预算收入、国有资本经营预算收入、专用基金收入、转移性收入和财政专户管理资金收入等。

一般预算收入是指各级政府财政组织纳入预算管理的收入，是可以综合地安排用于政府的各项一般预算支出的收入，也称公共财政预算资金收入。

基金预算收入是指各级政府财政组织和管理的具有指定用途的政府财政预算资金收入，也称政府性基金预算收入。

国有资本经营预算收入是指各级政府以所有者身份依法取得的国有资本经营收益。

专用基金收入是政府财政按照规定取得的具有专门用途的资金，如粮食风险基金、重要商品储备专项基金等。

转移性收入是根据财政体制规定财政预算资金在中央与地方、地方各级财政之间以及在本级财政不同性质资金之间进行转移所形成的收入，包括补助收入、上解收入、调入资金三个种类。转移性收入根据收入资金的性质和收入的种类，分别纳入一般预算、基金预算、国有资本经营预算。

财政预算外资金管理的收入纳入预算管理后，仍保留了教育收费、彩票发行和销售机构业务费用的财政专户管理。这些财政专户管理的资金改称为财政专户管理资金。

思考题

1. 什么是政府财政会计核算的收入？政府财政会计核算的收入分为哪些种类？
2. 一般预算收入的收缴方式有哪几种？各种收缴方式的收缴程序是什么？
3. 基金预算收入与专用基金收入在管理上有何区别？
4. 什么是国有资本经营预算资金收入？
5. 什么是转移性收入？转移性收入有哪些种类？
6. 财政专户管理资金收入包括哪些内容？

第七章

政府财政会计支出的核算

学习目标

通过本章的学习，明确政府财政会计支出的种类，熟悉各项支出的概念，掌握一般预算支出、基金预算支出、国有资本经营预算支出、专用基金支出、转移性支出、财政专户管理资金支出的核算。

政府财政会计的支出是指一级政府为实现其职能，依法对财政资金进行的分配和使用所形成的支出。它包括一般预算支出、基金预算支出、国有资本经营预算支出、专用基金支出、转移性支出和财政专户管理资金支出等。

第一节　一般预算支出

一、一般预算支出及其分类

一般预算支出是指一级政府对取得的一般预算类收入进行有计划地分配和使用而安排的支出。其中，一般预算类收入包括一般预算收入和转移性收入中的一般预算转移性收入。转移性收入中的一般预算转移性收入包括补助收入、上解收入和调入资金等种类。一般预算支出和一般预算类收入存在直接的配比关系。但这种配比关系是一种综合的配比关系，即是一般预算类收入和一般预算支出在总额上的配比关系，而不是每项具体的一般预算类收入与特定的一般预算支出之间的配比关系。一般预算支出是各级政府履行行政职能的最主要的财力保证，也是各级政府最主要的支出。

政府财政会计核算一般预算支出应当按照《政府收支分类科目》中的一般预算支出科目进行分类。按照现行的《政府收支分类科目》，一般预算支出科目分设类、款、项三级科目，内容逐渐细化。

政府财政会计核算的一般预算支出科目的设置，是按政府支出的功能，即按政府提供公共服务的功能领域划分的，也称政府支出的“功能分类”。在政府支出的功能分类中属于一般预算支出的类级科目有：一般公共服务、外交、国防、公共安全、教育、科学技术、文化体育与传媒、社会保障和就业、医疗卫生、环境保护、城乡社区事务、农林水事务、交通运输、采掘电力信息等事务、粮油物资储备管理等事务、金融监管等事务支出、地震灾后恢复重建支出、国债还本付息支出、其他支出。

政府支出的功能分类分为“类”、“款”、“项”三个层次。在类级科目下再分设款级科目，在款级科目下再分设项级科目。如一般公共服务类级科目下分设的款级科目有：人大事务、政协事务、政府办公厅（室）及相关机构事务、发展与改革事务、统计信息事务、财政事务、税收事务、审计事务等；在人大事务款级科目下，设置行政运行、机关服务、人大会议、人大立法、人大监督、代表培训、代表工作、事业运行等项级科目。又如在教育类级科目下分设的款级科目有：教育管理事务、普通教育、职业教育、成人教育、留学教育等，在普通教育款级科目下，设置学前教育、小学教育、初中教育、高中教育、高等教育等项级科目。

二、一般预算支出的支付方式和程序

一般预算支出的支付方式有财政直接支付、财政授权支付和财政实拨资金三种。三种支付方式的支付程序分别如下：

1. 财政直接支付方式

财政直接支付是指由财政部门向中国人民银行和代理银行签发支付指令，代理银行根据支付指令通过国库单一账户体系将资金直接支付给收款人的支付方式。预算单位实行财政直接支付的财政性资金包括工资支出、工程采购支出、物品和服务采购支出等。财政直接支付的具体支出项目由财政部门在确定部门预算和资金支付方式时予以确定。

在财政直接支付方式下，财政部门按预算和用款分期（一般按月或按季）计划，在期初将预算单位可以申请财政直接支付的额度下达给预算单位。预算单位在需要使用财政资金时，向财政部门提出财政直接支付申请（不超出财政直接支付剩余额度）。财政部门在对预算单位提出的财政直接支付申请审核无误后，向其代理银行开具支付令，通过其在代理银行开设的财政零余额账户，将资金直接支付给收款人。代理银行于支付资金当日向财政部门在人民银行开设的国库存款账户申请资金结算。人民银行国库审核后于当日向代理银行偿付其垫付资金，并通知财政部门。

在财政资金直接支付方式下，财政资金并没有实际拨给预算单位，而是根据预算单位的申请直接拨给了向预算单位提供商品或劳务的收款人。因此政府财政会计在对预算单位下达财政直接支付额度时，并不确认预算支出。财政部门在国库和财政零余额账户之间进行结算时，按当日国库向财政零余额账户付出的财政资金金额确认预算支出。

在财政直接支付方式下，政府财政会计在预算年度中确认的预算支出金额是预算单位实际使用的财政资金数，到预算年度末一般小于当期的全部预算数。因此，在经费包干的管理方式下，预算年度末财政部门要向预算单位确认应当转往下一个预算年度可使用的财政直接支付额度，并同时将转往下一个预算年度的财政直接支付额度确认为财政部门的本期预算支出。这部分资金在以后为预算单位支付时，就不再确认为以后期间的预算支出。

在财政直接支付方式下，政府财政会计对于大部分拨款（当期为预算单位支付的资金，不包括使用上期结转的财政直接支付额度）采用收付实现制基础确认预算支出，对于年末尚未从国库拨出的当期预算拨款（需要以后为预算单位支付的资金）采用权责发生制基础确认预算支出。

2. 财政授权支付方式

财政授权支付是指预算单位按照财政部门的授权，自行向代理银行签发支付指令，代理银行根据支付指令，在财政部门批准的预算单位的用款额度内，通过国库单一账户体系将资金支付给收款人的支付方式。财政授权支付程序主要适用于未纳入财政直接支付的购买支出和零星支出。财政授权支付的具体支出项目由财政部门在确定部门预算和资金支付方式时予以确定。

在财政授权支付方式下，财政部门按预算和用款分期（一般按月或按季）计划，在期初将预算单位可以授权支付的额度下达给预算单位，同时也下达给预算单位零余额账户的代理银行。预算单位在使用财政资金时，直接向预算单位零余额账户的代理银行开具支付令（不超过财政授权支付剩余额度）。预算单位零余额账户的代理银行在对预算单位开具的支付令审核无误后，通过预算单位的单位零余额账户将款项支付给收款人。预算单位还可以从预算单位零余额账户提取现金，用于单位的现金支付。代理银行于支付资金当日向财政部门在人民银行开设的国库存款账户申请资金结算。人民银行国库审核后于当日向代理银行偿付其垫付资金，并通知财政部门。

财政授权支付方式与财政资金直接支付方式相似，除了少量预算单位通过预算单位零余额账户提取现金外，财政资金也不拨付到预算单位，而是根据预算单位的要求付给向预算单位提供商品或劳务的收款人。因此政府财政会计在确认财政拨款的预算支出与财政直接支付方式相同。

在财政授权支付方式下，政府财政会计对于大部分拨款（当期为预算单位支付的资金，不包括使用上期结转的财政授权支付额度）采用收付实现制基础确认预算支出，对于年末尚未从国库拨出的当期预算拨款（需要以后为预算单位支付的资金）采用权责发生制基础确认预算支出。

财政直接支付方式和财政授权支付方式是财政国库单一账户制度下的两种资金支付方式，这两种资金支付方式可合称为财政国库集中支付方式，所形成的制度称为财政国库集中支付制度。

3. 财政实拨资金方式

财政实拨资金方式是指财政部门将预算资金拨付到预算单位在商业银行开设的银行存款账户，供预算单位在需要使用预算资金时直接从其银行存款账户中进行使用的财政资金支付方式。

在财政实拨资金方式下，财政部门按预算和用款分期（一般按月或按季）计划，在期初将拨给预算单位的财政资金通过银行转账系统拨付到预算单位开户银行，预算单位使用财政资金时，直接从其开户银行的银行存款账户上转账支付资金或提取现金。在实拨资金方式下，下级预算单位的财政经费也要先由财政部门拨到主管会计单位银行存款账户，再通过各级单位的银行存款账户层层向下级单位转拨。

在实拨资金方式下，当一般预算资金从国库存款账户拨付至预算单位银行存款账户时，政府财政会计确认一般预算支出。

三、一般预算支出的核算

（一）一般预算支出的核算

为了核算一般预算支出业务，政府财政会计应设置“一般预算支出”总账账户。政府财政会计确认一般预算支出时，借记本账户，贷记“国库存款”账户；年终将该账户借方余额全数转入“预算结余”账户时，借记“预算结余”账户，贷记本账户。该账户平时为借方余额，反映一般预算支出累计数，年终将一般预算支出累计数转入“预算结余”账户，转账后该账户无余额。该账户应根据《政府收支分类科目》中的一般预算支出科目的“类”、“款”、“项”设置明细账户，进行明细分类核算。

【例 7-1】某市财政以财政直接支付方式支付了一般预算支出资金共计 859 000 元，其中“一般公共服务——人大事务——行政运行”65 000 元，“一般公共服务——工商行政管理事务——执法办案专项”89 000 元，“公共安全——法院——案件审判”455 000 元，“教育——普通教育——高等教育”250 000 元。应做会计分录：

借：一般预算支出　　859 000

　贷：国库存款——一般预算存款　　859 000

同时，在“一般预算支出”明细账的借方登记如下：

一般公共服务——人大事务——行政运行　　65 000

一般公共服务——工商行政管理事务——执法办案专项　　89 000

公共安全——法院——案件审判　　455 000

教育——普通教育——高等教育　　250 000

【例 7-2】某市财政以财政授权支付方式支付了一般预算资金共计 154 000 元，其中“一般公共服务——财政事务——预算编制业务”35 000 元，“一般公共服务——纪检监察事务——大案要案查处”69 000 元，“医疗卫生——公立医院——综合医院”50 000 元 。应做会计分录：

借：一般预算支出　　154 000

　贷：国库存款——一般预算存款　　154 000

同时，在“一般预算支出”明细账的借方登记如下：

一般公共服务——财政事务——预算编制业务　　35 000

一般公共服务——纪检监察事务——大案要案查处　　69 000

医疗卫生——公立医院——综合医院　　50 000

【例 7-3】某市财政尚未纳入财政国库单一账户制度改革，采用实拨资金方式向有关预算单位拨付一般预算资金 139 000 元，其中“一般公共服务——税收事务——税务办案”70 000 元，“社会保障和就业——财政对社会保险基金的补助——财政对基本养老保险基金的补助”69 000 元。应做会计分录：

借：一般预算支出　　139 000

　贷：国库存款——一般预算存款　　139 000

同时，在“一般预算支出”明细账的借方登记如下：

一般公共服务——税收事务——税务办案　　70 000

社会保障和就业——财政对社会保险基金的补助

　　——财政对基本养老保险基金的补助　　69 000

【例 7-4】年终，市财政将“一般预算支出”账户借方余额 9 850 000 元全数转入“预算结余”账户。应做会计分录：

借：预算结余　　9 850 000

　贷：一般预算支出　　9 850 000

同时，政府财政会计应结清所有的一般预算支出的明细账。

（二）期末按照权责发生制确认一般预算支出的核算

在财政拨款采用国库集中支付方式下，预算已经安排，由于用款进度的原因，年终有一部分资金留在政府财政会计账上拨不出去，为了不虚增财政结余，需作结转处理。政府财政会计对年终预算单位尚未使用的财政直接支付额度和财政授权支付额度，期末要按照权责发生制基础确认预算支出，同时确认对预算单位的未支付款项的负债。待到以后预算期间，预算单位再使用这些额度时，冲减相关负债。对于不实行国库单一账户制度的预算单位，政府财政会计不得作结转处理。

年终，政府财政会计对预算单位确认尚未使用的财政直接支付额度和财政授权支付额度时，按确认的未使用额度数，借记“一般预算支出”、“基金预算支出”等账户及其明细账户，贷记“暂存款”账户；待到以后预算期间预算单位使用这些额度时，政府财政会计按照国库与财政零余额账户和预算单位零余额账户的结算付款数，借记“暂存款”账户，贷记“国库存款”账户。

【例 7-5】某市财政部门采用国库集中支付方式向预算单位拨付经费。年终，某市属行政单位法院由于用款进度的原因，财政对其未能实现的财政直接支付金额为 610 000 元。该项支出属于法院的“公共安全——法院——信息化建设”科目。应作会计分录：

借：一般预算支出　　610 000

　贷：暂存款——国库集中支付年终结余——法院　　610 000

同时，在“一般预算支出”明细账的借方登记如下：

公共安全——法院——信息化建设　　610 000

【例 7-6】接【例 7-5】，市财政部门收到财政零余额账户代理银行与国库结算的有关凭证，列示为市属法院支付了用于信息化建设的设备采购款 300 000 元，均为上年未使用的资金。应做会计分录：

借：暂存款——国库集中支付年终结余——法院　　300 000

　贷：国库存款——一般预算存款　　300 000

第二节　基金预算支出

一、基金预算支出及其分类

基金预算支出是指各级政府财政用基金预算类收入安排发生的支出。其中基金预算类收入包括基金预算收入和转移性收入中的基金预算转移性收入。转移性收入中的基金预算转移性收入包括补助收入、上解收入和调入资金等种类。基金预算支出和基金预算类收入存在单项的对应关系，即各项政府性基金均实行专款专用，不能随意相互调剂使用。基金预算支出应按基金预算规定的用途开支，并应当遵循先收后支，量入为出的管理原则。

政府财政会计核算的基金预算支出应当按照《政府收支分类科目》中的基金预算支出科目进行分类。按现行的《政府收支分类科目》，基金预算支出科目分设类、款、项三级，内容逐渐细化。

在《政府收支分类科目》中，基金预算支出科目分散在各种支出功能分类科目中，与一般预算支出科目混合排列。例如，“地方教育费附加支出”款级科目排列在“教育”类级科目中；“城市公用事业附加支出”、“政府住房基金支出”、“国有土地使用权出让金支出”等款级科目排列在“城乡社区事务”类级科目中；“文化事业建设费支出”、“国家电影事业发展专项资金支出”款级科目排列在“文化体育与传媒”类级科目中；“公路水路运输”、“铁路运输”、“民用航空运输”等款级科目排列在“交通运输”类级科目中。这样，可以使政府的各种功能支出在内容和数额上都有比较全面和完整的反映。政府在有关方面的支出既包括一般预算资金安排的支出，也包括政府性基金预算资金安排的支出。政府性基金预算资金用于设立政府性基金的公共服务领域。

有些政府性基金支出的款级科目下还需要分设项级科目，如“公路水路运输”款级科目分设“车辆通行费支出”、“港口建设费支出”等项级科目；“民用航空运输”款级科目分设“民航基础设施建设基金支出”、“民航机场管理建设费支出”等项级科目。

基金预算支出的支付方式和程序比照一般预算支出的支付方式和程序。

二、基金预算支出的核算

为了核算基金预算支出业务，政府财政会计应设置“基金预算支出”总账账户。政府财政会计确认基金预算支出时，借记本账户，贷记“国库存款”账户；年终将该账户借方余额全数转入“基金预算结余”账户时，借记“基金预算结余”账户，贷记本账户。该账户平时为借方余额，反映基金预算支出累计数，年终将其借方余额全数转入“基金预算结余”账户，转账后该账户无余额。该账户应根据《政府收支分类科目》中的基金预算支出科目（包括“类”、“款”、“项”）设置明细账，进行明细分类核算。

【例7-7】某市财政以财政直接支付方式支付了基金预算资金560 000元，其中“社会保障和就业——残疾人就业保障金支出——就业和培训”32 000元，“城乡社区事务——城市公用事业附加支出——城市公共设施”250 000元，“教育——地方教育费附加支出——农村中小学校舍建设”278 000元。应做会计分录：

借：基金预算支出	560 000	
贷：国库存款——基金预算存款		560 000

同时，在“基金预算支出”明细账的借方登记如下：

社会保障和就业——残疾人就业保障金支出——就业和培训 32 000

城乡社区事务——城市公用事业附加支出——城市公共设施 250 000

教育——地方教育费附加支出——农村中小学校舍建设 278 000

【例 7-8】年终，市财政将“基金预算支出”账户借方余额 5 600 000 元全数转入“基金预算结余”账户。应做会计分录：

借：基金预算结余 5 600 000

贷：基金预算支出 5 600 000

同时，政府财政会计应结清所有基金预算支出账户的明细账。

第三节 国有资本经营预算支出

一、国有资本经营预算支出及其分类

国有资本经营预算支出是指各级财政部门用国有资本经营预算类收入安排的支出。其中，国有资本经营预算类收入包括国有资本经营预算收入和转移性收入中的国有资本经营预算转移性收入。国有资本经营预算资金一般用于补充国有企业的资本金出资，或者用于国有企业改革的成本支出等方面。国有资本经营预算需要单独编制，包括国有资本经营预算收入和国有资本经营预算支出，预算支出按照当年的预算收入规模安排，不列赤字。

政府财政会计核算的国有资本经营预算支出应当按照《政府收支分类科目》中的国有资本经营预算支出科目进行分类。按照现行的《政府收支分类科目》，国有资本经营预算支出科目分设类、款、项三级，内容逐渐细化。

国有资本经营预算支出也是按政府支出功能进行分类的，所分的类别同一般预算支出和基金预算支出的类别混合排列，使政府各职能的支出可以得到全面完整的反映。政府财政会计核算的国有资本经营预算支出的类级科目有：教育、科学技术、文化体育与传媒、社会保障和就业、城乡社区事务、农林水事务、交通运输、采掘电力信息等事务、粮油物资储备管理等事务、地震灾后恢复重建支出。

国有资本经营预算支出类级科目下还需要分设款级科目，如“农林水事务”类级科目下分设的款级科目有：“农业”、“林业”、“水利”；“交通运输”类级科目下分设的款级科目有：“公路水路运输”、“民用航空运输”；“采掘电力信息等事务”类级科目下分设的款级科目有：“采掘业”、“制造业”、“建筑业”、“电力监管支出”、“工业和信息产业监管支出”。

国有资本经营预算支出款级科目下还需要分设项级科目，如“农业”款级科目下设“农业国有资本经营预算支出”项级科目，反映国有资本经营预算收入安排用于农业方面的支出；“民用航空运输”款级科目下设“民用航空国有资本经营预算支出”项级科目，反映国有资本经营预算收入安排用于民用航空运输方面的支出；“制造业”款级科目下分设的项级科目有：“烟草国有资本经营预算支出”、

“制造业国有资本经营预算支出”，分别反映国有资本经营预算收入安排用于烟草、制造业方面的支出。

国有资本经营预算支出的支付方式一般采用财政实拨资金方式。

二、国有资本经营预算支出的核算

为核算国有资本经营预算支出，政府财政会计应设置“国有资本经营预算支出”总账账户。发生国有资本经营预算支出时，借记本账户，贷记“国库存款”等有关账户；年终转账时，将本账户借方余额全数转入“国有资本经营预算结余”账户时，借记“国有资本经营预算结余”账户，贷记本账户。本账户平时为借方余额，反映当年国有资本经营预算支出累计数。年终转账后无余额。本账户根据《政府收支分类科目》中有关国有资本经营预算支出科目（包括类、款、项）设置明细账户，进行明细核算。

【例 7-9】某市财政根据经批准的国有资本经营预算向某国有资本经营预算资金使用单位拨付资金 99 000 元。具体科目是：“农林水事务——农业——农业国有资本经营预算支出”。应做会计分录：

借：国有资本经营预算支出　　99 000

　贷：国库存款——国有资本经营预算存款　　99 000

同时，在“国有资本经营预算支出”明细账的借方登记如下：

农林水事务——农业——农业国有资本经营预算支出　　99 000

【例 7-10】年终，市财政将“国有资本经营预算支出”账户借方余额 535 000 元全数转入“国有资本经营预算结余”账户。应做会计分录：

借：国有资本经营预算结余　　535 000

　贷：国有资本经营预算支出　　535 000

同时，政府财政会计应结清所有国有资本经营预算支出账户的明细账。

第四节　专用基金支出

专用基金支出是各级财政部门用专用基金收入安排的支出。目前包括粮食风险基金、重要商品储备专项基金等，专用基金只能用于规定专用基金使用的专门用途，如粮食风险基金，只能用于平抑市场粮食价格方面的用途，重要商品储备专项基金只能用于该专项储备商品的购买、储备、调拨等。由于专用基金收入一般存入其他财政存款账户，因此，专用基金支出一般从其他财政存款账户中支付，而不是从国库存款账户中支付。

专用基金应按规定的用途安排使用，做到先收后支、量入为出、专款专用。

为了核算专用基金支出业务，政府财政会计应设置“专用基金支出”总账账户。政府财政会计安排使用专用基金时，借记本账户，贷记“其他财政存款”账户；年终将该账户借方余额全数转入“专用基金结余”账户时，借记“专用基金结余”账户，贷记本账户。该账户平时余额在借方，反映专用基金支出累计数。年终将该账户余额全部转入“专用基金结余”账户，转账后，该账户无余额。该账户按专用基金种类设明细账户，进行明细核算。

【例 7-11】某省财政按规定将存在农业银行的粮食风险基金 600 000 元拨付给市粮食局，用于收储粮食的补助。应做会计分录：

借：专用基金支出——粮食风险基金支出——储备粮油补贴支出 600 000

贷：其他财政存款——专用基金存款 600 000

【例 7-12】年终，省财政将“专用基金支出——粮食风险基金支出”账户的借方累计数 850 000 元，“专用基金支出——重要商品储备专项基金支出”账户的借方累计数 463 000 元，全数转入“专用基金结余”账户。应做会计分录：

借：专用基金结余——粮食风险基金结余 850 000

——重要商品储备专项基金结余 463 000

贷：专用基金支出——粮食风险基金支出 850 000

——重要商品储备专项基金支出 463 000

第五节 转移性支出

一、转移性支出的内容

转移性支出是根据财政体制规定财政预算资金在中央与地方、地方各级财政之间以及在本级财政不同性质资金之间进行转移所形成的支出，具体包括补助支出、上解支出和调出资金三个种类。

1. 补助支出

补助支出是指本级财政按财政管理体制规定或因专项、临时性资金需求等原因对下级财政进行补助所形成的支出，包括返还性补助支出、一般性转移支付补助支出、专项转移支付补助支出、政府性基金转移支付补助支出等。补助支出属于本级财政对下级财政的财力转移。

2. 上解支出

上解支出是指按财政管理体制规定由本级财政上交给上级财政的支出，包括一般性转移支付上解支出、专项转移支付上解支出、政府性基金转移支付上解支出等。上解支出属于本级财政对上级财政的财力转移。

3. 调出资金

调出资金是指一级政府中不同性质资金之间的调出支出，包括一般预算调出资金、政府性基金预算调出资金、国有资本经营预算调出资金等。调出资金的目的是为了平衡一般预算或基金预算。调出资金属于预算资金的横向调拨，不影响上下级财政和本级财政各自的财力，但会影响本级财政不同性质财政资金的数额。

二、转移性支出的核算

为了核算各级财政的转移性支出业务，政府财政会计应设置“补助支出”、“上解支出”、“调出资金”、“国有资本经营预算调出资金”总账账户。

为了核算补助支出业务，政府财政会计设置“补助支出”总账账户。政府财政会计向下级财政拨付补助款项时，借记本账户，贷记“国库存款”账户；年终结账将该账户的借方余额转入“预算结余”、“基金预算结余”、“国有资本经营预算结余”账户时，借记“预算结余”、“基金预算结余”、“国有资本经营预算结余”账户，贷记本账户。该账户平时余额在借方，反映补助支出累计数。年终转账后，该账户无余额。该账户应根据《政府收支分类科目》中转移性支出科目设明细账，还应按接受补助的下级财政名称设置明细账，进行明细核算。

为了核算上解支出业务，政府财政会计设置“上解支出”总账账户。政府财政会计向上级财政上交上解支出款项时，借记本账户，贷记“国库存款”账户；年终将该账户的借方余额转入“预算结余”、“基金预算结余”账户时，借记“预算结余”、“基金预算结余”账户，贷记本账户。该账户平时余额在借方，反映上解支出累计数。年终转账后，该账户无余额。该账户应根据《政府收支分类科目》中转移性支出科目设明细账，进行明细核算。

为了核算一般预算调出资金、政府性基金预算调出资金业务，政府财政会计设置“调出资金”总账账户。政府财政会计调出资金时，借记本账户，贷记“国库存款”账户；年终结账将该账户借方余额转入“预算结余”、“基金预算结余”账户时，借记“预算结余”、“基金预算结余”账户，贷记本账户。该账户平时余额在借方，反映调出资金的累计数。年终转账后无余额。应当按《政府收支分类科目》中的转移性支出科目设置明细账，具体包括“一般预算调出资金”、“政府性基金预算调出资金”等。

政府财政会计设置“国有资本经营预算调出资金”账户，用来核算各级财政部门从国有资本经营预算收入中调出，用于一般预算支出的资金。政府财政会计将国有资本经营预算资金调出时，借记本账户，贷记“国库存款”账户；年终结账将该账户借方余额转入“国有资本经营预算结余”账户时，借记“国有资本经营预算结余”账户，贷记本账户。该账户平时余额在借方，反映国有资本经营预算调出资金的累计数。年终转账后无余额。

【例 7-13】某市财政向所属某县财政拨付预算补助款项合计 534 000 元，其中“返还性支出——增值税和消费税返还支出”120 000 元，“一般性转移支付——社会保障和就业转移支付支出”302 000 元，“专项转移支付——农林水事务专项补助支出”72 000 元，“政府性基金转移支付——政府性基金补助支出”40 000 元。应做会计分录：

借：补助支出　　534 000

贷：国库存款——一般预算存款　494 000

——基金预算存款　40 000

同时，在“补助支出”明细账的借方登记如下：

返还性支出——增值税和消费税返还支出——某县　120 000

一般性转移支出——社会保障和就业转移支付支出——某县　302 000

专项转移支付——农林水事务专项补助支出——某县　72 000

政府性基金转移支付——政府性基金补助支出——某县　40 000

【例7-14】某市财政根据体制结算的规定，年终计算出本级财政应补助给某县财政的补助支出150 000元。具体科目是“一般性转移支付——体制性补助支出”。应做会计分录：

借：补助支出　150 000

贷：与下级往来　150 000

同时，在“补助支出”明细账的借方登记如下：

一般性转移支付——体制性补助支出——某县　150 000

【例7-15】某市财政年终将“补助支出”总账账户的借方余额2 680 000元，分别转入“预算结余”和“基金预算结余”账户。其中，930 000元属于政府性基金补助支出，其余1 750 000元属于一般预算补助支出。应做会计分录：

借：预算结余　1 750 000

基金预算结余　930 000

贷：补助支出　2 680 000

同时，政府财政会计应结清所有的补助支出账户的明细账。

【例7-16】某市财政按财政管理体制的要求，向上级某省财政上解预算款项合计980 000元，其中“一般性转移支付——体制上解支出”540 000元，“专项转移支付支出——专项上解支出”130 000元，“政府性基金转移支出——政府性基金上解支出”310 000元。应做会计分录：

借：上解支出　980 000

贷：国库存款——一般预算存款　670 000

——基金预算存款　310 000

同时，在“上解支出”明细账的借方登记如下：

一般性转移支付——体制上解支出　540 000

专项转移支付支出——专项上解支出　130 000

政府性基金转移支出——政府性基金上解支出　310 000

【例7-17】某市财政年终“上解支出”总账账户的借方余额为3 560 000元，分别转入“预算结余”和“基金预算结余”账户。其中，850 000元属于政府性基金上解支出，其余2 710 000元属于一般预算上解支出。应做会计分录：

借：预算结余　2 710 000

基金预算结余　850 000

贷：上解支出 3 560 000

同时，政府财政会计应结清所有的上解支出账户的明细账。

【例 7-18】某市财政为平衡一般预算，将基金预算结余中的 320 000 元调出至一般预算。应做会计分录：

借：调出资金——政府性基金预算调出资金 320 000

贷：国库存款——基金预算存款 320 000

同时：

借：国库存款——一般预算存款 320 000

贷：调入资金——一般预算调入资金 320 000

【例 7-19】年终，某市财政将“调出资金”账户中的“政府性基金预算调出资金”明细账户的借方余额 320 000 元全数转入“基金预算结余”账户。应做会计分录：

借：基金预算结余 320 000

贷：调出资金——政府性基金预算调出资金 320 000

【例 7-20】某市财政为平衡一般预算，将国有资本经营预算资金 580 000 元调出至一般预算。应做会计分录：

借：国有资本经营预算调出资金 580 000

贷：国库存款——国有资本经营预算存款 580 000

同时：

借：国库存款——一般预算存款 580 000

贷：调入资金——一般预算调入资金 580 000

【例 7-21】年终，某市财政将“国有资本经营预算调出资金”账户的借方余额 580 000 元全数转入“国有资本经营预算结余”账户。应做会计分录：

借：国有资本经营预算结余 580 000

贷：国有资本经营预算调出资金 580 000

第六节 财政专户管理资金支出

财政部门按照单位预算将财政专户管理资金拨付给教育事业单位及彩票发行和销售机构，确认财政专户管理资金支出。

政府财政会计设置“财政专户管理资金支出”总账账户，核算向事业单位拨付返还的财政专户管理资金。发生财政专户管理的资金支出时，借记本账户，贷记“其他财政存款——财政专户管理资金存款”账户；年终转账时，将本账户借方余额全数转入“财政专户管理资金结余”账户，借记“财政专户管理资金结余”账户，贷记本账户。本账户平时为借方余额，反映当年财政专户管理的资金支出累计数。年终转账后无余额。该账户应根据《政府收支分类科目》中支出功能分类科目设置相应明细账。同时，根据管理需要，按部门进行明细核算。

【例 7-22】某市财政部门按单位预算用财政专户管理资金向某初中学校支付经费 600 000 元。应做会计分录：

借：财政专户管理资金支出　　600 000

　贷：其他财政存款——财政专户管理资金存款　　600 000

同时，在“财政专户管理资金支出”明细账的借方登记如下：

教育经费支出——初中教育　　600 000

【例 7-23】某市财政部门用财政专户管理资金向体育彩票发行机构支付业务费用 850 000 元。应做会计分录：

借：财政专户管理资金支出　　850 000

　贷：其他财政存款——财政专户管理资金存款　　850 000

同时，在“财政专户管理资金支出”明细账的借方登记如下：

彩票业务费支出——体育彩票发行机构业务费用支出　　850 000

【例 7-24】某市财政部门年终将“财政专户管理资金支出”账户的借方余额 5 200 000元转入“财政专户管理资金结余”账户。其中，2 100 000 元属于教育经费支出，其余 3 100 000 元属于彩票业务费支出。应做会计分录：

借：财政专户管理资金结余——教育收费结余　　2 100 000

　　　　　　　　　　——彩票业务费结余　　3 100 000

　贷：财政专户管理资金支出——教育经费支出　　2 100 000

　　　　　　　　　　——彩票业务费支出　　3 100 000

第七节　政府采购活动中财政预算支出

为了加强政府采购资金的监督管理，提高资金使用效益，保证采购资金及时足额支付，政府的大宗商品实行政府采购制度。参加政府采购的采购项目要列入部门和单位的政府采购预算，其中涉及使用财政资金的项目，要纳入财政预算管理。

参加政府采购的采购项目，分为单一资金来源项目和多资金来源项目。其中单一资金来源项目是指采购商品支付的资金全部是财政拨款或者全部是单位自筹资金；多资金来源项目又称“拼盘”项目，是指采购商品支付的资金部分是财政拨款、部分是单位自筹资金。

一、政府采购的资金支付方式

在国库集中支付方式下，政府采购项目中拼盘项目的资金支付方式是全额拨付方式和差额支付方式。

1. 全额拨付方式

全额拨付方式是指财政部门和采购机关按照先集中后支付的原则，在采购活动开始前，先将单位自筹资金和财政资金汇集到政府采购资金专户；需要支付资金时，财政部门根据合同履行情况，将财政资金和已经汇集的单位自筹资金，通过政府采购资金专户一并拨付给中标供应商。

2. 差额支付方式

差额支付方式是指财政部门和采购机关按照政府采购拼盘项目合同中约定的各方负担的资金比例，分别通过财政零余额账户（或政府采购资金账户）将财政资金和单位银行账户将单位自筹资金支付给中标供应商。单一资金来源的采购项目的资金支付方式，参照差额支付方式。

政府采购项目的具体资金支付方式，由同级财政部门根据实际情况确定。

二、政府采购活动中财政预算支出的核算

差额支付方式中通过财政零余额账户支付资金核算的账务处理与一般预算支出核算的账务处理方式相同。下面只介绍全额拨付方式的业务核算。

政府财政会计通过“其他财政存款”账户和“暂存款”账户对政府采购资金专户的资金进行核算。在“暂存款”总账账户下，按财政拨款、单位自筹资金、采购项目分别设置明细账户，在单位自筹资金明细账户下，还要按照交款单位进行明细核算。

1. 向政府采购资金专户汇集资金的账务处理

当参加政府采购的预算单位将自筹资金交入政府采购资金专户时，政府财政会计对政府采购资金专户资金进行账务处理，按政府采购资金专户收到的资金数，借记“其他财政存款——政府采购资金专户存款”账户，贷记“暂存款——单位自筹资金”账户。将政府采购项目的财政资金从国库划入政府采购资金专户时，政府财政会计对政府采购资金专户资金进行账务处理，按政府采购资金专户划入数，借记“其他财政存款——政府采购资金专户存款”账户，贷记“暂存款——财政资金”账户；同时，对国库资金进行账务处理，按国库划出数，借记“暂付款——政府采购暂付款”账户，贷记“国库存款”账户。

2. 从政府采购资金专户支付资金的账务处理

当政府采购机构通过政府采购资金专户向中标的供应商付款时，政府财政会计对政府采购资金专户资金进行账务处理，按实际支付数，借记“暂存款”账户及其明细账户，贷记“其他财政存款——政府采购资金专户存款”账户；同时，对国库资金进行账务处理，按支付款项中的财政资金数额，借记“一般预算支出”、“基金预算支出”账户，贷记“暂付款——政府采购暂付款”账户。

3. 从政府采购资金专户退回资金的账务处理

当将政府采购活动中节约的采购资金退回出资方时，政府财政会计对政府采购资金专户资金进行账务处理，按政府采购资金专户退回资金数，借记“暂存款”账户及其明细账户，贷记“其他财政存款——政府采购资金专户存款”账户；同时，对国库资金进行账务处理，按国库收到的退回资金数，借记“国库存款”账户，贷记“暂付款——政府采购暂付款”账户。

4. 政府采购资金专户利息的账务处理

按照规定，政府采购资金专户产生的利息，要缴入国库，作为一般预算收入。政府财政会计收到银行缴入政府采购资金专户发生的利息时，按银行缴入账户的利息数，借记“其他财政存款——政府采购资金专户存款”账户，贷记“暂存款——专户利息收入”账户；将政府采购资金专户利息收入缴入国库时，借记“暂存款——专户利息收入”账户，贷记“其他财政存款——政府采购资金专户存款”账户，同时，借记“国库存款——一般预算存款”账户，贷记“一般预算收入”账户及其明细账户。

【例 7-25】某市一科研机构的一项科研实验设备采购列入政府采购项目，该项目采购预算资金总额为 2 500 000 元，其中使用一般预算资金 2 000 000 元，单位自筹资金 500 000 元。该科研机构将单位自筹资金 500 000 元交入政府采购资金专户。应做会计分录：

借：其他财政存款——政府采购资金专户存款 500 000

　贷：暂存款——单位自筹资金——某科研机构 500 000

【例 7-26】政府财政会计将政府采购项目的财政资金 2 000 000 元从国库划入政府采购资金专户。应做会计分录：

借：其他财政存款——政府采购资金专户存款 2 000 000

　贷：暂存款——财政资金——某科研机构 2 000 000

同时：

借：暂付款——政府采购——某科研机构 2 000 000

　贷：国库存款——一般预算存款 2 000 000

【例 7-27】采购业务完成，中标价格为 2 250 000 元，通过政府采购资金专户向中标的供应商付款。应做会计分录：

借：暂存款——财政资金——某科研机构 1 800 000

　　　　——单位自筹资金——某科研机构 450 000

　贷：其他财政存款——政府采购资金专户存款 2 250 000

同时：

借：一般预算支出 1 800 000

　贷：暂付款——政府采购——某科研机构 1 800 000

并在“一般预算支出”明细账的借方登记如下：

科学技术——基础研究——重点实验室及相关设施 1 800 000

【例 7-28】退回结余的采购资金专户资金。应做会计分录：

借：暂存款——财政资金——某科研机构 200 000

　　　　——单位自筹资金——某科研机构 50 000

　贷：其他财政存款——政府采购资金专户存款 250 000

同时：

借：国库存款——一般预算存款 200 000

贷：暂付款——政府采购——某科研机构 200 000

【例 7-29】年末某市政府采购资金专户发生的利息 81 500 元，政府财政会计将该利息收入划入国库。应做会计分录：

（1）政府采购资金专户产生利息时：

借：其他财政存款——政府采购资金专户存款 81 500

贷：暂存款——专户利息收入 81 500

（2）将政府采购资金专户利息收入缴入国库时：

借：暂存款——专户利息收入 81 500

贷：其他财政存款——政府采购资金专户存款 81 500

同时：

借：国库存款——一般预算存款 81 500

贷：一般预算收入 81 500

同时，在“一般预算收入”明细账的贷方登记如下：

非税收入——国有资源有偿使用收入——利息收入

——财政专户利息收入 81 500

本章小结

政府财政会计的支出是指一级政府为实现其职能，依法对财政资金进行的分配和使用所形成的支出。它包括一般预算支出、基金预算支出、国有资本经营预算支出、专用基金支出、转移性支出和财政专户管理资金支出等。

一般预算支出是指一级政府对取得的一般预算类收入进行有计划地分配和使用而安排的支出。

基金预算支出是指各级政府财政用基金预算类收入安排发生的支出。

国有资本经营预算支出是指各级财政部门用国有资本经营预算类收入安排的支出。

专用基金支出是各级财政部门用专用基金收入安排的支出。

转移性支出是根据财政体制规定财政预算资金在中央与地方、地方各级财政之间以及在本级财政不同性质资金之间进行转移所形成的支出。具体包括补助支出、上解支出和调出资金三个种类。

财政部门按照单位预算将财政专户管理资金拨付给教育事业单位及彩票发行和销售机构，确认财政专户管理资金支出。

在国库集中支付方式下，政府采购项目中拼盘项目的资金支付方式是全额拨付方式和差额支付方式。

政府采购资金财政直接拨付是将政府采购资金通过代理银行（商业银行）直

接支付给中标供应商的拨款方式。

思考题

1. 什么是政府财政会计核算的支出？政府财政会计核算的支出分为哪些种类？

2. 什么是一般预算支出？一般预算支出有哪几种支付方式？各种支付方式的支付程序是怎样的？

3. 一般预算支出的各种支付方式下如何确认一般预算支出？

4. 什么是基金预算支出？什么是国有资本经营预算支出？什么是专用基金支出？

5. 什么是转移性支出？转移性支出有哪些种类？

6. 财政专户管理资金支出包括哪些内容？

7. 在国库集中支付方式下，政府采购项目中拼盘项目的资金支付方式有哪几种？

8. 如何进行政府采购活动中财政预算支出的核算？

第八章 政府财政会计净资产的核算

学习目标

通过本章的学习，明确政府财政会计净资产的种类，熟悉各项结余及预算稳定调节基金和预算周转金的概念，掌握一般预算结余、基金预算结余、国有资本经营预算结余、专用基金结余、财政专户管理资金结余及预算稳定调节基金和预算周转金的核算。

政府财政会计的净资产是指政府财政会计的资产减去负债的差额，包括各项结余、预算稳定调节基金和预算周转金。

第一节　结余

结余是收入减去支出后的差额，包括一般预算结余、基金预算结余、国有资本经营预算结余、专用基金结余和财政专户管理资金结余等。

一、一般预算结余

一般预算结余是指一般预算类收入减去一般预算类支出后的差额。其中一般预算类收入包括一般预算收入和转移性收入中的一般预算转移性收入。转移性收入中的一般预算转移性收入包括补助收入、上解收入和调入资金等种类。一般预算类支出包括一般预算支出和转移性支出中的一般预算转移性支出。转移性支出中的一般预算转移性支出包括补助支出、上解支出和调出资金等种类。一般预算结余是各级政府财政一般预算的执行结果。一般预算结余每年年终结算一次，平时不结算。

为了核算一般预算结余，政府财政会计设置"预算结余"总账账户。政府财政会计年终结账将一般预算收入和转移性收入中的一般预算转移性收入账户的贷方余额转入本账户时，借记"一般预算收入"、"补助收入"、"上解收入"、"调入资金"等账户，贷记本账户；将一般预算支出和转移性支出中的一般预算转移性支出账户的借方余额转入本账户时，借记该账户，贷记"一般预算支出"、"补助支出"、"上解支出"和"调出资金"等账户。该账户年终为贷方余额，反映本年末的一般预算滚存结余，转入下年。

【例 8-1】某市财政 2010 年年终结账时，有关一般预算类收入总分类账户的贷方余额为："一般预算收入" 1 765 000 元，"补助收入" 130 000 元，"上解收入" 145 000 元，"调入资金" 81 000 元。"一般预算收入"有关明细账户的贷方余额为："税收收入——增值税" 550 000 元，"税收收入——营业税" 460 000 元，"税收收入——企业所得税" 280 000 元，"税收收入——城市维护建设税" 80 000 元，"税收收入——房产税" 25 000 元，"税收收入——消费税" 90 000 元，"非税收收入——行政事业性收费收入" 160 000 元，"非税收收入——罚没收入" 70 000 元，"非税收收入——国有资源（资产）有偿使用收入" 50 000 元；"补助收入"有关明细账户的贷方余额为："补助收入——一般性转移支付收入" 45 000 元，"补助收入——专项转移支付收入" 85 000 元；"上解收入"有关明细账户的贷方余额为："上解收入——一般性转移支付收入" 82 000 元，"上解收入——专项转移支付收入" 63 000 元；"调入资金"有关明细账户的贷方余额为："一般预算调入资金" 81 000 元。政府财政会计将上述一般预算类收入账户的贷方余额转入"预算结余"账户。应做会计分录为：

借：一般预算收入　　1 765 000
　　补助收入　　130 000
　　上解收入　　145 000
　　调入资金　　81 000
　贷：预算结余　　2 121 000

同时，在“一般预算收入”、“补助收入”、“上解收入”、“调入资金”明细账户的借记登记如下：

税收收入——增值税	550 000
税收收入——营业税	460 000
税收收入——企业所得税	280 000
税收收入——城市维护建设税	80 000
税收收入——房产税	25 000
税收收入——消费税	90 000
非税收收入——行政事业性收费收入	160 000
非税收收入——罚没收入	70 000
非税收收入——国有资源（资产）有偿使用收入	50 000
补助收入——一般性转移支付收入	45 000
补助收入——专项转移支付收入	85 000
上解收入——一般性转移支付收入	82 000
上解收入——专项转移支付收入	63 000
调入资金——一般预算调入资金	81 000

【例 8-2】接【例 8-1】，该市财政 2010 年年终结账时，有关一般预算类支出总分类账户的贷方余额为：“一般预算支出”1 871 000 元，“补助支出”60 000 元，“上解支出”135 000 元。“一般预算支出”有关明细账户的借方余额为：“一般公共服务——人大事务”148 000 元，“一般公共服务——政府办公厅（室）及相关机构事务”120 000 元，“一般公共服务——财政事务”128 000 元，“一般公共服务——审计事务”103 000 元，“一般公共服务——税收事务”120 000 元，“一般公共服务——发展与改革事务”144 000 元，“一般公共服务——纪检监察事务”135 000 元，“一般公共服务——工商行政管理事务”145 000 元，“一般公共服务——统计信息事务”136 000 元，“公共安全——公安”140 000 元，“公共安全——法院”122 000 元，“教育——普通教育”260 000 元，“医疗卫生——公立医院”170 000 元；“补助支出”有关明细账户的借方余额为：“补助支出——一般性转移支付”25 000 元，“补助支出——专项转移支付”35 000 元；“上解支出”有关明细账户的借方余额为：“上解支出——一般性转移支付”82 000 元，“上解支出——专项转移支付”53 000 元。政府财政会计将上述一般预算类支出账户的借方余额转入“预算结余”账户。应做会计分录为：

借：预算结余　　2 066 000

贷：一般预算支出	1 871 000
补助支出	60 000
上解支出	135 000

同时，在“一般预算支出”、“补助支出”、“上解支出”明细账户的贷方登记如下：

一般公共服务——人大事务	148 000
一般公共服务——政府办公厅（室）及相关机构事务	120 000
一般公共服务——财政事务	128 000
一般公共服务——审计事务	103 000
一般公共服务——税收事务	120 000
一般公共服务——发展与改革事务	144 000
一般公共服务——纪检监察事务	135 000
一般公共服务——工商行政管理事务	145 000
一般公共服务——统计信息事务	136 000
公共安全——公安	140 000
公共安全——法院	122 000
教育——普通教育	260 000
医疗卫生——公立医院	170 000
补助支出——一般性转移支付	25 000
补助支出——专项转移支付	35 000
上解支出——一般性转移支付	82 000
上解支出——专项转移支付	53 000

“预算结余”账户反映政府财政一般预算的执行结果。在【例 8-1】和【例 8-2】中，该市财政一般预算结余为 55 000 元。

二、基金预算结余

基金预算结余是指基金预算类收入减去基金预算类支出后的差额。其中，基金预算类收入包括基金预算收入和转移性收入中的基金预算转移性收入。转移性收入中的基金预算转移性收入包括补助收入、上解收入和调入资金等种类。基金预算类支出包括基金预算支出和转移性支出中的基金预算转移性支出。转移性支出中的基金预算转移性支出包括补助支出、上解支出和调出资金等种类。基金预算结余是各级政府财政基金预算的执行结果。基金预算结余每年年终结算一次，平时不结算。

为了核算基金预算结余，政府财政会计设置“基金预算结余”总账账户。政府财政会计年终结账将基金预算收入和转移性收入中的基金预算转移性收入账户的贷方余额转入本账户时，借记“基金预算收入”、“补助收入”、“上解收入”、“调入资金”等账户，贷记本账户；将基金预算支出和转移性支出中的基金预算转移性支出账户的借方余额转入本账户时，借记该账户，贷记“基金预算支出”、“补助支出”、“上解支出”和“调出资金”等账户。该账户年终为贷方余额，反映本年末的基金预算滚存结余，转入下年。该账户应根据基金预算收入账户所列的基金项目逐一结出各项基金的结余。

【例 8-3】某市财政 2010 年年终结账时，有关基金预算类收入总分类账户的贷方余额为：“基金预算收入” 8 635 000 元，“补助收入” 145 000 元，“上解收入” 182 000 元。“基金预算收入”有关明细账户的贷方余额为：“政府住房基金收入” 2 150 000 元，“国有土地使用权出让金收入” 3 340 000 元，“残疾人就业保障金收入” 1 125 000 元，“地方教育费附加收入” 2 020 000 元；“补助收入”有关明细账户的贷方余额为：“政府性基金补助收入——政府住房基金补助收入” 145 000 元；“上解收入”有关明细账户的贷方余额为：“政府性基金上解收入——残疾人就业保障金上解收入” 182 000 元。政府财政会计将上述基金预算类收入账户的贷方余额转入“基金预算结余”账户。应做会计分录为：

借：基金预算收入	8 635 000	
补助收入	145 000	
上解收入	182 000	
贷：基金预算结余		8 962 000

同时，在“基金预算收入”、“补助收入”、“上解收入”明细账户的借方登记如下：

政府住房基金收入	2 150 000
国有土地使用权出让金收入	3 340 000
残疾人就业保障金收入	1 125 000
地方教育费附加收入	2 020 000
政府性基金补助收入——政府住房基金补助收入	145 000
政府性基金上解收入——残疾人就业保障金上解收入	182 000

【例 8-4】接【例 8-3】，该市财政 2010 年年终结账时，有关基金预算类支出总分类账户的借方余额为：“基金预算支出” 8 135 000 元，“补助支出” 105 000 元，“上解支出” 122 000 元。“基金预算支出”有关明细账户的借方余额为：“城乡社区事务——政府住房基金支出” 2 150 000 元，“城乡社区事务——国有土地使用权出让金支出” 3 160 000 元，“社会保障和就业事务——残疾人就业保障金支出” 1 125 000 元，“教育——地方教育附加支出” 1 700 000 元；“补助支出”有关明细账户的借方余额为：“政府性基金补助支出——地方教育费附加补助支出” 105 000 元；“上解支出”有关明细账户的借方余额为：“政府性基金上解支出——国有土地使用权出让金上解支出” 122 000 元。政府财政会计将上述基金预算类支出账户的借方余额转入“基金预算结余”账户。应做会计分录为：

借：基金预算结余	8 362 000	
贷：基金预算支出		8 135 000
补助支出		105 000
上解支出		122 000

同时，在“基金预算支出”、“补助支出”、“上解支出”明细账户贷方登记如下：

城乡社区事务——政府住房基金支出	2 150 000
城乡社区事务——国有土地使用权出让金支出	3 160 000
社会保障和就业事务——残疾人就业保障金支出	1 125 000
教育——地方教育附加支出	1 700 000
政府性基金补助支出——地方教育费附加补助支出	105 000
政府性基金上解支出——国有土地使用权出让金上解支出	122 000

“基金预算结余”账户反映政府基金预算的执行结果。在【例 8-3】和【例 8-4】中，该市财政基金预算结余600 000元。各项基金需要单独计算出相应的基金预算结余，这与各项基金均要单独编制预算并单独反映预算执行情况的要求是一致的。例如，地方教育附加结余为 215 000 元，国有土地使用权出让金结余为58 000元。

三、国有资本经营预算结余

国有资本经营预算结余是指国有资本经营预算类收入减去国有资本经营预算类支出后的差额。其中，国有资本经营预算类收入包括国有资本经营预算收入和转移性收入中的国有资本经营预算转移性收入。国有资本经营预算类支出包括国有资本经营预算支出和转移性支出中的国有资本经营预算转移性支出。国有资本经营预算结余是各级政府财政国有资本经营预算的执行结果。国有资本经营预算结余每年年终结算一次，平时不结算。

为了核算国有资本经营预算结余，政府财政会计设置“国有资本经营预算结余”总账账户。政府财政会计年终结账将国有资本经营预算收入和转移性收入中的国有资本经营预算转移性收入账户的贷方余额转入本账户时，借记“国有资本经营预算收入”、“补助收入”等账户，贷记本账户；将国有资本经营预算支出和转移性支出中的国有资本经营预算转移性支出账户的借方余额转入本账户时，借记该账户，贷记“国有资本经营预算支出”、“补助支出”、“国有资本经营预算调出资金”等账户。该账户年终为贷方余额，反映本年末的国有资本经营预算滚存结余，转入下年。

【例 8-5】某市财政 2010 年年终结账时，有关国有资本经营预算类收入总分类账户的贷方余额为：“国有资本经营预算收入” 1 130 000 元，“补助收入” 145 000 元。“国有资本经营预算收入”有关明细账户的贷方余额为：“非税收入——利润收入” 260 000 元，“非税收入——股利股息收入” 180 000 元，“非税收入——产权转让收入” 450 000 元，“非税收入——清算收入” 240 000 元；“补助收入”有关明细账户的贷方余额为：“补助收入——国有资本经营预算补助” 145 000 元。政府财政会计将上述国有资本经营预算类收入账户的贷方余额转入“国有资本经营预算结余”账户。应做会计分录为：

借：国有资本经营预算收入　　1 130 000

　　补助收入　　145 000

　贷：国有资本经营预算结余　　1 275 000

同时，在“国有资本经营预算收入”、“补助收入”明细账户借方登记如下：

非税收入——利润收入　　260 000

非税收入——股利股息收入　　180 000

非税收入——产权转让收入　　450 000

非税收入——清算收入　　240 000

国有资本经营预算补助　　145 000

【例 8-6】接【例 8-5】，该市财政 2010 年年终结账时，有关国有资本经营预算类支出总分类账户的借方余额为：“国有资本经营预算支出”1 030 000 元，“国有资本经营预算调出资金”46 000 元。“国有资本经营预算支出”有关明细账户的借方余额为：“交通运输——民用航空运输——民用航空运输企业国有资本预算支出”330 000 元，“交通运输——公路水路运输——公路水路运输企业国有资本经营预算支出”250 000 元，“文化体育与传媒——文化——文化企业国有资本经营预算支出”450 000 元。政府财政会计将上述国有资本经营预算类支出账户的借方余额转入“国有资本经营预算结余”账户。应做会计分录为：

借：国有资本经营预算结余　　1 076 000

　贷：国有资本经营预算支出　　1 030 000

　　　国有资本经营预算调出资金　　46 000

同时，在“国有资本经营预算支出”明细账户贷方登记如下：

交通运输——民用航空运输——民用航空运输企业国有资本预算支出　330 000

交通运输——公路水路运输——公路水路运输企业国有资本经营预算支出　250 000

文化体育与传媒——文化——文化企业国有资本经营预算支出　450 000

四、专用基金结余

专用基金结余是专用基金收入减去专用基金支出后的差额。专用基金结余是财政部门按规定取得和使用专用基金的结果。专用基金结余每年年末结算一次，平时不结算。

为了核算专用基金结余，政府财政会计设置“专用基金结余”总账账户。应逐一结出各项专用基金的结余。政府财政会计年终结账将专用基金收入账户的贷方余额转入本账户时，借记“专用基金收入”账户，贷记本账户；将专用基金支出账户的借方余额转入本账户时，借记该账户，贷记“专用基金支出”账户。该账户年终为贷方余额，反映本年末的专用基金滚存结余，转入下年。

【例 8-7】某市财政 2010 年年终结账时，将“专用基金收入——粮食风险基金”账户的贷方余额 450 000 元转入“专用基金结余”账户，将“专用基金支出

——粮食风险基金”账户的借方余额440 000元转入“专用基金结余”账户。

年终结账时：

借：专用基金收入——粮食风险基金　　450 000

　贷：专用基金结余——粮食风险基金　　450 000

同时：

借：专用基金结余——粮食风险基金　　440 000

　贷：专用基金支出——粮食风险基金　　440 000

应逐一结出各项专用基金的结余，本例中粮食风险基金结余为10 000元。

五、财政专户管理资金结余

财政专户管理资金结余是指财政专户管理资金收入减去财政专户管理资金支出后的差额，包括教育收费、彩票发行机构和彩票销售机构业务费用等资金的结余。

为了核算财政专户管理资金结余设置“财政专户管理资金结余”总账账户，年终转账时，将“财政专户管理资金收入”账户的贷方余额转入本账户贷方时，借记“财政专户管理资金收入”账户，贷记本账户；将“财政专户管理资金支出”借方余额转入本账户借方时，借记本账户，贷记“财政专户管理资金支出”账户。本账户年终贷方余额，反映财政专户管理资金的滚存结余，转入下年。本账户根据管理需要，按财政专户管理资金的使用部门设置明细账，进行明细核算。

【例8-8】某市财政年末结账时，“财政专户管理资金收入——教育收费收入”账户贷方余额4 540 000元，“财政专户管理资金收入——彩票业务费收入”账户贷方余额2 540 000元；“财政专户管理资金支出——教育经费支出”账户的借方余额3 260 000元，“财政专户管理资金支出——彩票业务费支出”账户的借方余额1 460 000元。将财政专户管理资金收支转入“财政专户管理资金结余”账户。应做会计分录为：

借：财政专户管理资金收入——教育收费收入　　4 540 000

　　　　　　　　　　　　——彩票业务费收入　　2 540 000

　贷：财政专户管理资金结余　　7 080 000

同时：

借：财政专户管理资金结余　　4 720 000

　贷：财政专户管理资金支出——教育经费支出　　3 260 000

　　　　　　　　　　　　　——彩票业务费支出　　1 460 000

第二节　预算稳定调节基金

在组织财政预算收入过程中，往往会出现实际筹集的财政收入大于收入预算的情况，即预算收入的“超收”。这部分超收的预算收入一般用于追加财政拨款支出。财政超收的使用不必通过人大审批，这些财政支出就脱离了人大的事前监督，造成了财政超收使用的随意性和不规范。为了将财政超收的财力储存起来，同时减少政府预算收支安排的非规范性行为，财政部门从2007年起建立了预算稳定调节基金。

一、预算稳定调节基金核算的内容

预算稳定调节基金是政府财政会计的净资产。当财政收入超收较多时，从一般预算资金中提取一部分，用于增加预算稳定调节基金，而不是用于追加当期支出。在提取预算稳定调节基金时，对一般预算资金按支出进行账务处理，同时增加预算稳定调节基金。这样，提取的预算稳定调节基金的这部分超收财政资金就不会被用来追加当期财政支出，也不会导致预算收支结余增加过多。

当财政收入出现短收的年度，使用预算稳定调节基金补充一般预算资金时，将补充预算稳定调节基金作为一般预算资金的收入进行账务处理，同时减少预算稳定调节基金。这样，使用预算稳定调节基金弥补了因财政短收而导致的一般预算资金收支缺口，减少了当期预算收支的赤字。

虽然提取预算稳定调节基金时，账面出现了支出（安排预算稳定调节基金），但这在导致当期预算结余减少的同时又增加了预算稳定调节基金，并没有增加一般预算资金的整体累积结余；虽然使用预算稳定调节基金时，账面上出现了收入（调入预算稳定调节基金），但这在导致当期预算结余增加的同时又减少了预算稳定调节基金，并没有减少一般预算资金的整体累积结余。因此，虽然核算提取和使用预算稳定调节基金出现了支出和收入，但不属于真正的财政资金收支。

二、预算稳定调节基金的核算

为了核算预算稳定调节基金的设立、增加和安排使用，政府财政会计应设置“预算稳定调节基金”、“调入预算稳定调节基金”、“安排预算稳定调节基金”三个总账账户。

1. “预算稳定调节基金”账户

该账户属于净资产类账户，用于核算预算稳定调节基金的增减变动。年度终了，从财政超收收入中安排预算稳定调节基金时，借记“安排预算稳定调节基金”账户，贷记本账户；为弥补财政短收年份预算执行收支缺口，调用预算稳定调节基金时，借记本账户，贷记“调入预算稳定调节基金”账户。

2. “调入预算稳定调节基金”账户

该账户属于收入类账户，用于核算为弥补财政短收年份预算执行收支缺口，调用的预算稳定调节基金。在财政短收年度，为弥补财政短收年份预算执行收支缺口，调用预算稳定调节基金时，借记“预算稳定调节基金”账户，贷记本账户。年终转账时，将本账户余额全部转入“预算结余”账户，借记本账户，贷记“预算结余”账户。

3. “安排预算稳定调节基金”账户

该账户属于支出类账户，用于核算从财政超收收入中安排的预算稳定调节基金。年度终了，从财政超收收入中安排预算稳定调节基金时，借记本账户，贷记“预算稳定调节基金”账户。年终转账时，将本账户余额全部转入“预算结余”账户，借记“预算结余”账户，贷记本账户。

【例 8-9】某省财政部门从 2009 年起建立预算稳定调节基金，2009 年根据财政超收情况安排 500 000 000 元建立预算稳定调节基金；2010 年又根据财政超收情况安排 700 000 000 元补充预算稳定调节基金；2011 年动用预算稳定调节基金 800 000 000元，补充一般预算收支差额。

2009 年建立预算稳定调节基金时，做会计分录：

借：安排预算稳定调节基金　　500 000 000

　贷：预算稳定调节基金　　500 000 000

2009 年年终转账时，将“安排预算稳定调节基金”账户的余额全部转入“预算结余”账户时，做会计分录：

借：预算结余　　500 000 000

　贷：安排预算稳定调节基金　　500 000 000

2010 年补充预算稳定调节基金时，做会计分录：

借：安排预算稳定调节基金　　700 000 000

　贷：预算稳定调节基金　　700 000 000

2010 年年终转账时，将“安排预算稳定调节基金”账户的余额全部转入“预算结余”账户时，做会计分录：

借：预算结余　　700 000 000

　贷：安排预算稳定调节基金　　700 000 000

2011 年动用预算稳定调节基金时，做会计分录：

借：预算稳定调节基金　　800 000 000

　贷：调入预算稳定调节基金　　800 000 000

2011 年终转账时，将“调入预算稳定调节基金”账户余额全部转入“预算结余”账户时，做会计分录：

借：调入预算稳定调节基金　　800 000 000

　贷：预算结余　　800 000 000

第三节　预算周转金

预算周转金是为了调剂预算年度内预算收支的季节性差额，保证及时供应预算资金而设置的周转资金。它是国家的一项后备基金。

由于国家预算收支有一定的季节性，在年度预算收支平衡的情况下，仍可能出现年度内各季度或各月份收支不平衡的现象；同时，为了保证用款单位的资金使用，每年年度终了后，需要预拨下年初的经费，而收入通常要到新年度开始后才能组织入库。因此，各级财政部门有必要设置一定数额的预算周转金，作为平衡季度预算收支周转使用，以保证用款单位的资金需要，保证国家预算的顺利执行。

预算周转金一般用年度预算结余资金设置和补充，也可以由上级财政拨入。预算周转金不能用于财政支出，未经上级财政部门批准，不能减少或增加。预算周转金存入国库账户中，不单独设置存款户。动用预算周转金时，作为国库存款的减少。如果“国库存款”账户余额小于“预算周转金”账户余额，表明已动用了预算周转金。

为了核算预算周转金业务，应设置“预算周转金”账户。设置和补充预算周转金时，借记“国库存款”或“预算结余”账户，贷记该账户。该账户的借方一般无发生额。

【例8-10】某新设立的县级开发区财政收到上级财政拨来的建立预算周转金的专款5 120 000元，款项已经收入该区的国库存款账户。应做会计分录：

借：国库存款——一般预算存款　　5 120 000

　贷：预算周转金　　5 120 000

【例8-11】某市财政经批准，从预算结余中提取预算周转金6 450 000元。应做会计分录：

借：预算结余　　6 450 000

　贷：预算周转金　　6 450 000

本章小结

政府财政会计的净资产是指政府财政会计的资产减去负债的差额，包括各项结余、预算稳定调节基金和预算周转金。

结余是收入减去支出后的差额，包括一般预算结余、基金预算结余、国有资本经营预算结余、专用基金结余和财政专户管理资金结余等。

为了将财政超收的财力储存起来，同时减少政府预算收支安排的非规范性行为，财政部门从2007年起建立了预算稳定调节基金。当财政收入超收较多时，从一般预算资金中提取一部分，用于增加预算稳定调节基金；当财政收入出现短收的年度，使用预算稳定调节基金弥补因财政短收而导致的一般预算资金收支缺口，减少当期预算收支的赤字。

预算周转金是为了调剂预算年度内预算收支的季节性差额，保证及时供应预算资金而设置的周转资金。它是国家的一项后备基金。预算周转金一般用年度预算结余资金设置和补充，也可以由上级财政拨入。

思考题

1. 什么是政府财政会计的净资产？政府财政会计的净资产包括哪些种类？

2. 什么是政府财政会计的结余？政府财政会计的结余包括哪些种类？

3. 什么是一般预算结余？什么是基金预算结余？什么是国有资本经营预算结余？

4. 预算稳定调节基金核算的作用是什么？提取和安排预算稳定调节基金是否会造成一般预算资金累积结余的变化？为什么？

5. 什么是预算周转金？预算周转金的作用是什么？

6. 预算周转金有哪些来源渠道？

第九章

政府财政会计报表

学习目标

通过本章的学习，明确政府财政会计报表的种类以及编制程序，熟悉年终清理的主要事项以及年终结账的环节，掌握预算资金资产负债表和预算资金收支决算总表的编制，了解会计报表的审核与分析。

第一节 政府财政会计报表及其编制程序

一、政府财政会计报表的种类

政府财政会计报表是各级政府财政会计报告各种会计信息的主要文件形式。

（一）政府财政会计报表的种类

政府财政会计报表按照不同的角度，可以有不同的分类。

（1）按照报表报告的管理资金划分，政府财政会计报表包括一般预算报表、基金预算报表、国有资本经营预算报表、专用基金报表、财政专户管理资金报表等。

（2）按照报表反映的会计要素项目划分，政府财政会计报表包括资产负债表、预算收入报表、预算支出报表、预算收支总表等。

（3）按报表反映内容的详略程度划分，政府财政会计报表包括总表和明细表。其中明细表是从某一角度对总表项目的细分内容进行报告，如收入明细表、支出明细表等。

（4）按照报表反映的公共资源的管理政府划分，政府财政会计报表包括本级政府会计报表和各级政府汇总报表。其中某级政府财政部门编制的汇总报表包括本级政府及所辖行政区域内各层级下级政府的报表内容。

（5）按照报表报送的时间要求划分，政府财政会计报表包括旬报、月报和年报等。其中旬报又称快报，只有财政收入报表和财政支出报表才要求编报旬报。年报又称决算报表，决算报表包括的内容最全面，编报数量最多。

（二）政府财政会计年终编制的决算报表的种类

1. 一般预算部分

一般预算部分反映一般预算资金收支预算最终执行情况的报表，包括一般预算收支决算总表、一般预算收入决算明细表，一般预算支出决算功能分类明细表等。

2. 基金预算部分

基金预算部分反映政府性基金预算资金收支预算最终执行情况的报表，包括基金预算收支决算总表、基金预算收支决算明细表等。

3. 国有资本经营预算部分

国有资本经营预算部分反映国有资本经营预算资金收支预算最终执行情况的报表，包括国有资本经营预算收支决算总表、国有资本经营预算收支决算明细表等。

4. 财政专户管理资金部分

财政专户管理资金部分反映财政专户管理资金年终收支情况的报表，包括财政专户管理资金收支决算总表、财政专户管理资金收入决算明细表、财政专户管理资金支出决算功能分类明细表等。

5. 其他报表

其他报表反映财政资金的资产负债情况和其他要求报告情况的报表，包括预算资金资产负债表、财政专户管理资金资产负债表、基本数字表等。

二、年终会计报表的编制程序

政府财政会计编制年终报表，要遵循一定的工作程序。具体的工作程序和内容主要包括三个步骤：年终清理、年终结算、年终结账。

（一）年终清理

政府财政会计在会计年度结束前，应当全面进行年终清理。这是保证年报编制质量的一项重要准备工作。年终清理的主要事项包括：

1. 核对年度预算

各项财政收支都是按预算执行的，预算数字是与预算单位确认最终拨款的依据，也是与上下级财政部门办理收支结算的依据。因此，年终前各级政府财政会计，应配合预算管理部门将本级财政部门对上、下级财政部门的上解、补助全年预算数核对清楚，将本级财政部门对本级政府各预算单位拨款的全年预算数核对清楚。追加追减、上划下划数字，必须在年度终了前核对完毕。为了便于年终清理，本年预算的追加追减和企事业单位的上划下划，一般截至 11 月底。

2. 清理本年预算收支

凡属本年的预算收入，都要认真清理，年终前必须如数缴入国库。督促国库在年终库款报解整理期内，迅速报齐当年的预算收入。应在本年预算支领列报的款项，非特殊原因，应在年终前办理完毕。在确定全年预算数的基础上，政府财政会计年终要在规定的截止时间前，将尚未按照年终预算拨付给预算单位和上下级财政的款项及时拨付，各项预算拨款，一般截至 12 月 25 日。各级政府财政会计，对年终决算清理期内报来的属于上年的预算收入或退回的预算支出，记入上年的收入和支出账户。

3. 组织征收机关和国库进行年度对账

年度终了后，按照国库制度的规定，支库应设置十天的库款报解整理期。各经收处 12 月 31 日前所收款项均应在“库款报解整理期”内报达支库，列入当年决算。同时，各级国库要按年度决算对账办法编制收入对账单，分送同级财政部门、征收机关核对签章。保证财政收入数字的一致。

4. 清理核对当年拨款支出

各级政府财政会计对本级各预算单位的拨款支出应与单位的拨款收入核对清楚。在此基础上，对预算单位的收支进行清理：实行国库集中支付的未支付资金，清理时对于列入当年拨款计划、由于单位尚未使用而未支付的款项，按照权责发生制基础确认预算支出，同时确认对预算单位的暂存款。实行实拨资金的，对于当年安排的非包干使用的拨款结余部分应根据具体情况处理：属于单位正常周转占用的资金，可仍作为预算支出处理；属于应收回的拨款，应及时收回，并按收回数相应冲减预算支出；属于预拨下年度的经费，不得列入当年预算支出。

5. 清理往来款项

各级财政的暂收、暂付等各种往来款项，要在年度终了前认真清理结算，做到人欠收回，欠人归还。应转作各项收入或各项支出的款项，要及时转入本年有关收支账户。

（二）年终结算

年终结算指各级财政部门在年终清理的基础上，结清上下级财政之间的转移支付收支和借垫款项。相互进行年终结算的上下级财政部门，要按照财政管理体制的规定，计算出全年应补助、应上解数额，与年度预算执行过程中已补助、已上解数额进行比较，结合借垫款项，计算出全年最后应补或应退数额，填制并向对方报送“年终财政决算结算单”，相互进行结算。结算双方经核对无误后，政府财政会计将结算单作为年终财政结算凭证，据以入账。

（三）年终结账

政府财政会计经过年终清理和年终结算，把各项结算收支记入旧账后，即可办理年终结账。年终结账工作一般分为年终转账、结清旧账和记入新账三个环节，依次作账。

1. 年终转账

计算各个收入和支出账户的全年累计数额，在此基础上，进行收支转账。转账时，将各项收入账户和支出账户的余额分别对应转入“预算结余”、“基金预算结余”、“国有资本经营预算结余”、“专用基金结余”和“财政专户管理资金结余”等账户。

2. 结清旧账

进行收支转账后，结清报告年度各个账户的最终余额。其中收入和支出账户全部结清为零，然后在下面划双红线，表示本账户全部结清。对资产、负债、净资产类年终有余额的账户，在“摘要”栏内注明“结转下年”字样，表示转入新账。

3. 记入新账

将上一年度各个有余额账户的余额直接记入新年度该总账账户和明细账户的余额栏内，并在“摘要”栏注明“上年结转”字样，作为该账户新年度的期初余额。

第二节　政府财政会计报表的编制

本节只介绍预算资金资产负债表和预算资金收支决算总表的编制。

一、预算资金资产负债表

预算资金资产负债表（简称资产负债表）是反映一级政府财政某一特定日期各种预算资金在预算执行中形成的各项资产、负债、净资产的报表。在资产负债表中还包括专用基金的资产、负债和净资产。资产负债表可分为月报和年报两种。其中，月报是反映月末各种预算资金在预算执行中形成的各项资产、负债、净资产的报表。年报是反映年末各种预算资金在预算执行中形成的各项资产、负债、净资产的报表。

资产负债表采用“资产=负债+净资产”的平衡等式编制。资产负债表按账户式报表结构设置，报表左右总额平衡。报表左边是资产各个项目，又称资产部类；报表右边是负债和净资产各个项目，又称负债部类。资产负债表的一般格式如表9-1所示。

表9-1 **预算资金资产负债表**

编制单位： 年 月 日 金额单位：元

资产部类			负债部类		
项目	年初数	期末数	项目	年初数	期末数
资产			负债		
国库存款			借入款		
其他财政存款			暂存款		
有价证券			与上级往来		
在途款			负债合计		
暂付款			净资产		
与下级往来			预算结余		
预拨经费			基金预算结余		
基建拨款			国有资本经营预算结余		
			专用基金结余		
			预算稳定调节基金		
			预算周转金		
			净资产合计		
资产部类总计			负债部类总计		

资产负债表中的“年初数”，根据上年资产负债表期末数确定。资产负债表中的“期末数”根据资产、负债、净资产类账户的期末余额填列。

各级政府财政会计应先编出本级财政的资产负债表，然后和经审核无误的所属下级政府财政会计的资产负债表汇总编制成本地区财政的汇总资产负债表。

在汇编中，各级政府财政会计应将本级财政的“与下级往来”和下级财政的“与上级往来”核对无误后互相冲销，以免重复汇总。

二、收支决算总表

收支决算总表是反映预算资金年度收支预算最终执行情况的报表，包括一般预算收支决算总表、政府性基金预算收支决算总表、国有资本经营预算收支决算总表。

各种预算资金的收支决算总表按照资金收入和资金支出平衡的报表结构设置，报表左右平衡。报表左边是预算收入各个项目，反映预算资金的来源；报表右边是预算支出（按照政府支出功能分类）各个项目，反映预算资金的分配和使用。为了便于报表使用者将预算收入、预算支出与预算进行对比，报表中还列有收入预算数和支出预算数。

1. 一般预算收支决算总表

一般预算收支决算总表是反映各级政府一般预算预决算收入和预决算支出总体情况的会计报表，它是各级政府财政收支决算的主体报表。该表应按《政府收支分类科目》中的一般预算收支科目分类填列预算数和决算数。其中，预算数按当年安排的收支预算数额填列；决算数根据年终结账前有关预算收入和预算支出明细账中的全年实际收入数和全年实际支出数填列。一般预算收支决算总表参考格式如表 9-2 所示。

表 9-2 **一般预算收支决算总表**

填报单位： 年度 金额单位：元

收入			支出		
预算科目	预算数	决算数	预算科目	预算数	决算数
一、税收收入			一、一般公共服务		
1. 增值税			二、外交		
2. 消费税			三、国防		
3. 营业税			四、公共安全		
4. 企业所得税			五、教育		
5. 企业所得税退税			六、科学技术		
6. 个人所得税			七、文化体育与传媒		
7. 资源税			八、社会保障和就业		
8. 固定资产投资方向调节税			九、医疗卫生		
9. 城市维护建设税			十、环境保护		
10. 房产税			十一、城乡社区事务		
11. 印花税			十二、农林水事务		
12. 城镇土地使用税			十三、交通运输		
13. 土地增值税			十四、采掘电力信息等事务		

续表

收入			支出		
预算科目	预算数	决算数	预算科目	预算数	决算数
14. 车船税			十五、粮油物资储备管理等事务		
15. 船舶吨税			十六、金融监管等事务支出		
16. 车辆购置税			十七、地震灾后恢复重建支出		
17. 关税			十八、国债还本付息支出		
18. 耕地占用税			十九、其他支出		
19. 契税					
20. 烟叶税					
21. 其他税收收入					
二、非税收入					
1. 专项收入					
2. 行政事业性收费收入					
3. 罚没收入					
4. 国有资源（资产）有偿使用收入					
5. 其他非税收入					
本年收入合计			本年支出合计		
转移性收入			转移性支出		
调入资金			调出资金		
补助收入			补助支出		
上解收入			上解支出		
			增设预算周转金		
调入预算稳定调节基金			安排预算稳定调节基金		
上年结余			年终结余		
收入总计			支出总计		

在编报汇总的一般预算收支决算总表时，政府财政会计应将本级财政的“上解收入”科目和所属下级财政的“上解支出”科目、本级财政的“补助支出”科目和所属下级财政的“补助收入”科目核对无误后相互抵销，以免重复汇总。

2. 基金预算收支决算总表

基金预算收支决算总表是反映各级政府财政部门管理的政府性基金决算收入、决算支出以及决算结余总体情况的报表。该表应按《政府收支分类科目》中的政府性基金预算收支科目分类填列预算数和决算数。其中，预算数按当年安排的基金预算收支数额填列；决算数根据年终结账前有关基金预算收入和基金预算支出明细账中的全年实际收入数和全年实际支出数填列。

在基金预算收支决算总表中，各项政府性基金的收入和支出应当相互对应，以如实反映各项政府性基金的收支情况。基金预算收支决算总表的参考格式如表9-3所示。

表9-3 **基金预算收支决算总表**

填报单位： 年度 金额单位：元

收入			支出		
预算科目	预算数	决算数	预算科目	预算数	决算数
政府性基金收入			教育		
地方教育附加收入			地方教育附加支出		
教育考试教务费收入			教育考试教务费支出		
			文化体育与传媒		
文化事业建设费收入			文化事业建设费支出		
国家电影事业发展专项资金收入			国家电影事业发展专项资金支出		
			社会保障和就业		
残疾人就业保障金收入			残疾人就业保障金支出		
大中型水库移民后期扶持基金收入			大中型水库移民后期扶持基金支出		
			城乡社区事务		
政府住房基金收入			政府住房基金支出		
国有土地使用权出让金收入			国有土地使用权出让金支出		
城市公用事业附加收入			城市公用事业附加支出		
			农林水事务		
育林基金收入			育林基金支出		

续表

收入			支出		
预算科目	预算数	决算数	预算科目	预算数	决算数
中央水利建设基金收入			中央水利建设基金支出		
地方水利建设基金收入			地方水利建设基金支出		
			交通运输		
转让政府还贷道路收费权收入			转让政府还贷道路收费权支出		
车辆通行费			车辆通行费支出		
铁路建设基金收入			铁路建设基金支出		
民航基础设施建设基金收入			民航基础设施建设基金支出		
…			…		
本年收入合计			本年支出合计		
转移性收入			转移性支出		
政府性基金补助收入			政府性基金补助支出		
政府性基金上解收入			政府性基金上解支出		
政府性基金调入资金			政府性基金调出资金		
政府性基金上年结余			政府性基金年终结余		
收入总计			支出总计		

在编报汇总的基金预算收支决算总表时，应将本级财政的“政府性基金上解收入”科目和所属下级财政的“政府性基金上解支出”科目、本级财政的“政府性基金补助支出”和所属下级财政的“政府性基金补助收入”科目核对无误后相互抵销，以免重复汇总。

3. 国有资本经营预算收支决算总表

国有资本经营预算收支决算总表是反映各级政府财政部门管理的国有资本经营预算决算收入、决算支出以及决算结余总体情况的报表。该表应按《政府收支分类科目》中的国有资本经营预算收支科目分类填列预算数和决算数。其中，预算数按当年安排的国有资本经营预算收支数额填列；决算数根据年终结账前有关国有资本经营预算收入和国有资本经营预算支出明细账中的全年实际收入数和全年实际支出数填列。国有资本经营预算收支决算总表的参考格式如表 9-4 所示。

表 9-4 国有资本经营预算收支决算总表

填报单位： 年度 金额单位：元

收入			支出		
预算科目	预算数	决算数	预算科目	预算数	决算数
国有资本经营收入			教育		
其中：利润收入			科学技术		
股利、股息收入			文化体育与传媒		
产权转让收入			社会保障和就业		
清算收入			节能环保		
其他国有资本经营预算收入			城乡社区事务		
			农林水事务		
			交通运输		
			资源勘探电力信息等事务		
			商业服务业等事务		
			地震灾后恢复重建支出		
本年收入合计			本年支出合计		
转移性收入			转移性支出		
地震灾后恢复重建补助收入			地震灾后恢复重建补助支出		
			调出资金		
上年结余			年终结余		
收入总计			支出总计		

三、政府财政会计报表的审核与分析

为了保证总预算会计报表数字正确、内容完整，如实反映预算执行情况，各级财政部门在编制汇总报表前，要对本级各主管部门和下级财政部门的会计报表认真审核，以保证报表的质量。

对会计报表的审核，主要包括两方面的内容：一是政策性审核；二是技术性审核。前者是从贯彻政策、执行制度等方面，对各项预算收支执行情况及其结果进行审核；后者是从会计报表数字关系、数字计算的准确程度等方面，对各项预算收支执行情况及其结果进行审核。

年终，决算报表汇编完成后，地方各级财政决算报请各级人民政府审核，并提请同级人民代表大会讨论、审核和批准。国家财政决算报请国务院审核，并提交全国人民代表大会讨论、审查和批准。

各级政府财政会计报表概括、集中地反映了各级财政总预算的执行情况，但它还不能直接说明预算收支完成好坏的原因。为了总结预算管理工作的经验，保证预算收支任务的实现，提高预算管理工作的水平，必须做好会计报表的分析工作。

财政会计报表分析一般采用比较分析法，即将本期实际数与预算数比较，与上期实际数比较，以及以同类指标在不同地区、单位之间进行比较。本期实际数（预算执行数）与预算数进行比较，以考核预算收支执行的情况和进度；本期实际与上期实际完成数进行比较，并从中找出先进与落后的差距及其对预算收支的影响程度，进而分析原因，不断改进预算管理工作。

财政会计报表分析的内容主要有：预算收支完成情况总的分析、预算收入完成情况的分析、预算支出完成情况的分析。它是根据财政收支总表、有关明细表、基本数字表、国民经济计划完成情况的资料及历史资料和实际调查研究所得的资料进行分析的。

本章小结

政府财政会计报表是各级政府财政会计报告各种会计信息的主要文件形式。政府财政会计报表按照不同的角度，可以有不同的分类。

政府财政会计编制年终报表，要遵循一定的工作程序。具体的工作程序和内容主要包括三个步骤：年终清理、年终结算、年终结账。

预算资金资产负债表（简称资产负债表）是反映一级政府财政某一特定日期各种预算资金在预算执行中形成的各项资产、负债、净资产的报表。

收支决算总表是反映预算资金年度收支预算最终执行情况的报表，包括一般预算收支决算总表、政府性基金预算收支决算总表、国有资本经营预算收支决算总表。

思考题

1. 政府财政会计报表主要包括哪些种类？
2. 政府财政会计年终决算的工作程序有哪些？
3. 政府财政会计年终清理包括哪些主要事项？

4. 政府财政会计如何进行年终结算?

5. 什么是预算资金资产负债表? 应如何编制?

6. 收支决算总表包括哪些种类? 应如何编制?

7. 为什么政府财政会计报表汇总会产生重复计算项目? 有哪些项目数要在报表汇总中抵销?

第十章

财政国库支付执行机构会计

学习目标

通过本章的学习，明确财政国库支付执行机构的主要业务，掌握财政国库支付执行机构的会计核算。

第一节 财政国库支付执行机构的主要业务

财政国库支付执行机构是财政部门审核、监督财政资金收付工作的延伸。在财政部层面，财政国库支付执行机构称为国库支付中心；在地方财政部门层面，财政国库支付执行机构称国库支付局，也有称国库支付中心。我国自 2001 年开始进行财政国库管理制度改革，为适应建立财政国库单一账户制度的需要，财政部门开始设立国库支付执行机构。财政国库支付执行机构（国库支付中心）的主要业务，是按规定办理财政资金的支付，并及时将财政资金的支付情况向财政国库管理机构（国库司、国库处、国库科等）报告。政府财政会计设在财政国库管理机构。

财政国库支付执行机构办理财政资金支付的方式主要是财政直接支付方式和财政授权支付方式。在财政直接支付方式下，财政国库支付执行机构通过财政部门在代理银行开设的财政零余额账户，将财政资金直接支付给物品或服务的提供者。在财政授权支付方式下，财政国库支付执行机构通过预算单位在代理银行开设的单位零余额账户，将财政资金直接支付给物品或服务的提供者或预算单位。

财政直接支付方式和财政授权支付方式是财政国库单一账户制度下的两种财政资金支付方式。财政国库支付执行机构在办理财政资金支付业务时：一方面，要对有关预算单位预算执行情况进行监督，使有关预算单位切实按照批准的部门预算和资金使用计划使用财政资金；另一方面，要加强与中国人民银行国库部门、财政零余额账户代理银行、单位零余额账户代理银行及预算单位等相关单位合作，确保财政资金及时、有效、准确地实行支付，并确保财政资金支付信息的正确无误。财政国库支付执行机构在按规定办理财政资金支付后，要及时将财政资金的支付情况向财政国库管理机构或政府财政会计报告。政府财政会计在收到财政国库支付执行机构的相关报告并与相关方面核对无误后，确认财政预算支出。

第二节 财政国库支付执行机构的会计核算

财政国库支付执行机构会计是政府财政会计的延伸，其会计核算执行《财政总预算会计制度》。财政国库支付执行机构为了核算财政国库支付执行机构的主要业务，设置“财政零余额账户存款”和“已结报支出”两个特殊总账账户，并设立预算支出明细表。预算支出明细账应当按一般预算支出、基金预算支出的“类”、“款”、“项”及预算单位记载。其中“财政零余额账户存款”用来核算财政国库支付执行机构在代理银行开设的财政零余额账户的结算业务。贷方登记当天发生的直接支付的资金数；借方登记当天国库单一账户存款划入冲销数。每日清算后余额为零。“已结报支出”账户用来核算已用财政国库资金结清的支出业务。财政国库支付执行机构通过财政零余额账户将财政资金直接支付给物品或服务的提供者时，财政国库支付执行机构会计借记“一般预算支出——财政直接支付”、“基金预算支出——财政直接支付”等账户，贷记“财政零余额账户存款”账户；财政零余额账户代理银行在向物品或服务的提供者划款当日向中国人民银行国库清算资金、收回垫付款项，财政国库支付执行机构按日向财政国库管理机构报送预算支出结算清单、报告已用财政国库资金结清代理银行垫付的款项时，财政国库支付执行机构会计借记“财政零余额账户存款”账户，贷记“已结报支出——财政直接支付”账户。当天资金结算后，“一般预算支出”与“基金预算支出”账户的借方余额合计数等于“已结报支出”账户的贷方余额合计数。“财政零余额账户存款”账户的余额为零。

财政国库支付执行机构收到有关预算单位财政授权支付代理银行交来的财政授权支付报告时，借记“一般预算支出——单位零余额账户额度 ”、“基金预算支出——单位零余额账户额度”等账户，贷记“已结报支出——财政授权支付”账户。

年终结账财政国库支付执行机构将“已结报支出”账户与“一般预算支出”、“基金预算支出”账户对冲时，借记“已结报支出——财政直接支付”、“已结报支出——财政授权支付”，贷记“一般预算支出”、“基金预算支出”账户。结账后，“一般预算支出”、“基金预算支出”、“已结报支出”账户的余额均为零。

“财政零余额账户存款”账户和“已结报支出”账户均为财政资金结算的过渡账户。其中，“财政零余额账户存款”账户反映财政零余额账户代理银行与财政资金收款人之间，以及财政零余额账户代理银行与中国人民银行国库之间的财政资金结算关系；“已结报支出”账户反映财政零余额账户代理银行与中国人民银行国库之间的财政资金结算关系。“财政零余额账户存款”账户每日资金结清后余额为零；“已结报支出”账户年终结账后余额为零。

【例 10-1】某市财政国库支付执行机构采用财政直接支付方式通过财政零余额账户为某预算单位支付一般预算资金 2 420 000 元。财政国库支付执行机构会计编制会计分录：

借：一般预算支出　　2 420 000

　贷：财政零余额账户存款　　2 420 000

【例 10-2】接【例 10-1】，该市财政国库支付执行机构于发生财政直接支付业务的当日向财政国库管理机构报告财政预算资金支付情况，其中财政直接支付资金 2 420 000 元。财政国库支付执行机构会计编制会计分录：

借：财政零余额账户存款　　2 420 000

　贷：已结报支出——财政直接支付　　2 420 000

【例 10-3】财政国库支付执行机构收到有关预算单位财政授权支付代理银行交来的财政授权支付报告，其中报告预算单位以财政授权支付方式使用了一般预算资金 450 000 元。与中国人民银行核对无误后，财政国库支付执行机构会计编制会计分录：

借：一般预算支出——单位零余额账户额度　　450 000

　贷：已结报支出——财政授权支付　　450 000

【例 10-4】年终，国库支付执行机构将发生的预算支出与有关各方核对一致。有关账户的余额为："已结报支出" 898 120 000 元，"一般预算支出" 808 650 000 元，"基金预算支出" 89 470 000 元。财政国库支付执行机构会计编制会计分录：

借：已结报支出	898 120 000	
贷：一般预算支出		808 650 000
基金预算支出		89 470 000

本章小结

财政国库支付执行机构（国库支付中心）的主要业务是按规定办理财政资金的支付，并及时将财政资金的支付情况向财政国库管理机构（国库司、国库处、国库科等）报告。财政国库支付执行机构办理财政资金支付的方式主要是财政直接支付方式和财政授权支付方式。

财政国库支付执行机构为了核算财政国库支付执行机构的主要业务，设置"财政零余额账户存款"和"已结报支出"两个特殊账户，并设立预算支出明细表。预算支出明细账应当按一般预算支出、基金预算支出的"类"、"款"、"项"及预算单位记载。

思考题

1. 财政国库支付执行机构的主要业务是什么？

2. 财政国库支付执行机构会计需要设置哪两个特殊的总账账户？分别反映怎样的财政资金结算关系？

第十一章

行政单位会计概述

学习目标

通过本章的学习，明确行政单位的概念和特点，掌握行政单位会计的特点和一般原则，熟悉行政单位的会计要素和会计科目。

第一节 行政单位会计的概念与特点

一、行政单位的概念

行政单位是进行国家行政管理，组织经济建设和文化建设，维护社会公共秩序的单位。我国行政单位包括：国家权力机关，即全国人民代表大会和地方各级人民代表大会及其常务委员会；国家行政机关，即国务院及其所属各部委和地方各级人民政府的常设机构和派出机构；国家司法机关，即最高人民法院、最高人民检察院和地方各级审判机关和检察机关；国家政协机关，即全国政治协商会议和地方各级政协机关；军队等。有些单位虽在性质上不属于行政单位，如党派组织、人民团体等，但因其经费来源主要是国家财政拨款，其财务收支业务与行政单位相似，因而也视同行政单位。

属于上层建筑范畴的行政单位，其职能在于维护国家机器的正常运转。与属于经济基础范畴、从事生产和流通的企业相比，行政单位具有明显的特点：

1. 提供“产品”的公共性

行政单位的存在以满足社会共同需要为前提，属于公共部门。它所提供的“产品”，即所提供的服务，属于“公共物品”。人们在消费这些“公共物品”时具有非排他性，即某个个人或集团消费并不影响其他社会成员同时消费，如和平的社会环境，而企业所提供的产品属于“私人物品”，仅供对其拥有所有权的人消费，具有排他性。

2. 资金来源的无偿性和单一性

行政单位日常工作所需要的资金由财政拨款供应，具有无偿性，不需要行政单位自筹，以保证其执行公务的公正性，资金来源渠道单一。而企业的资金来源渠道比较多，可以由国家投资，还可能获得私人投资，也可负债经营，资金来源渠道多样，且都是有偿使用的。

3. 预算执行的强制性

行政单位预算是行政单位根据其职责和工作任务编制的财务收支计划，由收入预算和支出预算组成，是行政单位取得、使用国家财政拨款的依据。行政单位预算是政府财政预算的重要组成部分，其预算执行情况直接影响着政府预算的执行情况，因此，行政单位预算的编报和审批有着严格的程序。按预算法和部门预算编制的要求，各接受财政拨款的行政单位必须有完整周密的预算，有预算安排才有支出，没有预算安排就没有支出，即财政拨款严格按预算进行，没有列入预算计划的支出，财政一般不供应资金，并严格执行收支两条线的管理规定。而企业预算只是企业内部财务管理的依据，不受政府的约束和控制，受市场影响，并可随时调整。

4. 活动的非营利性

行政单位工作的特殊性决定了其开展活动不以营利为目的，在向人们提供

"公共物品"时，不向受益对象收取超过或弥补其经济代价的收入。当然，由于受益对象的广泛性和共同性，既无法准确地确定受益对象，也无法准确地确定收取收入的金额。而企业是一个经营组织，营利不仅是企业活动的目的，也是企业持续生存的前提。

5. 资金管理权的限制性

随着我国财政资金的国库统一支付和政府集中采购制度的推广和实施，行政单位从财政部门取得的拨款更多的是以额度的形式存在，而非银行存款。行政单位虽然拥有资金的所有权和预算范围内的使用权，但保管和支付财政资金的具体业务却由财政部门掌握。行政单位采购商品和劳务的活动多由财政部门代为进行，行政单位在资金管理权上受到相当大的限制。

二、行政单位会计的概念

行政单位会计是反映和监督我国政府组成机构和相关组织预算执行情况及其结果的专业会计。行政单位会计的主体主要是行政单位，但也包括国家权力机关、审判机关、检察机关以及政党组织、接受预算拨款的人民团体等。行政单位会计的对象是部门预算资金，反映的是行政拨款的取得和使用情况，为预算管理服务。行政单位会计属于预算会计范畴，是政府会计的重要组成部分，对于加强行政单位管理，提供及时、准确的预算信息有着重要的作用。

行政单位会计与政府财政会计是相互联系的，它们同属于政府会计，都以财政预算资金作为核算对象，要求以预算为基础，全面反映预算的执行情况及结果。财政部门的经费拨款，即行政单位的拨入经费；行政单位上缴的收入，即财政部门预算收入的组成部分。但是行政单位会计与政府财政会计又存在一定的区别，行政单位会计的核算对象是部门预算资金，侧重于部门核算，而政府财政会计的核算对象是政府预算，反映一级政府的宏观经济信息。

根据机构建制和经费领报关系，行政单位会计的组织系统分为主管会计单位、二级会计单位和基层会计单位三级。主管会计单位、二级会计单位和基层会计单位实行独立会计核算，负责组织管理本部门、本单位的全部会计工作。不具备独立核算条件的行政单位，实行单据报账制度，作为"报销单位"管理。

三、行政单位会计的特点

行政单位会计是我国预算会计的重要组成部分，以部门预算资金为会计核算对象，反映行政单位的预算收支情况和结果。行政单位会计的特点主要体现在以下几个方面：

（一）行政单位会计核算目标为评价受托责任履行情况和决策有用性

行政单位会计核算目标是向会计信息使用者提供与行政单位财务状况、预算执行情况等有关的会计信息，反映行政单位受托责任的履行情况，有助于会计信息使用者进行管理、监督和决策。

行政单位会计信息使用者包括人民代表大会、政府及其有关部门、行政单位自身和其他会计信息使用者。

（二）行政单位会计核算的前提

行政单位应当对其自身发生的经济业务或者事项进行会计核算。

行政单位会计核算应当以行政单位各项业务活动持续正常地进行为前提。

行政单位应当划分会计期间，分期结算账目和编制财务报表。

会计期间至少分为年度和月度。会计年度、月度等会计期间的起讫日期采用公历日期。

行政单位会计核算应当以人民币作为记账本位币。发生外币业务时，应当将有关外币金额折算为人民币金额计量。

（三）行政单位会计一般以收付实现制为核算基础

《行政单位会计制度》规定，行政单位会计一般以收付实现制为核算基础，以实际收付为基础确认各项收入和支出，以准确反映一定时期的收入、支出情况及结果，为预算管理服务。国家预算是以当年预计的现金流入量和流出量作为编制基础，作为国家预算组成部分的行政单位资金收付以现金收付为标志记账，可提供与国家预算相一致的数据信息，便于反映预算的执行结果。

当然，行政单位会计核算一般采用收付实现制，特殊经济业务和事项应当按照《行政单位会计制度》的规定采用权责发生制核算。

第二节　行政单位会计核算原则

为了规范行政单位会计核算，保证会计信息质量，根据《中华人民共和国会计法》和其他有关法律、行政法规和部门规章，制定《行政单位会计制度》。

行政单位在进行会计核算时，应遵循以下一般原则：

1. 客观性原则

行政单位应当以实际发生的经济业务或者事项为依据进行会计核算，如实反映各项会计要素的情况和结果，保证会计信息真实可靠。

2. 相关性原则

行政单位提供的会计信息应当与行政单位受托责任履行情况的反映、会计信息使用者的管理、监督和决策需要相关，有助于会计信息使用者对行政单位过去、现在或者未来的情况作出评价或者预测。

3. 全面性原则

行政单位应当将发生的各项经济业务或者事项全部纳入会计核算，确保会计信息能够全面反映行政单位的财务状况和预算执行情况等。

4. 及时性原则

行政单位对于已经发生的经济业务或者事项，应当及时进行会计核算，不得提前或者延后。

5. 可比性原则

行政单位提供的会计信息应当具有可比性。

同一行政单位不同时期发生的相同或者相似的经济业务或者事项，应当采用一致的会计政策，不得随意变更。确需变更的，应当将变更的内容、理由和对单位财务状况、预算执行情况的影响在附注中予以说明。

不同行政单位发生的相同或者相似的经济业务或者事项，应当采用统一的会计政策，确保不同行政单位会计信息口径一致、相互可比。

6. 明晰性原则

行政单位提供的会计信息应当清晰明了，便于会计信息使用者理解和使用。

第三节 行政单位会计要素与会计科目

行政单位会计应当按照业务或事项的经济特征确定会计要素。会计要素包括资产、负债、净资产、收入和支出。

行政单位会计科目是对行政单位会计要素所作的进一步分类。它是行政单位会计设置账户、组织会计核算的依据。行政单位会计科目按行政单位会计要素分为资产、负债、净资产、收入和支出五类。各级行政单位统一适用的会计科目如表 11-1 所示。

表 11-1 行政单位会计科目表

序号	编号	科目名称
一、资产类		
1	1001	库存现金
2	1002	银行存款
3	1011	零余额账户用款额度
4	1021 102101 102102	财政应返还额度 财政直接支付 财政授权支付
5	1212	应收账款
6	1213	预付账款
7	1215	其他应收款
8	1301	存货
9	1501	固定资产
10	1502	累计折旧
11	1511	在建工程
12	1601	无形资产

续表

序号	编号	科目名称
13	1602	累计摊销
14	1701	待处理财产损溢
15	1801	政府储备物资
16	1802	公共基础设施
17	1901	受托代理资产
二、负债类		
18	2001	应缴财政款
19	2101	应缴税费
20	2201	应付职工薪酬
21	2301	应付账款
22	2302	应付政府补贴款
23	2305	其他应付款
24	2401	长期应付款
25	2901	受托代理负债
三、净资产类		
26	3001	财政拨款结转
27	3002	财政拨款结余
28	3101	其他资金结转结余
29	3501 350101 350111 350121 350131 350141 350151 350152	资产基金 预付款项 存货 固定资产 在建工程 无形资产 政府储备物资 公共基础设施
30	3502	待偿债净资产
四、收入类		
31	4001	财政拨款收入
32	4011	其他收入
五、支出类		
33	5001	经费支出
34	5101	拨出经费

各级行政单位应当按照规定使用表 11-1 中所示的统一设置的会计科目。

表 11-1 中所示的是总账科目，为了反映会计要素的具体情况，财政部门对部分总账科目规定了明细科目，行政单位应当按照财政部门的规定设置、使用明细科目。涉及财政资金的收入类科目和支出类科目按照财政部门的规定设置、使用明细科目；其余总账科目可以根据本单位需要，自行设置明细科目。

本制度统一规定会计科目编号。各级行政单位在使用会计科目编号时，应与会计科目名称同时使用。可以只使用会计科目名称，不使用会计科目编号，但不得只使用会计科目编号，不使用会计科目名称。

本章小结

行政单位是进行国家行政管理，组织经济建设和文化建设，维护社会公共秩序的单位。

行政单位会计核算目标是向会计信息使用者提供与行政单位财务状况、预算执行情况等有关的会计信息，反映行政单位受托责任的履行情况，有助于会计信息使用者进行管理、监督和决策。

行政单位会计信息使用者包括人民代表大会、政府及其有关部门、行政单位自身和其他会计信息使用者。

行政单位会计核算应当以人民币作为记账本位币。发生外币业务时，应当将有关外币金额折算为人民币金额计量。

行政单位会计核算一般采用收付实现制，特殊经济业务和事项应当按照本制度的规定采用权责发生制核算。

行政单位会计根据其业务需要设置资产、负债、净资产、收入、支出五个会计要素。

思考题

1. 行政单位与企业的主要区别是什么？
2. 什么是行政单位会计？行政单位会计的特点是什么？
3. 行政单位在进行会计核算时，应遵循的一般原则有哪些？
4. 简述行政单位会计要素的内容。

第十二章

行政单位资产的核算

学习目标

通过本章的学习，了解行政单位资产的内容，掌握行政单位各项流动资产、固定资产和无形资产的确认、计量和核算。

行政单位资产是指行政单位占有或者使用的，能以货币计量的经济资源。所谓占有，是指行政单位对经济资源拥有法律上的占有权。由行政单位直接支配，供社会公众使用的政府储备物资、公共基础设施等，也属于行政单位核算的资产。

行政单位的资产包括流动资产、固定资产、在建工程、无形资产等。

第一节　流动资产

流动资产是指可以在1年以内（含1年）变现或者耗用的资产，包括库存现金、银行存款、零余额账户用款额度、财政应返还额度、应收及预付款项、存货等。

一、库存现金

行政单位的库存现金，是指行政单位存放在财务部门的货币资金。库存现金是一种流动性最强的流动资产，行政单位应当加强现金管理，遵循各种手续、规定，以保证现金的安全、完整。

（一）库存现金的管理原则

根据《现金管理暂行条例》和《现金管理暂行条例实施细则》等有关规定，现金管理应遵循以下原则：

1. 严格遵守银行核定的库存现金限额

库存现金限额是指银行根据规定，对在银行开户的行政单位，核定一个保留库存现金的最高额度。这一额度内的库存现金主要用于行政单位日常零星现金支付和备用金的需要。凡是超过限额的现金，必须及时存入银行。

2. 收入的现金必须及时送存银行，不得随意坐支

坐支是指以本单位的现金收入直接支付本单位的支出。行政单位每天收入的现金，必须当天送存银行，不能直接支用。因特殊原因需要坐支现金的，应事先报经银行审查批准，由开户银行核定坐支范围和限额。

3. 明确规定现金的使用范围

根据《现金管理暂行条例》的规定，现金的使用范围为：职工工资、津贴，个人劳务报酬；根据国家规定颁发给个人的各种科学技术、文化艺术、体育等各项奖金，以及国家规定的对个人的其他现金支出；向个人收购农；出差人员必须随身携带的差旅费；结算起点以下的零星支出和银行确定需要支付现金的其他支出。行政单位之间以及和其他单位的经济往来，除按规定范围可以使用现金外，均应通过开户银行转账结算。

4. 严格现金的收付手续

行政单位向银行提取现金时，必须如实写明提取现金的用途；将现金存入银行时，必须如实写明存入现金的来源。收入现金必须开给收款人正式的收据，支付现金应在付款的原始凭证上加盖“现金付讫”戳记。

5. 建立现金内部控制制度

行政单位应在现金的管理上强调内部控制的作用。一是不得以“白条”抵库。所谓“白条”抵库，就是以不符合财务制度的凭证顶替库存现金。二是行政单位之间不得相互借用现金。三是进行钱账分管，相互牵制，做到明确职责，相互监督。四是对现金收付款凭证从真实性、合法性、完整性、正确性等几个方面加强审核。

（二）库存现金的核算

为了核算库存现金业务，行政单位应设置“库存现金”账户。行政单位库存现金的主要账务处理如下：

（1）从银行等金融机构提取现金，按照实际提取的金额，借记本账户，贷记“银行存款”、“零余额账户用款额度”等账户；将现金存入银行等金融机构，借记“银行存款”，贷记本账户；将现金退回单位零余额账户，借记“零余额账户用款额度”账户，贷记本账户。

（2）因支付内部职工出差等原因所借的现金，借记“其他应收款”账户，贷记本账户；出差人员报销差旅费时，按照应报销的金额，借记有关科账户，按照实际借出的现金金额，贷记“其他应收款”账户，按照其差额，借记或贷记本账户。

（3）因开展业务或其他事项收到现金，借记本账户，贷记有关账户；因购买服务、商品或者其他事项支出现金，借记有关账户，贷记本账户。

（4）收到受托代理的现金时，借记本账户，贷记“受托代理负债”账户；支付受托代理的现金时，借记“受托代理负债”账户，贷记本账户。

本账户期末借方余额，反映行政单位实际持有的库存现金。

行政单位应当设置“现金日记账”，由出纳人员根据收付款凭证，按照业务发生的顺序逐笔登记。每日终了，应当计算当日的现金收入合计数、现金支出合计数和结余数，并将结余数与实际库存数核对，做到账款相符。

每日终了结算现金收支，核对库存现金时发现有待查明原因的现金短缺或溢余，应通过“待处理财产损溢”账户核算。属于现金短缺，应当按照实际短缺的金额，借记“待处理财产损溢”账户，贷记本账户；属于现金溢余，应当按照实际溢余的金额，借记本账户，贷记“待处理财产损溢”账户。待查明原因后作如下处理：

如为现金短缺，属于应由责任人赔偿或向有关人员追回的部分，借记“其他应收款”账户，贷记“待处理财产损溢”账户。

如为现金溢余，属于应支付给有关人员或单位的，借记“待处理财产损溢”账户，贷记“其他应付款”账户。

行政单位有外币现金的，应当分别按照人民币、外币种类设置“现金日记账”进行明细核算。有关外币现金业务的账务处理参见“银行存款”账户的相关规定。

【例 12-1】某行政单位从单位零余额账户中提取现金 2 000 元以备日常零星开支。应做会计分录：

借：库存现金　　2 000
　贷：零余额账户用款额度　　2 000

【例 12-2】某行政单位职工王宏因工出差预借差旅费 5 000 元。应做会计分录：

借：其他应收款——王宏　　5 000
　贷：库存现金　　5 000

【例 12-3】某行政单位职工王宏报销差旅费 4 700 元（原借款 5 000 元）。应做会计分录：

借：经费支出　　4 700
　　库存现金　　300
　贷：其他应收款——王宏　　5 000

【例 12-4】某行政单位收到按规定不需要上缴财政的零星杂项现金收入款 300 元。应做会计分录：

借：库存现金　　300
　贷：其他收入　　300

【例 12-5】某行政单位办公室购买办公用品 1 000 元，并直接领用。应做会计分录：

借：经费支出　　1 000
　贷：库存现金　　1 000

【例 12-6】某行政单位收到捐赠人受托代理的现金 2 000 元。应做会计分录：

借：库存现金　　2 000
　贷：受托代理负债　　2 000

【例 12-7】某行政单位盘点库存现金时发现溢余 500 元，原因待查。应做会计分录：

借：库存现金　　500
　贷：待处理财产损溢　　500

经查上述溢余库存现金为某单位多交款，经单位主管批准后及时处理。应做会计分录：

借：待处理财产损溢　　500
　贷：其他应付款——某单位　　500

二、银行存款

为了核算银行存款业务，行政单位应设置“银行存款”账户。本账户核算行政单位存入银行或者其他金融机构的各种存款。

行政单位应当严格按照国家有关支付结算办法的规定办理银行存款收支业务，并按照《行政单位会计制度》规定核算银行存款的各项收支业务。

银行存款的主要账务处理如下：

（1）将款项存入银行或者其他金融机构，借记本账户，贷记“库存现金”、“其他收入”等有关账户。

（2）提取和支出存款时，借记有关账户，贷记本账户。

（3）收到银行存款利息，借记本账户，贷记“其他收入”等账户；支付银行手续费或银行扣收罚金等时，借记“经费支出”账户，贷记本账户。

（4）收到受托代理的银行存款时，借记本账户，贷记“受托代理负债”账户；支付受托代理的存款时，借记“受托代理负债”账户，贷记本账户。

行政单位发生外币业务的，应当按照业务发生当日或当期期初的即期汇率，将外币金额折算为人民币金额记账，并登记外币金额和汇率。

期末，各种外币账户的期末余额，应当按照期末的即期汇率折算为人民币，作为外币账户期末人民币余额。调整后的各种外币账户人民币余额与原账面余额的差额，作为汇兑损溢计入当期支出。

本账户期末借方余额，反映行政单位实际存放在银行或其他金融机构的款项。

行政单位应当按开户银行或其他金融机构、存款种类及币种等，分别设置“银行存款日记账”，由出纳人员根据收付款凭证，按照业务的发生顺序逐笔登记，每日终了应结出余额。“银行存款日记账”应定期与“银行对账单”核对，至少每月核对一次。月度终了，行政单位账面余额与银行对账单余额之间如有差额，必须逐笔查明原因并进行处理，按月编制“银行存款余额调节表”，调节相符。

【例 12-8】某行政单位收到开户行收款通知，收到同级财政部门从财政国库核拨的预算资金 2 000 000 元。应做会计分录：

借：银行存款　　2 000 000

　贷：财政拨款收入　　2 000 000

【例 12-9】某行政单位取得按规定应上缴财政的罚没收入 50 000 元，已存入银行。应做会计分录：

借：银行存款　　50 000

　贷：应缴财政款　　50 000

【例 12-10】以支票购置办公用品直接交付使用，共计 5 000 元。应做会计分录：

借：经费支出　　5 000

　贷：银行存款　　5 000

【例 12-11】某行政单位收到捐赠人受托代理的现金资产 30 000 元，已存入银行。应做会计分录：

借：银行存款　　3 000

　贷：受托代理负债　　3 000

三、零余额账户用款额度

零余额账户用款额度是指实行国库集中支付的行政单位根据财政部门批复的用

款计划收到和支用的零余额账户用款额度。

行政单位零余额账户可以办理转账、提取现金等结算业务。

财政部门根据经批准的部门预算和用款计划，向行政单位零余额账户的代理银行下达财政授权支付用款额度时，行政单位的零余额账户用款额度增加；行政单位根据经批准的部门预算和用款计划，向行政单位零余额账户的代理银行开具支付令，从单位零余额账户向收款人支付款项，以及从单位零余额账户中提取现金时，行政单位的零余额账户用款额度减少。行政单位零余额账户的代理银行在将行政单位开具的支付令与行政单位的部门预算和用款计划进行核对，并向收款人支付款项后，于当日营业终了前，通过行政单位的零余额账户与财政国库存款账户进行资金清算。资金清算后，行政单位零余额账户的余额为零。

零余额账户用款额度是行政单位的一个财政授权支付额度。但由于行政单位可以随时自行开具支付令，使用单位零余额账户中的用款额度实现支付，因此，零余额账户用款额度如同银行存款，是行政单位的一项特殊资产。

年度终了，代理银行和行政单位对截至 12 月 31 日 24 时财政授权支付额度的下达、支用、余额等情况进行对账签证。

为了核算实行国库集中支付的行政单位根据财政部门批复的用款计划收到和支用的零余额账户用款额度，行政单位应设置“零余额账户用款额度”账户。零余额账户用款额度的主要账务处理如下：

（1）收到“财政授权支付额度到账通知书”时，根据通知书所列数额，借记本账户，贷记“财政拨款收入”账户。

（2）按规定支用额度时，借记“经费支出”等账户，贷记本账户。

（3）从零余额账户提取现金时，借记“库存现金”账户，贷记本账户。

年末，根据代理银行提供的对账单作银行注销额度的相关账务处理，借记“财政应返还额度——财政授权支付”账户，贷记本账户。如单位本年度财政授权支付预算指标数大于财政授权支付额度下达数，根据两者间的差额，借记“财政应返还额度——财政授权支付”账户，贷记“财政拨款收入”账户。

下年度年初，行政单位根据代理银行提供的额度恢复到账通知书作恢复额度的相关账务处理，借记本账户，贷记“财政应返还额度——财政授权支付”账户。行政单位收到财政部门批复的上年末下达零余额账户用款额度时，借记本账户，贷记“财政应返还额度——财政授权支付”账户。

本账户期末借方余额，反映行政单位尚未支用的零余额账户用款额度。年度终了注销单位零余额账户用款额度后，本账户应无余额。

【例 12-12】实行国库集中支付的某行政单位收到单位零余额账户代理银行转来的财政授权支付到账通知书，获得财政授权支付额度 350 000 元。应做会计分录：

借：零余额账户用款额度　350 000

　贷：财政拨款收入　350 000

【例 12-13】某行政单位开出授权支付凭证，从单位零余额账户提取现金 5 000 元备日常支出。应做会计分录：

借：库存现金　　5 000

　贷：零余额账户用款额度　　5 000

【例 12-14】通过单位零余额账户购买办公用品，金额共计 113 000 元。该批办公用品已验收入库。应做会计分录：

借：存货　　113 000

　贷：资产基金　　113 000

同时：

借：经费支出　　113 000

　贷：零余额账户用款额度　　113 000

【例 12-15】年末，根据代理银行提供的对账单注销尚未用完的零余额账户用款额度 47 000 元。应做会计分录：

借：财政应返还额度——财政授权支付　　47 000

　贷：零余额账户用款额度　　47 000

四、财政应返还额度

财政应返还额度是指实行国库集中支付的行政单位应收财政返还的资金额度。行政单位在年终尚未使用或尚未收到的预算额度，构成行政单位年终的财政应返还额度。行政单位年终的财政应返还额度是行政单位的一项特殊资产，属于应收款项的范畴。

为了核算实行国库集中支付的行政单位应收财政返还的资金额度，行政单位应设置“财政应返还额度”账户。本账户应当设置“财政直接支付”、“财政授权支付”两个明细账户进行明细核算。财政应返还额度的主要账务处理如下：

(1) 年末国库集中支付尚未使用资金额度的账务处理。

财政直接支付下，年末，行政单位根据本年度财政直接支付预算指标数与财政直接支付实际支出数的差额，借记本账户（“财政直接支付”），贷记财政拨款收入账户。

财政授权支付下，年末，财政授权支付尚未使用资金额度的账务处理，参见“零余额账户用款额度”账户。

(2) 下年初恢复以前年度财政资金额度的账务处理，参见“零余额账户用款额度”账户。

(3) 行政单位使用以前年度财政资金额度的账务处理。

财政直接支付下，行政单位使用以前年度财政直接支付额度发生支出时，借记“经费支出”账户，贷记本账户（“财政直接支付”）。

财政授权支付下，行政单位使用以前年度财政授权支付额度发生支出时的账务处理，参见“零余额账户用款额度”账户。

本账户期末借方余额反映行政单位应收财政返还的资金额度。

【例 12-16】某行政单位年终确认本年度财政直接支付实际发生数 900 000 元，当年财政直接支付用款额度 980 000 元；本年度财政授权支付用款额度为 420 000 元，财政部门已经下达到单位零余额账户的财政授权支付用款额度为 415 000 元。财政应返还额度为 85 000 元。应做会计分录：

借：财政应返还额度——财政直接支付　　80 000

　　　　　　　　——财政授权支付　　5 000

　贷：财政拨款收入　　85 000

【例 12-17】某行政单位年终确认本年度财政部门已经下达到单位零余额账户的财政授权支付用款额度为 415 000 元，财政授权支付实际发生数为 400 000 元。注销年终尚未用完的零余额账户用款额度。应做会计分录：

借：财政应返还额度——财政授权支付　　15 000

　贷：零余额账户用款额度　　15 000

【例 12-18】该行政单位次年初经批准使用上年末尚未使用的财政直接支付用款额度 1 200 元，购买日常业务活动中使用的办公用品一批，直接交有关部门使用。应做会计分录：

借：经费支出　　1 200

　贷：财政应返还额度——财政直接支付　　1 200

【例 12-19】该行政单位次年初经批准恢复上年尚未使用的财政授权支付用款额度 15 000 元。应做会计分录：

借：零余额账户用款额度　　15 000

　贷：财政应返还额度——财政授权支付　　15 000

【例 12-20】该行政单位次年初收到财政部门下达的上年度末尚未下达的财政授权支付用款额度 5 000 元。应做会计分录：

借：零余额账户用款额度　　5 000

　贷：财政应返还额度——财政授权支付　　5 000

【例 12-21】该行政单位次年初经批准使用上年度末尚未使用和尚未收到的财政授权支付用款额度 4 600 元，支付日常业务活动中发生的物业管理费。应做会计分录：

借：经费支出　　4 600

　贷：零余额账户用款额度　　4 600

五、应收及预付款项

应收及预付款项是指行政单位在开展业务活动中形成的各项债权，包括应收账款、预付账款、其他应收款等。

（一）应收账款的核算

应收账款是指行政单位出租资产、出售物资等应当收取的款项。

为了核算行政单位出租资产、出售物资等应当收取的款项，行政单位应设置“应收账款”账户。本账户应当按照购货、接受服务单位（或个人）或开出、承兑商业汇票的单位等进行明细核算。行政单位收到的商业汇票，也通过本账户核算。

应收账款应当在资产已出租或物资已出售且尚未收到款项时确认。

行政单位应收账款的主要账务处理如下：

1. 出租资产发生的应收账款

出租资产尚未收到款项时，按照应收未收金额，借记本账户，贷记“其他应付款”账户。收回应收账款时，借记“银行存款”等账户，贷记本账户；同时，借记“其他应付款”账户，按照应缴的税费，贷记“应缴税费”账户，按照扣除应缴税费后的净额，贷记“应缴财政款”账户。

2. 出售物资发生的应收账款

物资已发出并到达约定状态且尚未收到款项时，按照应收未收金额，借记本账户，贷记“待处理财产损溢”账户。收回应收账款时，借记“银行存款”等账户，贷记本账户。

3. 出租资产、出售物资收到商业汇票

出租资产收到商业汇票，按照商业汇票的票面金额，借记本账户，贷记“其他应付款”账户。出售物资收到商业汇票，按照商业汇票的票面金额，借记本账户，贷记“待处理财产损溢”账户。

商业汇票到期收回款项时，借记“银行存款”等账户，贷记本账户。其中，出租资产收回款项的，还应当同时借记“其他应付款”账户，按照应缴的税费，贷记“应缴税费”账户，按照扣除应缴税费后的净额，贷记“应缴财政款”账户。

行政单位应当设置“商业汇票备查簿”，逐笔登记每一笔应收商业汇票的种类、号数、出票日期、到期日、票面金额、交易合同号等相关信息资料。商业汇票到期结清票款或退票后，应当在备查簿内逐笔注销。

逾期 3 年或以上、有确凿证据表明确实无法收回的应收账款，按规定报经批准后予以核销，通过“待处理财产损溢”账户。核销的应收账款应在备查簿中保留登记。

本账户期末借方余额反映行政单位尚未收回的应收账款。

【例 12-22】某行政单位将一闲置办公楼出租，合同规定：租期 5 年，每年 12 月 31 日支付租金 900 000 元。年末时，应做会计分录：

借：应收账款	900 000	
贷：其他应付款		900 000

【例 12-23】接上例，每年 12 月 31 日该行政单位收取租金 900 000 元，按规定应缴税费 49 500 元，收取租金扣除应缴税费后的净额为 850 500 元。应做会计分录：

借：银行存款	900 000	

贷：应收账款　　900 000

同时：

借：其他应付款　　900 000

　贷：应缴税费　　49 500

　　　应缴财政款　　850 500

【例 12-24】某行政单位经批准出售一批物资，价款 10 000 元，该批物资已发出并达约定状态且尚未收到款项，该批物质的实际成本为 13 000 元。应做会计分录：

(1) 将出售的物质转入待处理财产损溢时：

借：待处理财产损溢——待处理财产价值　　13 000

　贷：存货　　13 000

(2) 物质实现出售时：

借：资产基金——存货　　13 000

　贷：待处理财产损溢——待处理财产价值　　13 000

同时：

借：应收账款　　10 000

　贷：待处理财产损溢——处理净收入　　10 000

(3) 结转出售物质损溢时：

借：待处理财产损溢——处理净收入　　10 000

　贷：应缴财政款　　10 000

(二) 预付账款的核算

预付账款是指行政单位按照购货、服务合同规定预付给供应单位（或个人）的款项。预付账款应当在已支付款项且尚未收到物资或服务时确认。

为了核算行政单位按照购货、服务合同规定预付给供应单位（或个人）的款项，行政单位应设置“预付账款”账户。行政单位依据合同规定支付的定金，也通过本账户核算。行政单位支付可以收回的订金，不通过本账户核算，应当通过“其他应收款”账户核算。

本账户应当按照供应单位（或个人）进行明细核算。预付账款的主要账务处理如下：

(1) 发生预付账款时，借记本账户，贷记“资产基金——预付款项”账户；同时，借记“经费支出”账户，贷记“财政拨款收入”、“零余额账户用款额度”、“银行存款”等账户。

(2) 收到所购物资或服务时，按照相应预付账款金额，借记“资产基金——预付款项”账户，贷记本账户；发生补付款项的，按照实际补付的款项，借记“经费支出”账户，贷记“财政拨款收入”、“零余额账户用款额度”、“银行存款”等账户。收到物资的，同时按照收到所购物资的成本，借记有关资产账户，贷记“资产基金”及相关明细账户。

（3）发生当年预付账款退回的，借记“资产基金——预付款项”账户，贷记本账户；同时，借记“财政拨款收入”、“零余额账户用款额度”、“银行存款”等账户，贷记“经费支出”账户。

发生以前年度预付账款退回的，借记“资产基金——预付款项”账户，贷记本账户；同时，借记“财政应返还额度”、“零余额账户用款额度”、“银行存款”等账户，贷记“财政拨款结转”、“财政拨款结余”、“其他资金结转结余”等账户。

逾期3年或以上、有确凿证据表明确实无法收到所购物资和服务且无法收回的预付账款，按照规定报经批准后予以核销。核销的预付账款应在备查簿中保留登记。

本账户期末借方余额反映行政单位实际预付但尚未结算的款项。

【例12-25】某行政单位与某公司约定购买两台设备，每台价款100 000元，该单位先支付50%的预付款。该公司收到预付款后，过1个月将设备运抵该单位并调试成功，该单位于验收合格当日支付剩余50%价款。应做会计分录：

（1）支付预付款时：

借：预付账款	100 000	
贷：资产基金——预付款项		100 000
借：经费支出	100 000	
贷：零余额账户用款额度		100 000

（2）1个月后，收到所购设备，并支付剩余50%的价款：

借：资产基金——预付款项	100 000	
贷：预付账款		100 000
借：经费支出	100 000	
贷：零余额账户用款额度		100 000
借：固定资产	200 000	
贷：资产基金——固定资产		200 000

（三）其他应收款的核算

其他应收款是指行政单位除应收账款、预付账款以外的其他各项应收及暂付款项，如职工预借的差旅费、拨付给内部有关部门的备用金、应向职工收取的各种垫付款项等。

为了核算行政单位除应收账款、预付账款以外的其他各项应收及暂付款项，行政单位应设置“其他应收款”账户，本账户应当按照其他应收款的类别以及债务单位（或个人）进行明细核算。其他应收款的主要账务处理如下：

（1）发生其他应收及暂付款项时，借记本账户，贷记“零余额账户用款额度”、“银行存款”等账户。

（2）收回或转销上述款项时，借记“银行存款”、“零余额账户用款额度”或有关支出等账户，贷记本账户。

（3）行政单位内部实行备用金制度的，有关部门使用备用金以后应当及时到财务部门报销并补足备用金。财务部门核定并发放备用金时，借记本账户，贷记“库存现金”等账户。根据报销数用现金补足备用金定额时，借记“经费支出”账户，贷记“库存现金”等账户，报销数和拨补数都不再通过本账户核算。

逾期3年或以上、有确凿证据表明确实无法收回的其他应收款，按规定报经批准后予以核销。核销的其他应收款应在备查簿中保留登记。

转入待处理财产损溢时，按照待核销的其他应收款金额，借记“待处理财产损溢”账户，贷记本账户。

已核销的其他应收款在以后期间又收回的，如属于在核销年度内收回的，借记“银行存款”等账户，贷记“经费支出”账户；如属于在核销年度以后收回的，借记“银行存款”等账户，贷记“财政拨款结转”、“财政拨款结余”、“其他资金结转结余”等账户。

本账户期末借方余额，反映行政单位尚未收回的其他应收款。

【例12-26】某行政单位职工李伟出差借款3 000元，财务部门以现金支付。应做会计分录：

借：其他应收款——李伟	3 000	
贷：库存现金		3 000

【例12-27】某行政单位下属部门从财务部门领取备用金20 000元，财务部门开出现金支票支付。应做会计分录：

借：其他应收款——××部门	20 000	
贷：银行存款		20 000

【例12-28】职工李伟出差回来后报销差旅费，实际开支2 600元，交回多余现金400元。应做会计分录：

借：库存现金	400	
经费支出	2 600	
贷：其他应收款——李伟		3 000

【例12-29】行政单位的下属部门到财务部门报销发票19 500元，财务部门补足备用金定额。应做会计分录：

借：经费支出	19 500	
贷：库存现金		19 500

六、存货

（一）存货的计价

存货是指行政单位在开展业务活动及其他活动中为耗用而储存的各种物资，包括材料、燃料、包装物和低值易耗品及未达到固定资产标准的家具、用具、装具等的实际成本。

行政单位的存货应当按照实际成本计价。

存货在取得时：

（1）购入的存货，其成本包括购买价款、相关税费、运输费、装卸费、保险费以及其他使得存货达到目前场所和状态所发生的支出。

（2）置换换入的存货，其成本按照换出资产的评估价值，加上支付的补价或减去收到的补价，加上为换入存货支付的其他费用（运输费等）确定。

（3）接受捐赠、无偿调入的存货，其成本按照有关凭据注明的金额加上相关税费、运输费等确定；没有相关凭据可供取得，但依法经过资产评估的，其成本应当按照评估价值加上相关税费、运输费等确定；没有相关凭据可供取得、也未经评估的，其成本比照同类或类似存货的市场价格加上相关税费、运输费等确定；没有相关凭据也未经评估，其同类或类似存货的市场价格无法可靠取得，该存货按照名义金额入账。

（4）委托加工的存货，其成本按照未加工存货的成本加上加工费用和往返运输费等确定。

存货发出时，应当根据实际情况采用先进先出法、加权平均法或者个别计价法确定发出存货的实际成本。计价方法一经确定，不得随意变更。

（二）存货的核算

为了核算行政单位在开展业务活动及其他活动中为耗用而储存的各种物资，行政单位应设置“存货”账户。行政单位接受委托人指定受赠人的转赠物资，应当通过“受托代理资产”账户核算，不通过本账户核算。行政单位随买随用的零星办公用品等，可以在购进时直接列作支出，不通过本账户核算。

本账户应当按照存货的种类、规格和保管地点等进行明细核算。行政单位有委托加工存货业务的，应当在本账户下设置“委托加工存货成本”账户。出租、出借的存货，应当设置备查簿进行登记。

存货的主要账务处理如下：

（1）存货在取得时：

①购入的存货验收入库，按照确定的成本，借记本账户，贷记“资产基金——存货”账户；同时，按照实际支付的金额，借记“经费支出”账户，贷记“财政拨款收入”、“零余额账户用款额度”、“银行存款”等账户；对于尚未付款的，应当按照应付未付的金额，借记“待偿债净资产”账户，贷记“应付账款”账户。

②换入的存货验收入库，按照确定的成本，借记本账户，贷记“资产基金——存货”账户；同时，按实际支付的补价、运输费等金额，借记“经费支出”账户，贷记“财政拨款收入”、“零余额账户用款额度”、“银行存款”等账户。

③接受捐赠、无偿调入的存货验收入库，按照确定的成本，借记本账户，贷记“资产基金——存货”账户；同时，按实际支付的相关税费、运输费等金额，借记“经费支出”账户，贷记“财政拨款收入”、“零余额账户用款额度”、“银行存款”

等账户。

④委托加工的存货出库，借记本账户下的“委托加工存货成本”明细账户，贷记本账户下的相关明细账户。支付加工费用和相关运输费等时，借记“经费支出”账户，贷记“财政拨款收入”、“零余额账户用款额度”、“银行存款”等账户；同时，按照相同的金额，借记本账户下的“委托加工存货成本”明细账户，贷记“资产基金——存货”账户。委托加工完成的存货验收入库时，按照委托加工存货的成本，借记本账户下的相关明细账户，贷记本账户下的“委托加工存货成本”明细账户。

（2）存货发出时：

①开展业务活动等领用、发出存货，按照领用、发出存货的实际成本，借记“资产基金——存货”账户，贷记本账户。

②经批准对外捐赠、无偿调出存货时，按照对外捐赠、无偿调出存货的实际成本，借记“资产基金——存货”账户，贷记本账户。对外捐赠、无偿调出存货发生由行政单位承担的运输费等支出，借记“经费支出”账户，贷记“财政拨款收入”、“零余额账户用款额度”、“银行存款”等账户。

③经批准对外出售、置换换出的存货，应当转入待处理财产损溢，按照相关存货的实际成本，借记“待处理财产损溢”账户，贷记本账户。

（3）报废、毁损的存货，应当转入待处理财产损溢，按照相关存货的账面余额，借记“待处理财产损溢”账户，贷记本账户。

本账户期末借方余额反映行政单位存货的实际成本。

行政单位的存货应当定期进行清查盘点，每年至少盘点一次。对于发生的存货盘盈、盘亏，应当及时查明原因，按规定报经批准后进行账务处理。

【例 12-30】某行政单位通过单位零余额账户购入办公用品一批计 18 000 元。办公用品已验收入库。应做会计分录：

借：存货	18 000	
贷：资产基金		18 000
同时：		
借：经费支出	18 000	
贷：零余额账户用款额度		18 000

【例 12-31】某行政单位通过财政零余额账户购入专用材料一批计 27 000 元，对方垫付运费 500 元。专用材料已验收入库。应做会计分录：

借：存货	27 500	
贷：资产基金		27 500
同时：		
借：经费支出	27 500	
贷：财政拨款收入		27 500

【例 12-32】某行政单位收到政府统一采购的甲材料一批，价值为 45 000 元，

材料已验收入库，根据财政部门开具的拨款通知单等凭证，应做会计分录：

借：存货　45 000
　贷：资产基金　45 000

同时：

借：经费支出　45 000
　贷：财政拨款收入　45 000

【例 12-33】某行政单位购入一批电脑耗材 20 000 元，并已开出转账支票支付。该批电脑耗材已验收入库。应做会计分录：

借：存货　20 000
　贷：资产基金　20 000

同时：

借：经费支出　20 000
　贷：银行存款　20 000

【例 12-34】某行政单位接受香港一人士捐赠的一批新材料，注明的发票金额为 95 000 元，另以银行存款支付运费 2 000 元。材料已验收入库。应做会计分录：

借：存货　97 000
　贷：资产基金——存货　97 000

同时：

借：经费支出　2 000
　贷：银行存款　2 000

【例 12-35】某行政单位以银行转账支票购买办公用品 2 000 元，直接交付有关部门使用。应做会计分录：

借：经费支出　2 000
　贷：银行存款　2 000

【例 12-36】某行政单位所属部门领用材料 100 千克，加权平均单价为 30 元/千克。应做会计分录：

借：资产基金——存货　3 000
　贷：存货　3 000

【例 12-37】某行政单位期末盘点库存材料，盘亏 70 千克，每千克 30 元。应做会计分录：

借：待处理财产损溢——待处理财产价值　2 100
　贷：存货　2 100

【例 12-38】接上例，上述盘亏的甲材料报经批准予以核销。应做会计分录：

借：资产基金　2 100
　贷：待处理财产损溢——待处理财产价值　2 100

第二节　固定资产

一、固定资产的概念及分类

固定资产是指使用期限超过 1 年（不含 1 年）、单位价值在规定标准以上（《行政单位财务规则》规定，单位价值在 1 000 元以上，其中：专用设备单位价值在 1 500 元以上），并在使用过程中基本保持原有物质形态的资产。单位价值虽未达到规定标准，但是耐用时间超过 1 年（不含 1 年）的大批同类物资，应当作为固定资产核算。

固定资产一般分为六类：房屋及构筑物；通用设备；专用设备；文物和陈列品；图书、档案；家具、用具、装具及动植物。

二、固定资产的核算

固定资产应当按照以下条件确认：

（1）购入、换入、无偿调入、接受捐赠不需安装的固定资产，在固定资产验收合格时确认。

（2）购入、换入、无偿调入、接受捐赠需要安装的固定资产，在固定资产安装完成交付使用时确认。

（3）自行建造、改建、扩建的固定资产，在建造完成交付使用时确认。

为了核算固定资产业务，行政单位应设置“固定资产”和“累计折旧”两个账户。

（一）固定资产核算的有关说明

（1）固定资产的各组成部分具有不同的使用寿命、适用不同折旧率的，应当分别将各组成部分确认为单项固定资产。

（2）购入需要安装的固定资产，应当先通过“在建工程”账户核算，安装完毕交付使用时再转入本账户核算。

（3）行政单位的软件，如果其构成相关硬件不可缺少的组成部分，应当将该软件的价值包括在所属的硬件价值中，一并作为固定资产，通过本账户进行核算；如果其不构成相关硬件不可缺少的组成部分，应当将该软件作为无形资产，通过“无形资产”账户核算。

（4）行政单位购建房屋及构筑物不能够分清支付价款中的房屋及构筑物与土地使用权部分的，应当全部作为固定资产，通过本账户核算；能够分清支付价款中的房屋及构筑物与土地使用权部分的，应当将其中的房屋及构筑物部分作为固定资产，通过本账户核算，将其中的土地使用权部分作为无形资产，通过“无形资产”账户核算；境外行政单位购买具有所有权的土地，作为固定资产，通过本账户核算。

（5）行政单位借入、以经营租赁方式租入的固定资产，不通过本账户核算，应当设置备查簿进行登记。

行政单位应当设置“固定资产登记簿”和“固定资产卡片”，按照固定资产类别、项目和使用部门等进行明细核算。出租、出借的固定资产，应当设置备查簿进行登记。

（二）固定资产的主要账务处理

（1）取得固定资产时，应当按照其成本入账。

①购入的固定资产，其成本包括实际支付的购买价款、相关税费、使固定资产交付使用前所发生的可归属于该项资产的运输费、装卸费、安装费和专业人员服务费等。

以一笔款项购入多项没有单独标价的固定资产，按照各项固定资产同类或类似固定资产市场价格的比例对总成本进行分配，分别确定各项固定资产的入账价值。

购入不需安装的固定资产，按照确定的固定资产成本，借记本账户，贷记“资产基金——固定资产”账户；同时，按照实际支付的金额，借记“经费支出”账户，贷记“财政拨款收入”、“零余额账户用款额度”、“银行存款”等账户。

购入需要安装的固定资产，先通过“在建工程”账户核算。安装完工交付使用时，借记本账户，贷记“资产基金——固定资产”账户；同时，借记“资产基金——在建工程”账户，贷记“在建工程”账户。

购入固定资产须分期付款或扣留质量保证金的，在取得固定资产时，按照确定的固定资产成本，借记本账户［不需安装］或“在建工程”账户［需要安装］，贷记“资产基金——固定资产、在建工程”账户；同时，按照已实际支付的价款，借记“经费支出”账户，贷记“财政拨款收入”、“零余额账户用款额度”、“银行存款”等账户；按照应付未付的款项或扣留的质量保证金等金额，借记“待偿债净资产”账户，贷记“应付账款”或“长期应付款”账户。

②自行建造的固定资产，其成本包括建造该项资产至交付使用前所发生的全部必要支出。

固定资产的各组成部分需要分别核算的，按照各组成部分固定资产造价确定其成本；没有各组成部分固定资产造价的，按照各组成部分固定资产同类或类似固定资产市场造价的比例对总造价进行分配，确定各组成部分固定资产的成本。工程完工交付使用时，按照自行建造过程中发生的实际支出，借记本账户，贷记“资产基金——固定资产”账户；同时，借记“资产基金——在建工程”账户，贷记“在建工程”账户；已交付使用但尚未办理竣工决算手续的固定资产，按照估计价值入账，待确定实际成本后再进行调整。

③自行繁育的动植物，其成本包括在达到可使用状态前所发生的全部必要支出。

④在原有固定资产基础上进行改建、扩建、修缮的固定资产，其成本按照原固定资产的账面价值（“固定资产”账户账面余额减去“累计折旧”账户账面余额后

的净值）加上改建、扩建、修缮发生的支出，再扣除固定资产拆除部分账面价值后的金额确定。

将固定资产转入改建、扩建、修缮时，按照固定资产的账面价值，借记“在建工程”账户，贷记“资产基金——在建工程”账户；同时，按照固定资产的账面价值，借记“资产基金——固定资产”账户，按照固定资产已计提折旧，借记“累计折旧”账户，按照固定资产的账面余额，贷记本账户。

工程完工交付使用时，按照确定的固定资产成本，借记本账户，贷记“资产基金——固定资产”账户；同时，借记“资产基金——在建工程”账户，贷记“在建工程”账户。

⑤置换取得的固定资产，其成本按照换出资产的评估价值加上支付的补价或减去收到的补价，加上为换入固定资产支付的其他费用（运输费等）确定，借记本账户［不需安装］或“在建工程”账户［需安装］，贷记“资产基金——固定资产、在建工程”账户；按照实际支付的补价、相关税费、运输费等，借记“经费支出”账户，贷记“财政拨款收入”、“零余额账户用款额度”、“银行存款”等账户。

⑥接受捐赠、无偿调入的固定资产，其成本按照有关凭据注明的金额加上相关税费、运输费等确定；没有相关凭据可供取得，但依法经过资产评估的，其成本应当按照评估价值加上相关税费、运输费等确定；没有相关凭据可供取得、也未经评估的，其成本比照同类或类似固定资产的市场价格加上相关税费、运输费等确定；没有相关凭据也未经评估，其同类或类似固定资产的市场价格无法可靠取得，所取得的固定资产应当按照名义金额入账。

接受捐赠、无偿调入的固定资产，按照确定的成本，借记本账户［不需安装］或“在建工程”账户［需要安装］，贷记“资产基金——固定资产、在建工程”账户；按照实际支付的相关税费、运输费等，借记“经费支出”账户，贷记“财政拨款收入”、“零余额账户用款额度”、“银行存款”等账户。

（2）与固定资产有关的后续支出，分以下情况处理：

①为增加固定资产使用效能或延长其使用寿命而发生的改建、扩建或修缮等后续支出，应当计入固定资产成本，通过“在建工程”账户核算，完工交付使用时转入本账户。有关账务处理参见“在建工程”账户。

②为维护固定资产正常使用而发生的日常修理等后续支出，应当计入当期支出但不计入固定资产成本，借记“经费支出”账户，贷记“财政拨款收入”、“零余额账户用款额度”、“银行存款”等账户。

（3）出售、置换换出固定资产。

经批准出售、置换换出的固定资产转入待处理财产损溢时，按照固定资产的账面价值，借记“待处理财产损溢”账户，按照已计提折旧，借记“累计折旧”账户，按照固定资产的账面余额，贷记本账户。

（4）无偿调出、对外捐赠固定资产。

经批准无偿调出、对外捐赠固定资产时，按照固定资产的账面价值，借记“资产基金——固定资产”账户，按照已计提折旧，借记“累计折旧”账户，按照固定资产的账面余额，贷记本账户。

无偿调出、对外捐赠固定资产发生由行政单位承担的拆除费用、运输费等，按照实际支付的金额，借记“经费支出”账户，贷记“财政拨款收入”、“零余额账户用款额度”、“银行存款”等账户。

（5）报废、毁损固定资产。

报废、毁损的固定资产转入待处理财产损溢时，按照固定资产的账面价值，借记“待处理财产损溢”账户，按照已计提折旧，借记“累计折旧”账户，按照固定资产的账面余额，贷记本账户。

（6）盘盈、盘亏固定资产。

行政单位的固定资产应当定期进行清查盘点，每年至少盘点一次。对于固定资产发生盘盈、盘亏的，应当及时查明原因，按照规定报经批准后进行账务处理。

本账户期末借方余额反映行政单位固定资产的原价。

（三）累计折旧核算的有关说明

累计折旧账户核算行政单位固定资产、公共基础设施计提的累计折旧。本账户应当按照固定资产、公共基础设施的类别、项目等进行明细核算。占有公共基础设施的行政单位，应当在本账户下设置“固定资产累计折旧”和“公共基础设施累计折旧”两个一级明细账户，分别核算对固定资产和公共基础设施计提的折旧。

行政单位对固定资产、公共基础设施是否计提折旧由财政部另行规定；按照规定对固定资产、公共基础设施计提折旧的，折旧金额应当根据固定资产、公共基础设施原价和折旧年限确定。

（四）累计折旧的主要账务处理

（1）按月计提固定资产、公共基础设施折旧时，按照应计提折旧金额，借记“资产基金——固定资产、公共基础设施”账户，贷记本账户。

（2）固定资产、公共基础设施处置时，按照所处置固定资产、公共基础设施的账面价值，借记“待处理财产损溢”账户［出售、置换换出、报废、毁损、盘亏］或“资产基金——固定资产、公共基础设施”账户［无偿调出、对外捐赠］，按照固定资产、公共基础设施已计提折旧，借记本账户，按照固定资产、公共基础设施的账面余额，贷记“固定资产”、“公共基础设施”账户。

本账户期末贷方余额，反映行政单位计提的固定资产、公共基础设施折旧累计数。

【例 12-39】某行政单位通过单位零余额账户购入一台设备，买价 100 000 元，增值税 17 000 元，运费及安装费共计 2 000 元。应做会计分录：

借：固定资产	119 000	
贷：资产基金——固定资产		119 000

同时：

借：经费支出 119 000

贷：零余额账户用款额度 119 000

【例 12-40】某行政单位用银行存款购买一台计算机，价款 11 000 元，价款用支票付讫，货已验收。应做会计分录：

借：固定资产 11 000

贷：资产基金——固定资产 11 000

同时：

借：经费支出 11 000

贷：银行存款 11 000

【例 12-41】某行政单位通过政府集中采购一批设备，价值 20 000 元，由财政全额支付。供应商交付设备给行政单位，已经验收。应做会计分录：

借：固定资产 20 000

贷：资产基金——固定资产 20 000

同时：

借：经费支出 20 000

贷：财政拨款收入 20 000

【例 12-42】某行政单位通过政府集中采购一批设备，价值 30 000 元，由财政负担总额的 60%，单位负担总额的 40%。行政单位将负担的采购资金 12 000 元划入政府采购专户。应做会计分录：

借：其他应收款——政府采购款 12 000

贷：银行存款 12 000

【例 12-43】行政单位通过政府集中采购的上述设备，已经由供应商交付给行政单位，并通过验收。应做会计分录：

借：固定资产 30 000

贷：资产基金——固定资产 30 000

同时：

借：经费支出 30 000

贷：财政拨款收入 18 000

其他应收款——政府采购款 12 000

【例 12-44】某行政单位接受外单位捐赠汽车一辆，价值 260 000 元，发生运费、调试费共计 20 000 元，以银行存款支付。应做会计分录：

借：固定资产 280 000

贷：资产基金——固定资产 280 000

同时：

借：经费支出 20 000

贷：银行存款 20 000

【例 12-45】某行政单位改扩建其办公楼。该办公楼原价 1 000 000 元，估计已提折旧 600 000 元。应做会计分录：

借：在建工程　400 000
　贷：资产基金——在建工程　400 000

同时：

借：资产基金——固定资产　400 000
　　累计折旧　600 000
　贷：固定资产　1 000 000

【例 12-46】某行政单位按月计提固定资产折旧 700 000 元，应做会计分录：

借：资产基金——固定资产　700 000
　贷：累计折旧　700 000

【例 12-47】某行政单位报废一台专用设备，该设备账面价值 150 000 元估计已提折旧 145 000 元。报废设备取得变价收入 13 000 元。应做会计分录：

借：待处理财产损溢——待处理财产价值　5 000
　　累计折旧　145 000
　贷：固定资产　150 000

同时：

借：银行存款　13 000
　贷：待处理财产损溢——处理净收入　13 000

【例 12-48】上述报废的专用设备报经批准予以核销。应做会计分录：

借：资产基金——固定资产　5 000
　贷：待处理财产损溢——待处理财产价值　5 000

同时：

借：待处理财产损溢——处理净收入　8 000
　贷：应缴财政款　8 000

【例 12-49】某行政单位年终进行财产清查，结果盘盈设备一台，经评估其重置价值 26 000 元。按规定程序批准并进行账务处理。应做会计分录：

借：固定资产　26 000
　贷：待处理财产损溢　26 000

报经批准予以处理时：

借：待处理财产损溢　26 000
　贷：资产基金——固定资产　26 000

在建工程是指行政单位已经发生必要支出，但尚未交付使用的建设工程，包括新建、改建、扩建、修缮等各种建筑、设备安装工程和信息系统建设工程。

行政单位已经发生必要支出，但尚未完工交付使用的各种在建工程的实际成本，应通过“在建工程”账户核算。不能够增加固定资产、公共基础设施使用效能或延长其使用寿命的修缮、维护等，不通过本账户核算。本账户应当按照具体工程项目等进行明细核算；需要分摊计入不同工程项目的间接工程成本，应当通过本账户下设置的“待摊投资”明细账户核算。

行政单位的基本建设投资应当按照国家有关规定单独建账、单独核算，同时按照《行政单位会计制度》的规定至少按月并入本账户及其他相关账户反映。

在建工程应当在属于在建工程的成本发生时确认。在建工程（非基本建设项目）的主要账务处理略。

第三节　无形资产

无形资产是指不具有实物形态而能够为使用者提供某种权利的非货币性资产，包括著作权、土地使用权、专利权、非专利技术等。无形资产应当在完成对其权属的规定登记或其他证明单位取得无形资产时确认。

为了核算无形资产的业务，行政单位应设置“无形资产”、“累计摊销”等账户。

“无形资产”账户核算行政单位各项无形资产的原价。本账户应当按照无形资产的类别、项目等进行明细核算。行政单位购入的不构成相关硬件不可缺少组成部分的软件，应当作为无形资产核算。

（1）无形资产的主要账务处理如下：

①取得无形资产时，应当按照其实际成本入账。

A. 外购的无形资产，其成本包括实际支付的购买价款、相关税费以及可归属于该项资产达到预定用途所发生的其他支出。

购入的无形资产，按照确定的成本，借记本账户，贷记“资产基金——无形资产”账户；同时，按照实际支付的金额，借记“经费支出”账户，贷记“财政拨款收入”、“零余额账户用款额度”、“银行存款”等账户。

购入无形资产尚未付款的，取得无形资产时，按照确定的成本，借记本账户，贷记“资产基金——无形资产”账户；同时，按照应付未付的款项金额，借记“待偿债净资产”账户，贷记“应付账款”账户。

B. 委托软件公司开发软件，视同外购无形资产进行处理。

a. 软件开发前按照合同约定预付开发费用时，借记“预付账款”账户，贷记“资产基金——预付款项”账户；同时，借记“经费支出”账户，贷记“财政拨款收入”、“零余额账户用款额度”、“银行存款”等账户。

b. 软件开发完成交付使用，并支付剩余或全部软件开发费用时，按照软件开发费用总额，借记本账户，贷记“资产基金——无形资产”账户；按照实际支付的金额，借记“经费支出”账户，贷记“财政拨款收入”、“零余额账户用款额度”、“银行存款”等账户；按照冲销的预付开发费用，借记“资产基金——预付款项”账户，贷记“预付账款”账户。

c. 自行开发并按法律程序申请取得的无形资产，按照依法取得时发生的注册费、聘请律师费等费用确定成本。

取得无形资产时，按照确定的成本，借记本账户，贷记“资产基金——无形资产”账户；同时，按照实际支付的金额，借记“经费支出”账户，贷记“财政拨款收入”、“零余额账户用款额度”、“银行存款”等账户。

依法取得前所发生的研究开发支出，应当于发生时直接计入当期支出，但不计入无形资产的成本。借记“经费支出”账户，贷记“财政拨款收入”、“零余额账户用款额度”、“财政应返还额度”、“银行存款”等账户。

d. 置换取得的无形资产，其成本按照换出资产的评估价值加上支付的补价或减去收到的补价，加上为换入无形资产支付的其他费用（登记费等）确定。

置换取得的无形资产，按照确定的成本，借记本账户，贷记“资产基金——无形资产”账户；按照实际支付的补价、相关税费等，借记“经费支出”账户，贷记“财政拨款收入”、“零余额账户用款额度”、“银行存款”等账户。

e. 接受捐赠、无偿调入的无形资产，其成本按照有关凭据注明的金额加上相关税费确定；没有相关凭据可供取得，但依法经过资产评估的，其成本应当按照评估价值加上相关税费确定；没有相关凭据可供取得，也未经评估的，其成本比照同类或类似资产的市场价格加上相关税费确定；没有相关凭据也未经评估，其同类或类似无形资产的市场价格无法可靠取得，所取得的无形资产应当按照名义金额入账。

接受捐赠、无偿调入无形资产时，按照确定的无形资产成本，借记本账户，贷记“资产基金——无形资产”账户；按照发生的相关税费，借记“经费支出”账户，贷记“零余额账户用款额度”、“银行存款”等账户。

行政单位应当按照本制度的规定对无形资产进行摊销；对无形资产计提摊销的金额，应当根据无形资产原价和摊销年限确定。

②与无形资产有关的后续支出，分以下情况处理：

A. 为增加无形资产使用效能而发生的后续支出，如对软件进行升级改造或扩展其功能等所发生的支出，应当计入无形资产的成本，借记本账户，贷记“资产基金——无形资产”账户；同时，借记“经费支出”账户，贷记“财政拨款收入”、“零余额账户用款额度”、“银行存款”等账户。

B. 为维护无形资产的正常使用而发生的后续支出，如对软件进行的漏洞修补、技术维护等所发生的支出，应当计入当期支出但不计入无形资产的成本，借记“经费支出”账户，贷记“财政拨款收入”、“零余额账户用款额度”、“银行存款”等账户。

③报经批准出售、置换换出无形资产转入待处理财产损溢时，按照待出售、置换换出无形资产的账面价值，借记“待处理财产损溢”账户，按照已计提摊销，借记“累计摊销”账户，按照无形资产的账面余额，贷记本账户。

④报经批准无偿调出、对外捐赠无形资产，按照无偿调出、对外捐赠无形资产的账面价值，借记“资产基金——无形资产”账户，按照已计提摊销，借记“累计摊销”账户，按照无形资产的账面余额，贷记本账户。无偿调出、对外捐赠无

形资产发生由行政单位承担的相关费用支出等，按照实际支付的金额，借记“经费支出”账户，贷记“财政拨款收入”、“零余额账户用款额度”、“银行存款”等账户。

⑤无形资产预期不能为行政单位带来服务潜力或经济利益的，应当按规定报经批准后将无形资产的账面价值予以核销。

待核销的无形资产转入待处理财产损溢时，按照待核销无形资产的账面价值，借记“待处理财产损溢”账户，按照已计提摊销，借记“累计摊销”账户，按照无形资产的账面余额，贷记本账户。

本账户期末借方余额反映行政单位无形资产的原价。

（2）累计摊销的主要账务处理如下：

行政单位应当按照《行政单位会计制度》的规定对无形资产进行摊销（以名义金额计量的无形资产除外）；对无形资产计提摊销的金额，应当根据无形资产原价和摊销年限确定。

“累计摊销”账户核算行政单位无形资产计提的累计摊销。本账户应当按照无形资产的类别、项目等进行明细核算。

①按月计提无形资产摊销时，按照应计提摊销金额，借记“资产基金——无形资产”账户，贷记本账户。

②无形资产处置时，按照所处置无形资产的账面价值，借记“待处理财产损溢”账户［出售、置换换出、核销］或“资产基金——无形资产”账户［无偿调出、对外捐赠］，按照已计提摊销，借记本账户，按照无形资产的账面余额，贷记“无形资产”账户。

本账户期末贷方余额反映行政单位计提的无形资产摊销累计数。

【例 12-50】某行政单位从一科研机构购入一项非专利技术，价值 370 000 元，通过零余额账户支付。应做会计分录：

借：无形资产	370 000	
贷：资产基金——无形资产		370 000

同时：

借：经费支出	370 000	
贷：零余额账户用款额度		370 000

【例 12-51】某行政单位本月摊销无形资产价值 30 000 元。应做会计分录：

借：资产基金——无形资产	30 000	
贷：累计摊销		30 000

【例 12-52】某行政单位为维护计算机设备的正常使用，通过银行转账支付计算机软件技术维护等支出 35 000 元。应做会计分录：

借：经费支出	35 000	
贷：银行存款		35 000

【例 12-53】某行政单位将一项预期不能为单位带来服务潜力的非专利技术按

规定报经批准后将其账面价值予以核销。该非专利技术取得时的入账价值为150 000元，已计提累计摊销135 000元。应做会计分录：

（1）转入待处理财产损溢时：

借：待处理财产损溢——待处理财产价值　　15 000

　　累计摊销　　135 000

　贷：无形资产　　150 000

（2）报经批准予以核销时：

借：资产基金——无形资产　　15 000

　贷：待处理财产损溢——待处理财产价值　　15 000

第四节　其他资产

其他资产是指由行政单位直接支配，供社会公众使用的政府储备物资、公共基础设施等，也属于行政单位核算的资产。

一、政府储备物资的核算

政府储备物资是行政单位直接储存管理的各项政府应急或救灾储备物资等。

为了核算政府储备物资的业务，行政单位应设置“政府储备物资”账户。负责采购并拥有储备物资调拨权力的行政单位（简称“采购单位”）将政府储备物资交由其他行政单位（简称“代储单位”）代为储存的，由采购单位通过本账户核算政府储备物资，代储单位将受托代储的政府储备物资作为受托代理资产核算。

本账户应当按照政府储备物资的种类、品种、存放地点等进行明细核算。

政府储备物资应当在其到达存放地点并验收时确认。

政府储备物资的主要账务处理如下：

（1）取得政府储备物资时，应当按照其成本入账。

①购入的政府储备物资，其成本包括购买价款、相关税费、运输费、装卸费、保险费以及其他使政府储备物资达到目前场所和状态所发生的支出；单位支付的政府储备物资保管费、仓库租赁费等日常储备费用，不计入政府储备物资的成本。

购入的政府储备物资验收入库，按照确定的成本，借记本账户，贷记“资产基金——政府储备物资”账户；同时，按实际支付的金额，借记“经费支出”账户，贷记“财政拨款收入”、“零余额账户用款额度”、“银行存款”等账户。

②接受捐赠、无偿调入的政府储备物资，其成本按照有关凭据注明的金额加上相关税费、运输费等确定；没有相关凭据可供取得，但依法经过资产评估的，其成本应当按照评估价值加上相关税费、运输费等确定；没有相关凭据可供取得，也未经评估的，其成本比照同类或类似政府储备物资的市场价格加上相关税费、运输费等确定。

接受捐赠、无偿调入的政府储备物资验收入库，按照确定的成本，借记本账户，贷记“资产基金——政府储备物资”账户，由行政单位承担运输费用等的，按实际支付的相关税费、运输费等金额，借记“经费支出”账户，贷记“财政拨款收入”、“零余额账户用款额度”、“银行存款”等账户。

（2）政府储备物资发出时，应当根据实际情况采用先进先出法、加权平均法或者个别计价法确定发出政府储备物资的实际成本。计价方法一经确定，不得随意变更。

①经批准对外捐赠、无偿调出政府储备物资时，按照对外捐赠、无偿调出政府储备物资的实际成本，借记“资产基金——政府储备物资”账户，贷记本账户。

对外捐赠、无偿调出政府储备物资发生由行政单位承担的运输费等支出时，借记“经费支出”账户，贷记“财政拨款收入”、“零余额账户用款额度”、“银行存款”等账户。

②行政单位报经批准将不需储备的物资出售时，应当转入待处理财产损溢，按照相关储备物资的账面余额，借记“待处理财产损溢”账户，贷记本账户。

行政单位管理的政府储备物资应当定期进行清查盘点，每年至少盘点一次。对于发生的政府储备物资盘盈、盘亏或者报废、毁损，应当及时查明原因，按规定报经批准后进行账务处理。

本账户期末借方余额反映行政单位管理的政府储备物资的实际成本。

【例12-54】某行政单位通过单位零余额账户购入一批政府储备物资计300 000元。该批政府储备物资已验收入库。应做会计分录：

借：政府储备物资	300 000	
贷：资产基金——政府储备物资		300 000
同时：		
借：经费支出	300 000	
贷：零余额账户用款额度		300 000

【例12-55】某行政单位通过财政零余额账户购入一批政府储备物资计200 000元，对方垫付运费3000元。该批物资已验收入库。应做会计分录：

借：政府储备物资	203 000	
贷：资产基金——政府储备物资		203 000
同时：		
借：经费支出	203 000	
贷：财政拨款收入		203 000

【例12-56】某行政单位接受华人企业家捐赠的一批救灾物资，发票金额为571 000元，另以银行存款支付运费5 000元。物资已验收入库。应做会计分录：

借：政府储备物资	576 000	
贷：资产基金——政府储备物资		576 000
同时：		
借：经费支出	5 000	

贷：银行存款 5 000

【例 12-57】某行政单位经批准向南方灾区无偿调出政府储备物资，实际成本为 700 000 元，另以银行存款支付运输费等 20 000 元。应做会计分录：

借：资产基金——政府储备物资 700 000

贷：政府储备物资 700 000

同时：

借：经费支出 20 000

贷：银行存款 20 000

【例 12-58】某行政单位年末盘点政府储备物资，结果发现某物资盘亏，计 75 000元。应做会计分录：

借：待处理财产损溢——待处理财产价值 75 000

贷：政府储备物资 75 000

【例 12-59】接上例，上述盘亏的政府储备物资报经批准予以核销。应做会计分录：

借：资产基金——政府储备物资 75 000

贷：待处理财产损溢——待处理财产价值 75 000

二、公共基础设施的核算

公共基础设施是由行政单位占有并直接负责维护管理、供社会公众使用的工程性公共基础设施资产，包括城市交通设施、公共照明设施、环保设施、防灾设施、健身设施、广场及公共构筑物等其他公共设施。

为了核算公共基础设施的业务，行政单位应设置“公共基础设施”账户。

与公共基础设施配套使用的修理设备、工具器具、车辆等动产，作为管理公共基础设施的行政单位的固定资产核算，不通过本账户核算。

与公共基础设施配套、供行政单位在公共基础设施管理中自行使用的房屋构筑物等，能够与公共基础设施分开核算的，作为行政单位的固定资产核算，不通过本账户核算。

本账户应当按照公共基础设施的类别和项目进行明细核算。

行政单位应当结合本单位的具体情况，制定适合于本单位管理的公共基础设施目录、分类方法，作为进行公共基础设施核算的依据。

公共基础设施应当在对其取得占有权力时确认。

公共基础设施的主要账务处理如下：

（1）公共基础设施在取得时，应当按照其成本入账。

①行政单位自行建设的公共基础设施，其成本包括建造该公共基础设施至交付使用前所发生的全部必要支出。

公共基础设施的各组成部分需要分别核算的，按照各组成部分公共基础设施造价确定其成本；没有各组成部分公共基础设施造价的，按照各组成部分公共基础设施同类或类似市场造价的比例对总造价进行分配，确定各组成部分公共基础设施的成本。

公共基础设施建设完工交付使用时，按照确定的成本，借记本账户，贷记“资产基金——公共基础设施”账户；同时，借记“资产基金——在建工程”账户，贷记“在建工程”账户。已交付使用但尚未办理竣工决算手续的公共基础设施，按照估计价值入账，待确定实际成本后再进行调整。

②接受其他单位移交的公共基础设施，其成本按照公共基础设施的原账面价值确认，借记本账户，贷记“资产基金——公共基础设施”账户。

（2）公共基础设施的后续支出。

与公共基础设施有关的后续支出，分以下情况处理：

①为增加公共基础设施使用效能或延长其使用寿命而发生的改建、扩建或大型修缮等后续支出，应当计入公共基础设施成本，通过“在建工程”账户核算，完工交付使用时转入本账户。

②为维护公共基础设施的正常使用而发生的日常修理等后续支出，应当计入当期支出，借记有关支出账户，贷记“财政拨款收入”、“零余额账户用款额度”、“银行存款”等账户。

（3）公共基础设施的处置。

行政单位管理的公共基础设施向其他单位移交、毁损、报废时，应当按照规定报经批准后进行账务处理。

①经批准向其他单位移交公共基础设施时，按照移交公共基础设施的账面价值，借记“资产基金——公共基础设施”账户，按照已计提折旧，借记“累计折旧”账户，按照公共基础设施的账面余额，贷记本账户。

②报废、毁损的公共基础设施，转入待处理财产损溢时，按照待处理公共基础设施的账面价值，借记“待处理财产损溢”账户，按照已计提折旧，借记“累计折旧”账户，按照公共基础设施的账面余额，贷记本账户。

本账户期末借方余额，反映行政单位管理的公共基础设施的实际成本。

【例 12-60】某行政单位将一完工验收的城市交通设施交付使用，验收确定的成本为 5 700 000 元。应做会计分录：

借：公共基础设施	5 700 000	
贷：资产基金——公共基础设施		5 700 000

同时：

借：资产基金——在建工程	5 700 000	
贷：在建工程		5 700 000

【例 12-61】某行政单位接受其他单位移交的公共照明设施，该设施的原账面价值为 350 000 元。应做会计分录：

借：公共基础设施	350 000	
贷：资产基金——公共基础设施		350 000

【例 12-62】某行政单位本月计提某公共基础设施折旧 45 000 元。应做会计分录：

借：资产基金——公共基础设施　　45 000

　贷：累计折旧　　45 000

【例 12-63】某行政单位为维护公共基础设施的正常使用，经批准通过单位零余额账户支付日常修理费 35 000 元。应做会计分录：

借：经费支出　　35 000

　贷：零余额账户用款额度　　35 000

三、受托代理资产的核算

受托代理资产是行政单位接受委托方委托管理的各项资产，包括受托指定转赠的物资、受托储存管理的物资等。

为了核算受托代理资产的业务，行政单位应设置“受托代理资产”账户。

行政单位收到受托代理资产为现金和银行存款的，不通过本账户核算，应当通过“库存现金”、“银行存款”账户进行核算。

本账户应当按照资产的种类和委托人进行明细核算；属于转赠资产的，还应当按照受赠人进行明细核算。

受托代理资产应当在行政单位收到受托代理的资产时确认。

受托代理资产的主要账务处理如下：

（一）受托转赠物资

（1）接受委托人委托需要转赠给受赠人的物资，其成本按照有关凭据注明的金额确定；没有相关凭据可供取得的，其成本比照同类或类似物资的市场价格确定。

接受委托转赠的物资验收入库，按照确定的成本，借记本账户，贷记“受托代理负债”账户；受托协议约定由行政单位承担相关税费、运输费等的，还应当按照实际支付的相关税费、运输费等金额，借记“经费支出”账户，贷记“银行存款”等账户。

（2）将受托转赠物资交付受赠人时，按照转赠物资的成本，借记“受托代理负债”账户，贷记本账户。

（3）转赠物资的委托人取消了对捐赠物资的转赠要求，且不再收回捐赠物资的，应当将转赠物资转为存货或固定资产，按照转赠物资的成本，借记“受托代理负债”账户，贷记本账户；同时，借记“存货”、“固定资产”账户，贷记“资产基金——存货、固定资产”账户。

（二）受托储存管理物资

（1）接受委托人委托储存管理的物资，其成本按照有关凭据注明的金额确定。

接受委托储存的物资验收入库，按照确定的成本，借记本账户，贷记“受托代理负债”账户。

（2）支付由受托单位承担的与受托储存管理的物资相关的运输费、保管费等费用时，按照实际支付的金额，借记“经费支出”账户，贷记“银行存款”等账户。

（3）根据委托人要求交付受托储存管理的物资时，按照储存管理物资的成本，借记“受托代理负债”账户，贷记本账户。

本账户期末借方余额，反映单位受托代理资产中实物资产的价值。

【例 12-64】某行政单位受香港一企业家委托要转赠给新疆一希望小学教学用物资，有关凭据注明的金额为 700 000 元，该批物资已验收入库。受托协议约定由行政单位承担相关运输费 14 000 元，已通过银行转账支付。应做会计分录：

借：受托代理资产　　700 000

　贷：受托代理负债　　700 000

借：经费支出　　14 000

　贷：银行存款　　14 000

【例 12-65】接上例，该行政单位将受托转赠的教学用物资交付希望学校。应做会计分录：

借：受托代理负债　　700 000

　贷：受托代理资产　　700 000

【例 12-66】某行政单位受某企业委托储存管理一批救灾帐篷，有关凭据注明的金额为 3 000 000 元，该批储存管理的物资已验收入库。应做会计分录：

借：受托代理资产　　3 000 000

　贷：受托代理负债　　3 000 000

【例 12-67】根据受托协议约定由行政单位承担的运输费 17 000 元，已通过银行转账支付。应做会计分录：

借：经费支出　　17 000

　贷：银行存款　　17 000

本章小结

行政单位资产是行政单位占有或者使用的，能以货币计量的经济资源，包括流动资产、固定资产、在建工程、无形资产等。

流动资产是指可以在 1 年以内（含 1 年）变现或者耗用的资产，包括库存现金、银行存款、零余额账户用款额度、财政应返还额度、应收及预付款项、存货等。

固定资产是指使用期限超过 1 年（不含 1 年），单位价值在规定标准以上，并且在使用过程中基本保持原有物质形态的资产。

在建工程是指行政单位已经发生必要支出，但尚未交付使用的建设工程，包括新建、改建、扩建、修缮等各种建筑、设备安装工程和信息系统建设工程。

无形资产是指不具有实物形态而能够为使用者提供某种权利的非货币性资产，包括著作权、土地使用权、专利权、非专利技术等。

此外，由行政单位直接支配，供社会公众使用的政府储备物资、公共基础设施等，也属于行政单位核算的资产。

思考题

1. 什么是行政单位的资产？行政单位的资产包括哪些种类？
2. 什么是行政单位的流动资产？行政单位的流动资产包括哪些种类？
3. 什么是行政单位的零余额账户用款额度？行政单位如何核算零余额账户用款额度？
4. 什么是行政单位的财政应返还额度？行政单位如何核算财政应返还额度？
5. 行政单位的固定资产可分为哪几类？行政单位的固定资产如何计提折旧？
6. 行政单位的无形资产如何计价摊销？

第十三章

行政单位负债的核算

学习目标

通过本章的学习，明确流动负债和非流动负债的内容，掌握应缴财政款、应缴税费、应付职工薪酬、应付及暂存款项、应付政府补贴款、长期应付款等业务的确认与核算，了解行政单位负债项目在报表中的披露。

负债是指行政单位所承担的能以货币计量，需要以资产等偿还的债务。行政单位的负债按照流动性，分为流动负债和非流动负债。

行政单位的负债，应当在确定承担偿债责任并且能够可靠地进行货币计量时确认；并且应当按照承担的相关合同金额或实际发生额进行计量。

第一节　流动负债

行政单位的流动负债是指预计在 1 年内（含 1 年）偿还的负债，包括应缴财政款、应缴税费、应付职工薪酬、应付及暂存款项、应付政府补贴款等。

一、应缴财政款

应缴财政款是指行政单位按照规定取得的应当上缴财政的款项，包括罚没收入、行政事业性收费、政府性基金、国有资产处置和出租收入等。

1. 罚没收入

罚没收入指行政单位依据国家法律法规，对公民、法人和其他组织实施经济处罚取得的各种罚款、没收款及没收财物变价款。

2. 行政事业性收费

行政事业性收费指行政单位在行使管理职能的过程中，依据国家法律法规向公民、法人和其他组织收取的行政性费用，如行政单位按国家规定为发放各种证照、簿册等而收取的证照工本费、手续费、商标注册费、企业登记注册费、房屋所有权登记费、公证费等。

3. 政府性基金

政府性基金指行政单位依据有关的法律法规向公民、法人和其他组织无偿征收的具有专门用途的财政预算资金，如铁路建设基金、民航基础设施建设基金、文化事业建设基金、残疾人就业保障金、政府住房基金、城市公用事业附加、地方教育附加、地方水利建设基金、车辆通行费等。

4. 国有资产处置和出租收入

《行政单位国有资产管理暂行办法》规定：行政单位出租、出借和经营使用国有资产形成的收入以及处置国有资产获得的收入属于国家所有，应当按照政府非税收入管理的规定，实行“收支两条线”管理。

5. 其他应缴财政款项

为了核算行政单位取得的按规定应当上缴财政的款项，行政单位应设置“应缴财政款”账户。该账户应当按照应缴财政款项的类别进行明细核算。

应缴财政款应当在收到应缴财政的款项时确认。

行政单位按照国家税法等有关规定应当缴纳的各种税费，通过“应缴税费”账户核算，不在本账户核算。

应缴财政款的主要账务处理如下：

（1）取得按照规定应当上缴财政的款项时，借记“银行存款”等账户，贷记本账户。

（2）处置资产取得应当上缴财政的处置净收入的账务处理，参见“待处理财产损溢”账户。

（3）上缴应缴财政的款项时，按照实际上缴的金额，借记本账户，贷记“银行存款”账户。

本账户贷方余额，反映行政单位应当上缴财政但尚未缴纳的款项。年终清缴后，本账户一般应无余额。

【例 13-1】某行政单位取得按照规定应当上缴财政的罚没款 35 000 元。具体账户是“非税收入——罚没收入——一般罚没收入”，款项已存入银行。应做会计分录：

借：银行存款	35 000	
贷：应缴财政款——罚没收入		35 000

【例 13-2】某行政单位收到一项应缴财政预算的行政事业性收费 52 000 元，具体账户是：“非税收入——行政事业性收费收入——税务行政事业性收费收入”。应做会计分录：

借：银行存款	52 000	
贷：应缴财政款		52 000

【例 13-3】某行政单位按规定将收到的应缴财政款项 65 200 元上缴财政国库，具体账户是：“非税收入——行政事业性收费收入——公安行政事业性收费收入”。应做会计分录：

借：应缴财政款	65 200	
贷：银行存款		65 200

【例 13-4】某行政单位出售一辆汽车，收到出售款项 30 000 元存入银行，出售该车应纳营业税 1 500 元，汽车已经交付买方，该汽车取得时的入账价值为 120 000元，估计已提折旧 100 000 元。应做会计分录：

（1）转入待处理时：

借：待处理财产损溢——待处理财产价值	20 000	
累计折旧	100 000	
贷：固定资产		120 000

（2）收到款项时：

借：银行存款	30 000	
贷：待处理财产损溢——处理净收入		30 000

（3）发生应缴营业税时：

借：待处理财产损溢——处理净收入	1 500	
贷：应缴税费		1 500

（4）报经批准予以核销时：

借：资产基金——固定资产　　20 000
　贷：待处理财产损溢——待处理财产价值　　20 000

同时：

借：待处理财产损溢——处理净收入　　28 500
　贷：应缴财政款　　28 500

二、应缴税费

应缴税费是指行政单位按照国家税法等有关规定应当缴纳的各种税费，包括营业税、城市维护建设税、教育费附加、房产税、车船税、城镇土地使用税等。

为了核算行政单位按照税法等规定应当缴纳的各种税费，行政单位应设置“应缴税费”账户，行政单位代扣代缴的个人所得税，也通过本账户核算。该账户应当按照应缴纳的税费种类进行明细核算。

应缴税费应当在产生缴纳税费义务时确认。

应缴税费的主要账务处理如下：

（1）因资产处置等发生营业税、城市维护建设税、教育费附加等缴纳义务的，按照税法等规定计算的应缴税费金额，借记“待处理财产损溢”账户，贷记本账户；实际缴纳时，借记本账户，贷记“银行存款”等账户。

（2）因出租资产等发生营业税、城市维护建设税、教育费附加等缴纳义务的，按照税法等规定计算的应缴税费金额，借记“应缴财政款”等账户，贷记本账户；实际缴纳时，借记本账户，贷记“银行存款”等账户。

（3）代扣代缴个人所得税，按照税法等规定计算的应代扣代缴的个人所得税金额，借记“应付职工薪酬”账户［从职工工资中代扣个人所得税］或“经费支出”账户［从劳务费中代扣个人所得税］，贷记本账户。实际缴纳时，借记本账户，贷记“财政拨款收入”、“零余额账户用款额度”、“银行存款”等账户。

本账户期末贷方余额，反映行政单位应缴未缴的税费金额。

【例 13-5】某行政单位 2014 年 1 月转让一项专利权，该专利权原账面价值 300 000 元，已累计摊销 130 000 元，取得转让收入 200 000 元，款项已存入银行。转让该专利权应缴税费 11 000 元。应做会计分录：

（1）转入待处理时：

借：待处理财产损溢——待处理财产价值　　170 000
　　累计摊销　　130 000
　贷：无形资产　　300 000

（2）实现出售时：

借：资产基金——无形资产　　300 000
　贷：待处理财产损溢——待处理财产价值　　300 000

（3）收到价款时：

借：银行存款　　200 000

贷：待处理财产损溢——处理净收入 200 000

（4）发生应缴税费时：

借：待处理财产损溢——处理净收入 11 000

贷：应缴税费 11 000

（5）结转处置损溢时：

借：待处理财产损溢——处理净收入 189 000

贷：应缴财政款 189 000

三、应付职工薪酬

应付职工薪酬是指行政单位按照有关规定应付的职工工资、津贴补贴等，包括基本工资、奖金、国家统一规定的津贴补贴、社会保险费、住房公积金等。

为了核算行政单位按照有关规定应付给职工及为职工支付的各种薪酬，行政单位应设置“应付职工薪酬”账户；本账户应当根据国家有关规定按照“工资（离退休费）”、“地方（部门）津贴补贴”、“其他个人收入”以及“社会保险费”、“住房公积金”等进行明细核算。

应付职工薪酬应当在规定支付职工薪酬的时间确认。

应付职工薪酬的主要账务处理如下：

（1）发生应付职工薪酬时，按照计算出的应付职工薪酬金额，借记“经费支出”账户，贷记本账户。

（2）向职工支付工资、津贴补贴等薪酬时，按照实际支付的金额，借记本账户，贷记“财政拨款收入”、“零余额账户用款额度”、“银行存款”等账户。

从应付职工薪酬中代扣为职工垫付的水电费、房租等费用时，按照实际扣除的金额，借记本账户（工资），贷记“其他应收款”等账户。

从应付职工薪酬中代扣代缴个人所得税，按照代扣代缴的金额，借记本账户（工资），贷记“应缴税费”账户。

从应付职工薪酬中代扣代缴社会保险费和住房公积金，按照代扣代缴的金额，借记本账户（工资），贷记“其他应付款”账户。

（3）缴纳单位为职工承担的社会保险费和住房公积金时，借记本账户（社会保险费、住房公积金），贷记“财政拨款收入”、“零余额账户用款额度”、“银行存款”等账户。

本账户期末贷方余额反映行政单位应付未付的职工薪酬。

【例 13-6】某行政单位按国家有关规定，应向职工支付薪酬 570 000 元。应做会计分录：

借：经费支出 570 000

贷：应付职工薪酬 570 000

【例 13-7】某行政单位按国家有关规定，通过单位零余额账户向职工支付薪酬 570 000 元，并代扣个人所得税 115 000 元，代扣住房公积金 75 000 元。应做会计分录：

借：应付职工薪酬 570 000

　贷：零余额账户用款额度 380 000

　　　应缴税费 115 000

　　　其他应付款 75 000

【例 13-8】某行政单位按照国家规定，应发放给职工人员伙食补助费 7 500 元、交通补助费 3 500 元。应做会计分录：

借：经费支出 11 000

　贷：应付职工薪酬 11 000

【例 13-9】某行政单位按照国家规定，发放给职工人员伙食补助费 7 500 元、交通补助费 3 500 元，通过银行转账支付。应做会计分录：

借：应付职工薪酬 11 000

　贷：银行存款 11 000

【例 13-10】某行政单位通过单位零余额账户缴纳为职工承担的社会保险费 55 000元，住房公积金 75 000 元。应做会计分录：

借：应付职工薪酬 130 000

　贷：零余额账户用款额度 130 000

四、应付及暂存款项

应付及暂存款项是指行政单位在开展业务活动中发生的各项债务，包括应付账款、其他应付款等。

为了核算行政单位因购买物资或服务、工程建设等而应付的偿还期限在 1 年以内（含 1 年）的款项，行政单位应设置“应付账款”账户。本账户应当按照债权单位（或个人）进行明细核算。

应付账款应当在收到所购物资或服务、完成工程时确认。

应付账款的主要账务处理如下：

（1）收到所购物资或服务、完成工程但尚未付款时，按照应付未付款项的金额，借记“待偿债净资产”账户，贷记本账户。

（2）偿付应付账款时，借记本账户，贷记“待偿债净资产”账户；同时，借记“经费支出”账户，贷记“财政拨款收入”、“零余额账户用款额度”、“银行存款”等账户。

（3）无法偿付或债权人豁免偿还的应付账款，应当按照规定报经批准后进行账务处理。经批准核销时，借记本账户，贷记“待偿债净资产”账户。核销的应付账款应在备查簿中保留登记。

本账户期末贷方余额反映行政单位尚未支付的应付账款。

【例 13-11】某行政单位为开展业务活动购入甲种材料，材料价款 210 000 元，发生运输费和保险费 27 000 元。购入的材料已验收入库。材料价款及费用尚未支付。应做会计分录：

借：待偿债净资产 237 000

　贷：应付账款 237 000

【例 13-12】某行政单位通过财政零余额账户偿付上述应付账款。应做会计分录：

借：应付账款 237 000

　贷：待偿债净资产 237 000

同时：

借：经费支出 237 000

　贷：财政拨款收入 237 000

五、应付政府补贴款

应付政府补贴款是指负责发放政府补贴的行政单位，按照有关规定应付给政府补贴接受者的各种政府补贴款。

为了核算负责发放政府补贴的行政单位，按照规定应当支付给政府补贴接受者的各种政府补贴款，行政单位应设置“应付政府补贴款”账户。本账户应当按照应支付的政府补贴种类进行明细核算。行政单位还应当按照补贴接受者建立备查簿，进行相应明细核算。

应付政府补贴款应当在规定发放政府补贴的时间确认。

应付政府补贴款的主要账务处理如下：

（1）发生应付政府补贴时，按照规定计算出的应付政府补贴金额，借记“经费支出”账户，贷记本账户。

（2）支付应付的政府补贴款时，借记本账户，贷记“零余额账户用款额度”、“银行存款”等账户。

本账户期末贷方余额反映行政单位应付未付的政府补贴金额。

【例 13-13】某行政单位发生应付某单位项目的政府补贴款 9 000 000 元，应做会计分录：

借：经费支出 9 000 000

　贷：应付政府补贴款 9 000 000

【例 13-14】某行政单位支付上项应付的政府补贴款 9 000 000 元，应做会计分录：

借：应付政府补贴款 9 000 000

　贷：零余额账户用款额度 9 000 000

六、其他应付款

其他应付款是行政单位除应缴财政款、应缴税费、应付职工薪酬、应付政府补贴款、应付账款以外的其他各项偿还期在 1 年以内（含 1 年）的应付及暂存款项，如收取的押金、保证金、未纳入行政单位预算管理的转拨资金、代扣代缴职工社会保险费和住房公积金等。

为了核算行政单位其他应付款业务，行政单位应设置“其他应付款”账户。本账户应当按照其他应付款的类别以及债权单位（或个人）进行明细核算。

其他应付款的主要账务处理如下：

（1）发生其他各项应付及暂存款项时，借记“银行存款”等账户，贷记本账户。

（2）支付其他各项应付及暂存款项时，借记本账户，贷记“银行存款”等账户。

（3）因故无法偿付或债权人豁免偿还的其他应付款项，应当按规定报经批准后进行账务处理。经批准核销时，借记本账户，贷记“其他收入”账户。核销的其他应付款应在备查簿中保留登记。

本账户期末贷方余额反映行政单位尚未支付的其他应付款。

【例 13-15】某行政单位出租办公用房 10 间，月租金 10 万元，每月收一次租金，房子已出租 1 个月，但仍未收到租金。营业税税率为 5%。应做会计分录：

（1）月末，尚未收到租金时：

借：应收账款	100 000	
贷：其他应付款		100 000

（2）收到租金 10 万元，应交营业税 5 000 元时：

借：银行存款	100 000	
贷：应收账款		100 000
借：其他应付款	100 000	
贷：应缴税费		5 000
应缴财政款		95 000

【例 13-16】某行政单位从应付职工薪酬中代扣代缴职工社会保险费 170 000 元，住房公积金 335 000 元。应做会计分录：

借：应付职工薪酬（工资）	505 000	
贷：其他应付款		505 000

【例 13-17】某行政单位将长期无人认领的其他应付款项 35 000 元，按规定报经批准后核销。应做会计分录：

借：其他应付款	35 000	
贷：其他收入		35 000

核销的其他应付款应在备查簿中保留登记。

第二节　非流动负债

非流动负债是指流动负债以外的负债。行政单位的非流动负债包括长期应付款和受托代理负债。

一、长期应付款

长期应付款是指行政单位发生的偿还期限超过 1 年（不含 1 年）的应付款项。如跨年度分期付款购入固定资产的价款等。

为了核算行政单位长期应付款业务，行政单位应设置“长期应付款”账户，本账户应当按照长期应付款的类别以及债权单位（或个人）进行明细核算。

长期应付款应当按照以下条件确认：

（1）因购买物资、服务等发生的长期应付款，应当在收到所购物资或服务时确认。

（2）因其他原因发生的长期应付款，应当在承担付款义务时确认。

长期应付款的主要账务处理如下：

（1）发生长期应付款时，按照应付未付的金额，借记“待偿债净资产”账户，贷记本账户。

（2）偿付长期应付款时，借记“经费支出”账户，贷记“财政拨款收入”、“零余额账户用款额度”、“银行存款”等账户；同时，借记本账户，贷记“待偿债净资产”账户。

（3）无法偿付或债权人豁免偿还的长期应付款，应当按照规定报经批准后进行账务处理。经批准核销时，借记本账户，贷记“待偿债净资产”账户。核销的长期应付款应在备查簿中保留登记。

本账户期末贷方余额反映行政单位尚未支付的长期应付款。

【例 13-18】某行政单位采取分期付款方式购入一台设备，设备价款为300 000元，分 5 年等额付清，即每年支付租金 60 000 元。该设备验收合格并交付使用。应做会计分录：

（1）分期付款购入固定资产交付使用时，按确定的固定资产成本：

借：固定资产　　300 000

　贷：资产基金——固定资产　　300 000

（2）按应付未付的长期应付款金额：

借：待偿债净资产　　300 000

　贷：长期应付款　　300 000

【例 13-19】接上例，该行政单位每年通过单位零余额账户支付租金 60 000 元。应做会计分录：

借：经费支出　　60 000

　贷：零余额账户用款额度等　　60 000

借：长期应付款　　60 000

　贷：待偿债净资产　　60 000

【例 13-20】某行政单位将一笔无法偿付的长期应付款 57 000 元，按规定报经批准后核销。应做会计分录：

借：长期应付款　　57 000

　贷：待偿债净资产　　57 000

核销的长期应付款应在备查簿中保留登记。

二、受托代理负债

受托代理负债是行政单位接受委托，取得受托管理资产时形成的负债。

为了核算行政单位接受委托，取得受托管理资产时形成的负债，行政单位应设置“受托代理负债”账户。本账户应当按照委托人等进行明细核算。属于指定转赠物资和资金的，还应当按照指定受赠人进行明细核算。

受托代理负债应当在行政单位收到受托代理资产并产生受托代理义务时确认。

本账户的账务处理参见“受托代理资产”、“库存现金”、“银行存款”等账户。

本账户期末贷方余额反映行政单位尚未清偿的受托代理负债。

【例 13-21】某行政单位接受一企业委托转赠的一批救灾物资，有关凭据注明的金额为 900 000 元，该批物资已验收入库。受托协议约定由行政单位承担相关运输费 15 000 元，已通过银行转账支付。应做会计分录：

借：受托代理资产　　900 000

　贷：受托代理负债　　900 000

借：经费支出　　15 000

　贷：银行存款　　15 000

【例 13-22】接上例，该行政单位将受托转赠的该批救灾物资交付受赠人。应做会计分录：

借：受托代理负债　　900 000

　贷：受托代理资产　　900 000

行政单位确认的负债项目，应当列入资产负债表；行政单位承担或有责任（偿债责任需要通过未来不确定事项的发生或不发生予以证实）的负债，不列入资产负债表，但应当在报表附注中披露。

本章小结

负债是指行政单位所承担的能以货币计量，需要以资产等偿还的债务。行政单位的负债按照流动性，分为流动负债和非流动负债。

流动负债是指预计在 1 年内（含 1 年）偿还的负债。行政单位的流动负债包括应缴财政款、应缴税费、应付职工薪酬、应付及暂存款项、应付政府补贴款等。

非流动负债是指流动负债以外的负债。行政单位的非流动负债包括长期应付款。

行政单位的负债，应当在确定承担偿债责任并且能够可靠地进行货币计量时确认，并且应当按照承担的相关合同金额或实际发生额进行计量。

行政单位确认的负债项目，应当列入资产负债表；行政单位承担或有责任的负债，不列入资产负债表，但应当在报表附注中披露。

思考题

1. 什么是行政单位负债？行政单位负债如何进行分类？
2. 行政单位的流动负债包括哪些内容？“其他应付款”如何进行核算？
3. 什么是行政单位的应缴财政款？应缴财政款包括哪些内容？
4. 行政单位的应付职工薪酬包括哪些内容？如何进行核算？
5. 行政单位的应缴税费包括哪些内容？

第十四章

行政单位收入的核算

学习目标

通过本章的学习，明确财政拨款收入的概念和管理要求，掌握财政拨款收入的确认和核算，熟悉其他收入的内容和核算。

行政单位收入是指行政单位依法取得的非偿还性资金，包括财政拨款收入和其他收入。

第一节 财政拨款收入

一、财政拨款收入的概念和管理要求

财政拨款收入是指行政单位从同级财政部门取得的财政预算资金。财政拨款收入是行政单位的最主要资金来源，是行政单位开展业务活动的最主要的财力保证。

行政单位财政拨款收入的管理要求是：

1. 按部门预算和用款计划申请取得财政拨款收入

行政单位应当严格按照经批准的年度部门预算和分月用款计划申请取得财政拨款收入，不可申请无预算、无计划或超预算、超计划的财政拨款收入。

2. 按用途申请取得财政拨款收入

行政单位应当按部门预算规定的资金用途申请取得财政拨款收入，未经财政部门批准，不得擅自改变财政拨款收入的用途。按部门预算的要求，行政单位的经费支出分为基本支出和项目支出两大类。行政单位在申请取得财政拨款收入时，首先需要区分基本支出经费需求和项目支出经费需求进行申请，然后按基本支出的具体支出科目和项目支出的具体支出科目进行申请。基本支出的财政拨款收入和项目支出的财政拨款收入应当分别进行核算，不能相互混淆。基本支出和项目支出中具体的财政拨款收入，如基本支出中的人员经费和日常公用经费，项目支出中的不同项目经费也需要分别核算，不能相互混淆。

3. 按预算级次申请取得财政拨款收入

行政单位应当按预算级次逐级申请取得财政拨款收入，不可越级申请财政拨款收入。二级会计单位以及有上级单位的基层会计单位应当向主管会计单位或上级会计单位申请取得财政拨款收入，不可直接向财政部门申请取得财政拨款收入。

4. 按规定的财政资金支付方式申请取得财政拨款收入

财政资金的支付方式有财政直接支付、财政授权支付和财政实拨资金三种。其中，前两种是财政国库单一账户制度下的财政资金支付方式，第三种是传统财政资金支付方式。行政单位在确定年度部门预算和分月用款计划时，同时确定财政资金的支付方式以及相应支付方式下的支付数额。

5. 将财政拨款收入和其他收入等收入来源同时纳入收入预算，实行统一管理、统筹安排使用

行政单位发生的经费支出，是统筹安排财政拨款收入和其他收入的结果。行政单位实行各种收支统一管理、统筹安排使用的预算管理方法。

二、财政拨款收入的确认

行政单位的收入一般应当在收到款项时予以确认，并按照实际收到的金额进行计量。按照财政资金的支付方式，行政单位财政拨款收入的取得方式也相应有财政直接支付、财政授权支付和财政实拨资金三种。由于三种财政资金支付方式的业务流程不同，行政单位财政拨款收入的确认也有所区别。

1. 财政直接支付方式下财政拨款收入的确认

在财政直接支付方式下，行政单位根据部门预算和用款计划，在实际需要财政部门支付资金时，向财政部门提出财政直接支付申请，财政部门经审核无误后，通过财政零余额账户直接将款项支付给收款人，行政单位在收到财政部门委托财政零余额账户代理银行转来的财政直接支付入账通知书时，确认财政拨款收入。在财政直接支付方式下，行政单位确认财政拨款收入时，实际上已经使用了财政资金。

2. 财政授权支付方式下财政拨款收入的确认

在财政授权支付方式下，行政单位根据部门预算和用款计划，按规定的时间和程序向财政部门申请财政授权支付用款额度，财政部门经审核无误后，将财政授权支付用款额度下达到行政单位零余额账户代理银行。行政单位在收到单位零余额账户代理银行转来的财政授权支付到账通知书时，确认财政拨款收入。在财政授权支付方式下，行政单位确认财政拨款收入时，还没有实际使用财政资金，只是收到一个可以使用的财政资金用款额度，行政单位可以在收到的财政资金用款额度内使用财政资金，实际上财政资金仍然存放在财政国库存款账户中。

3. 财政实拨资金方式下财政拨款收入的确认

在财政实拨资金方式下，行政单位根据部门预算和用款计划，按规定的时间和程序向财政部门或上级单位提出资金拨入申请，财政部门或上级单位经审核无误后，将财政资金直接拨入行政单位开户银行。行政单位在收到开户银行转来的收款通知时，确认财政拨款收入。财政实拨资金方式下，行政单位确认财政拨款收入时，实际收到货币资金，行政单位可以在银行存款的实际余额内使用相应的货币资金。

三、财政拨款收入的核算

为了核算财政拨款收入业务，行政单位应设置“财政拨款收入”账户。该账户核算行政单位从同级财政部门取得的财政预算资金。本账户应当设置“基本支出拨款”和“项目支出拨款”两个明细账户，分别核算行政单位取得用于基本支出和项目支出的财政拨款资金。同时，按照《政府收支分类账户》中“支出功能分类账户”的项级账户进行明细核算，在“基本支出拨款”明细账户下按照“人员经费”和“日常公用经费”进行明细核算，在“项目支出拨款”明细账户下按照具体项目进行明细核算。

有公共财政预算拨款、政府性基金预算拨款等两种或两种以上财政拨款的行政单位，还应当按照财政拨款的种类分别进行明细核算。

财政拨款收入的主要账务处理如下：

（1）财政直接支付方式下，行政单位根据收到的“财政直接支付入账通知书”及相关原始凭证，借记“经费支出”账户，贷记本账户。

年末，行政单位根据本年度财政直接支付预算指标数与财政直接支付实际支出数的差额，借记“财政应返还额度——财政直接支付”账户，贷记本账户。

（2）财政授权支付方式下，行政单位根据收到的“财政授权支付额度到账通知书”，借记“零余额账户用款额度”等账户，贷记本账户。

年末，如行政单位本年度财政授权支付预算指标数大于财政授权支付额度下达数，根据两者间的差额，借记“财政应返还额度——财政授权支付”账户，贷记本账户。

（3）其他方式下，实际收到财政拨款收入时，借记“银行存款”等账户，贷记本账户。

（4）本年度财政直接支付的资金收回时，借记本账户，贷记“经费支出”等账户。

（5）年末，将本账户本年发生额转入财政拨款结转时，借记本账户，贷记“财政拨款结转”账户。

年终结账后，本账户应无余额。

【例 14-1】某市所属行政单位税务局收到同级财政国库支付执行机构委托其代理银行转来的财政直接支付入账通知书，财政国库支付执行机构通过财政零余额账户为本单位支付一笔项目预算经费，具体的科目和金额为：“项目支出——信息化建设——专用设备购置”46 000 元。假设该行政单位没有政府性基金预算拨款收入。应做会计分录：

借：经费支出　　46 000

　贷：财政拨款收入——项目支出拨款——信息化建设　　46 000

同时：

借：固定资产——专用设备　　46 000

　贷：资产基金——固定资产　　46 000

【例 14-2】市所属行政单位发展与改革委员会收到其代理银行转来的财政授权支付到账通知书，收到同级财政部门拨入本月财政授权支付用款额度 400 000 元，规定用于基本支出中的日常公用经费支出。假设该行政单位没有政府性基金预算拨款收入。应做会计分录：

借：零余额账户用款额度　　400 000

　贷：财政拨款收入——基本支出拨款——日常公用经费

　　　——行政运行　　400 000

【例 14-3】某市所属行政单位卫生局开户银行转来的收账通知书，收到同级财政部门拨入一笔预算经费共计 420 000 元，规定用于基本支出中的人员经费支出 190 000 元，用于日常公用经费支出 230 000 元，假设该行政单位没有政府性基金预算拨款收入。应做会计分录：

借：银行存款　　　　420 000

　贷：财政拨款收入——基本支出拨款——人员经费——行政运行　　190 000

　　　　　　　　　——基本支出拨款——日常公用经费

　　　　　　　　　——行政运行　　230 000

【例 14-4】某市所属行政单位人力资源与社会保障局收到其代理银行转来的财政授权支付到账通知书，收到同级财政部门拨入一笔财政授权支付用款额度230 000元，规定用于开展就业管理事务，假设该行政单位没有政府性基金预算拨款收入。应做会计分录：

借：零余额账户用款额度　　　　230 000

　贷：财政拨款收入——项目支出拨款——就业管理　　230 000

【例 14-5】某市所属行政单位公安局收到同级财政国库支付执行机构委托其代理银行转来的财政直接支付入账通知书，财政国库支付执行机构通过财政零余额账户为该行政单位支付了一笔项目支出预算经费，具体项目为禁毒管理 360 000 元，假设该行政单位没有政府性基金预算拨款收入。应做会计分录：

借：经费支出　　　　360 000

　贷：财政拨款收入——项目支出拨款——禁毒管理　　360 000

【例 14-6】某市人大年终结账，“财政拨款收入”总账账户的贷方余额586 000元。财政拨款收入有关明细账户的贷方金额为：“基本支出拨款——人员经费”110 000 元，“基本支出拨款——日常公用经费”190 000 元；“项目支出拨款——人大会议”90 000 元，“项目支出拨款——人大立法”123 000 元，“项目支出拨款——人大监督”73 000 元。假设该行政单位没有政府性基金预算拨款收入。应做会计分录：

借：财政拨款收入——基本支出拨款——人员经费

　　　　　　　——行政运行　　110 000

　　　　　　　——基本支出拨款——日常公用经费

　　　　　　　——行政运行　　190 000

　　　　　　　——项目支出拨款——人大会议　　90 000

　　　　　　　——项目支出拨款——人大立法　　123 000

　　　　　　　——项目支出拨款——人大监督　　73 000

　贷：财政拨款结转　　　　586 000

【例 14-7】某市所属行政单位文化局收到其代理银行转来的财政授权支付到账通知书，收到同级财政部门拨入一笔公共财政预算拨款财政授权支付用款额度160 000元，规定用于基本支出的日常公用经费。同时收到同级财政部门拨入的一笔政府性基金预算拨款财政授权支付用款额度 60 000 元，具体项目“文化事业建设基金——精神文明建设”。应做会计分录：

借：零余额账户用款额度　　　　220 000

贷：财政拨款收入——公共财政预算拨款——基本支出拨款

——日常公用经费——行政运行 160 000

——政府性基金预算拨款——文化事业建设基金

——精神文明建设 60 000

【例 14-8】某市所属行政单位水利局收到同级财政国库支付执行机构委托其代理银行转来的财政直接支付入账通知书，财政国库支付执行机构使用政府性基金预算资金为本单位支付了一笔项目支出预算经费 45 000 元，具体项目为“地方水利建设基金——水利工程建设”。应做会计分录：

借：经费支出 45 000

贷：财政拨款收入——政府性基金预算拨款——地方水利建设基金

——水利工程建设 45 000

【例 14-9】某市所属行政单位水利局年终结账，“财政拨款收入”总账账户的贷方余额为 729 000 元。财政拨款收入有关明细账账户的贷方金额为：“公共财政预算拨款——基本支出拨款——人员经费——行政运行”120 000 元，“公共财政预算拨款——基本支出拨款——日常公用经费——行政运行”185 000 元；“公共财政预算拨款——项目支出拨款——水利工程建设”102 000 元，“政府性基金预算拨款——地方水利建设基金——水利工程建设”250 000 元，“政府性基金预算拨款——地方水利建设基金支出——水利工程维护”72 000 元。应做会计分录：

借：财政拨款收入——公共财政预算拨款——基本支出拨款

——人员经费——行政运行 120 000

——公共财政预算拨款——基本支出拨款

——日常公用经费——行政运行 185 000

——公共财政预算拨款——项目支出拨款

——水利工程建设 102 000

——政府性基金预算拨款——地方水利建设基金支出

——水利工程建设 250 000

——政府性基金预算拨款——地方水利建设基金支出

——水利工程维护 72 000

贷：财政拨款结转 729 000

第二节 其他收入

一、其他收入的概念和内容

其他收入是指行政单位依法取得的除财政拨款收入以外的各项收入。其他收入的内容主要包括从非同级财政部门、上级主管部门等取得的用于完成项目或专项任务的资金、库存现金溢余、银行存款的利息收入等。行政单位从非同级财政部门、上级主管部门等取得指定转给其他单位，且未纳入本单位预算管理的资金，不通过本账户核算，应当通过“其他应付款”账户核算。

二、其他收入的核算

为了核算其他收入的业务，行政单位应设置“其他收入”账户。本账户核算行政单位取得的除财政拨款收入以外的其他各项收入。本账户应当按照其他收入的类别、来源单位、项目资金和非项目资金进行明细核算。对于项目资金收入，还应当按照具体项目进行明细核算。

其他收入的主要账务处理如下：

(1) 收到属于其他收入的各种款项时，按照实际收到的金额，借记“银行存款”、“库存现金”等账户，贷记本账户。

(2) 年末，将本账户本年发生额转入其他资金结转结余时，借记本账户，贷记“其他资金结转结余”账户。

年终结账后，本账户应无余额。

【例 14-10】某市行政单位接到银行通知，本季度的银行存款利息为 1 500 元，属于非项目资金收入。应做会计分录：

借：银行存款　　1 500

　贷：其他收入——银行存款利息收入——非项目资金　　1 500

【例 14-11】库存现金溢余 200 元，无法查明原因，经批准转作其他收入，属于非项目资金收入。应做会计分录：

借：待处理财产损溢　　200

　贷：其他收入——库存现金溢余——非项目资金　　200

【例 14-12】某市属行政单位从省级财政部门取得的用于完成 A 项目资金 150 000元，存入银行。应做会计分录：

借：银行存款　　150 000

　贷：其他收入——省级财政——项目资金——A 项目　　150 000

【例 14-13】某市属行政单位年终结账，“其他收入”总账账户贷方余额为 275 200元。“其他收入”有关明细账户的贷方余额为：“银行存款利息收入——非项目资金”25 000 元，“库存现金溢余——非项目资金”200 元，“省级财政——项目资金——A 项目”250 000 元。将“其他收入”账户的贷方余额全数转入“其他资金结转结余”账户。应做会计分录：

借：其他收入——银行存款利息收入——非项目资金　　25 000

　　　　　——库存现金溢余——非项目资金　　200

　　　　　——省级财政——项目资金——A 项目　　250 000

　贷：其他资金结转结余　　275 200

本章小结

行政单位收入是指行政单位依法取得的非偿还性资金，包括财政拨款收入和其他收入。

财政拨款收入是指行政单位从同级财政部门取得的财政预算资金。财政拨款收入是行政单位的最主要资金来源，是行政单位开展业务活动的最主要的财力保证。

行政单位财政拨款收入的管理要求是：按部门预算和用款计划申请取得财政拨款收入；按用途申请取得财政拨款收入；按预算级次申请取得财政拨款收入；按规定的财政资金支付方式申请取得财政拨款收入；将财政拨款收入和其他收入等收入来源同时纳入收入预算，实行统一管理、统筹安排使用。

按照财政资金的支付方式，行政单位财政拨款收入的取得方式也相应有财政直接支付、财政授权支付和财政实拨资金三种。由于三种财政资金支付方式的业务流程不同，行政单位财政拨款收入的确认也有所区别。

其他收入是指行政单位依法取得的除财政拨款收入以外的各项收入。其他收入的内容主要包括从非同级财政部门、上级主管部门等取得的用于完成项目或专项任务的资金、库存现金溢余、银行存款的利息收入等。

思考题

1. 什么是行政单位的收入？行政单位的收入包括哪些种类？
2. 什么是行政单位的财政拨款收入？行政单位财政拨款收入的管理要求是什么？
3. 在不同的财政资金管理方式下，行政单位如何确认财政拨款收入？
4. 什么是行政单位的其他收入？行政单位的其他收入包括哪些主要内容？

第十五章

行政单位支出的核算

学习目标

通过本章的学习，熟悉经费支出的概念和分类，明确经费支出的管理要求，掌握行政单位经费支出、拨出经费的核算。

行政单位支出是指行政单位为保障机构正常运转和完成工作任务所发生的资金耗费和损失。行政单位支出包括经费支出和拨出经费。

第一节　经费支出

一、经费支出的概念

行政单位经费支出是指行政单位自身开展业务活动使用各项资金发生的基本支出和项目支出。行政单位的经费支出是行政单位发生的与履行政府管理职能相关的支出，是行政单位最主要的支出，也是行政单位资金管理的重点。

行政单位经费支出是行政单位对包括财政拨款收入、其他收入等各种收入来源综合安排使用的结果，是行政单位在支出预算执行过程中各项资金的实际消耗数。

二、经费支出的分类

为了全面反映行政单位的各项经费支出的内容和结构，便于分析和考核各项经费支出的实际情况及其效果，从而有针对性地加强和改善对行政单位经费支出的管理，需要对行政单位的经费支出按照一定的要求进行分类。

（一）按经济用途分类

《政府收支分类账户》中的“支出经济分类账户”是行政单位经费支出按经济用途分类的直接依据。《政府收支分类账户》中的“支出经济分类账户”分设类、款两级账户，类、款两级账户在内容上逐步细化。

按照《政府收支分类账户》的规定，行政单位经费支出分为以下几类：

1. 工资福利支出

该类级账户反映行政单位开支的在职职工和编制外长期聘用人员的各类劳动报酬，以及为上述人员缴纳的各项社会保险费等。该类级账户分设的款级账户有：基本工资、津贴补贴、奖金、社会保障缴费、伙食费、伙食补助费、其他工资福利支出。

2. 商品和服务支出

该类级账户反映单位购买商品和服务的支出（不包括用于购置固定资产、战略性和应急性储备等的支出）。该类级账户分设的款级账户有：办公费、印刷费、咨询费、手续费、水费、电费、邮电费、取暖费、物业管理费、差旅费、因公出国（境）费、维修（护）费、租赁费、会议费、培训费、招待费、专用材料费、装备购置费、工程建设费、作战费、军用油料费、军队其他运行维护费、被装购置费、专用燃料费、劳务费、委托业务费、工会经费、福利费、公务用车运行维护费、其他交通费用、其他商品和服务支出。

3. 对个人和家庭的补助

该类级账户反映政府用于对个人和家庭的补助支出。该类级账户分设的款级账户有：离休费、退休费、退职（役）费、抚恤金、生活补助、救济费、医疗费、奖励金、生产补贴、住房公积金、提租补贴、购房补贴、其他对个人和家庭的补助支出。

4. 基本建设支出

该类级账户反映各级发展与改革部门集中安排的一般预算财政拨款（不包括政府性基金及各类拼盘自筹资金等）用于购置固定资产、战略性和应急性储备、土地和无形资产，以及购建基础设施、大型修缮所发生的支出。该类级账户分设的款级账户有：房屋建筑物购建、办公设备购置、专用设备购置、基础设施建设、大型修缮、信息网络购建、物资储备、交通设备购置、其他基本建设支出。

5. 其他资本性支出

该类级账户反映非各级发展与改革部门集中安排的用于购置固定资产、战略性和应急性储备、土地和无形资产，以及购建基础设施、大型修缮和财政支持企业更新改造所发生的支出。该类级账户分设的款级账户有：房屋建筑物购建、办公设备购置、专用设备购置、基础设施建设、大型修缮、信息网络购建、物资储备、交通工具购置、其他基本建设支出、物资储备、土地补偿、安置补助、地上附着物和青苗补偿、拆迁补偿、交通设备购置。

（二）按部门预算要求分类

按照部门预算的要求，行政单位的经费支出分为基本支出和项目支出两大类。

1. 基本支出

基本支出是指行政单位为保障机构正常运转和完成日常工作任务发生的支出，如行政单位按规定支付给工作人员的基本工资、津贴，行政单位为完成日常工作所发生的办公费、差旅费、交通费等。行政单位的基本支出是行政单位的基本资金消耗，是行政单位维持日常正常运转的基本资金保证。按照部门预算管理的要求，行政单位基本支出分为人员经费支出和日常公用经费支出两部分。其中，人员经费支出的具体账户包括《政府收支分类账户》中的“工资福利支出”账户及“对个人和家庭的补助支出”账户；日常公用经费支出的具体账户包括《政府收支分类账户》中的“商品和服务支出 ”账户以及“基本建设支出”账户和“其他资本性支出 ”中的“办公设备购置”、“专用设备购置”和“交通工具购置”账户。按规定，行政单位购置办公设备、专用设备和交通工具属于日常公用经费支出预算的内容。这种分类的目的在于落实定员定额的原则，编制基本支出预算和实现对基本支出的管理和控制。

2. 项目支出

项目支出是行政单位为完成专项工作或特定任务而发生的支出。行政单位的项目支出一般包括大型专项会议支出、专项任务支出、大型专项修缮支出、专项基本建设支出等。行政单位的项目支出均安排专项资金来源。行政单位的项目支出具体账户可以同时包括《政府收支分类账户》中的“商品和服务支出 ”账户以及“基本建设支出”账户和“其他资本性支出 ”账户中的相关明细账户。项目支出通常是不易实行定员定额管理的支出项目。

（三）按不同的经费性质分类

按照不同的经费性质，行政单位的经费支出可以分为财政拨款支出和其他资金支出两类。

1. 财政拨款支出

财政拨款支出是指行政单位使用财政拨款收入资金而发生的经费支出。

财政拨款支出按财政拨款种类分为公共财政预算拨款支出和政府性基金预算拨款支出等。

（1）公共财政预算拨款支出是指行政单位使用公共财政预算拨款收入而发生的经费支出。

（2）政府性基金预算拨款支出是指行政单位使用政府性基金预算拨款收入而发生的经费支出。

2. 其他资金支出

其他资金支出是指行政单位使用除财政拨款收入以外的资金而发生的经费支出。

三、经费支出的管理要求

经费支出管理是行政单位财务管理的一项重要内容，也是财政部门或上级主管部门考核行政单位预算执行情况的重要内容。行政单位必须严格按照有关规定，加强对经费支出的管理。行政单位经费支出的管理要求主要包括：

（1）行政单位应当将各项支出全部纳入单位预算，各项支出由单位财务部门按照批准的预算和有关规定审核办理。各项经费支出必须严格按照部门预算规定的用途和数额使用，不可办理无预算、超预算范围的经费支出，也不可随意提高或降低经费支出的标准。对于违反财经纪律的开支，行政单位一律不得办理报销支出。

（2）行政单位的支出应当严格执行国家规定的开支范围及标准，建立健全经费支出的内部管理制度。行政单位应当建立健全各项经费支出的内部管理制度，对各项经费支出实施严格的制度管理。例如，应当建立健全各项经费支出全部由单位财务部门统一管理的制度，其他职能部门不可在财务部门之外设立账外账或“小金库”；应当建立健全重大支出项目的严格审批制度，未经有关审批程序，不可发生重大经费支出等。

（3）严格项目支出的管理。行政单位的项目资金，应当按照批准的项目和用途使用，专款专用、单独核算，并按照规定向同级财政部门或者上级预算单位报告资金使用情况，接受财政部门和上级预算单位的检查监督。项目完成后，行政单位应当向同级财政部门或者上级预算单位报送项目支出决算和使用效果的书面报告。

（4）行政单位应当严格执行国库集中支付制度和政府采购制度等规定。

（5）行政单位应当加强支出的绩效管理，提高资金的使用效益。行政单位在办理经费支出时应当注意勤俭节约，既要考虑保证行政任务的顺利完成，又要考虑合理节约地使用各项资金，努力使行政单位的每一笔经费支出都能达到应有的效果。

四、经费支出的核算

为了核算经费支出业务，行政单位应设置“经费支出”账户。该账户核算行政单位在开展业务活动中发生的各项支出。本账户应当分别按照“财政拨款支出”和“其他资金支出”、“基本支出”和“项目支出”等分类进行明细核算；并按照《政府收支分类账户》中“支出功能分类账户”的项级账户进行明细核算；在“基本支出”明细账户下按照“人员经费”和“日常公用经费”进行明细核算，在“项目支出”明细账户下按照具体项目进行明细核算；同时，“基本支出”和“项目支出”明细账户下还应当按照《政府收支分类账户》中“支出经济分类账户”的款级账户进行明细核算。

有公共财政预算拨款、政府性基金预算拨款等两种或两种以上财政拨款的行政单位，还应当按照财政拨款的种类分别进行明细核算。

行政单位的支出一般应当在支付款项时予以确认，并按照实际支付金额进行计量。采用权责发生制确认的支出，应当在其发生时予以确认，并按照实际发生额进行计量。

经费支出的主要账务处理如下：

（1）计提单位职工薪酬时，按照计算出的金额，借记本账户，贷记“应付职工薪酬”账户。

（2）支付外部人员劳务费，按照应当支付的金额，借记本账户，按照代扣代缴个人所得税的金额，贷记“应缴税费”账户，按照扣税后实际支付的金额，贷记“财政拨款收入”、“零余额账户用款额度”、“银行存款”等账户。

（3）支付购买存货、固定资产、无形资产、政府储备物资和工程结算的款项，按照实际支付的金额，借记本账户，贷记“财政拨款收入”、“零余额账户用款额度”、“银行存款”等账户；同时，按照采购或工程结算成本，借记“存货”、“固定资产”、“无形资产”、“在建工程”、“政府储备物资”等账户，贷记“资产基金”及其明细账户。

（4）发生预付账款的，按照实际预付的金额，借记本账户，贷记“财政拨款收入”、“零余额账户用款额度”、“银行存款”等账户；同时，借记“预付账款”账户，贷记“资产基金——预付款项”账户。

（5）偿还应付款项时，按照实际偿付的金额，借记本账户，贷记“财政拨款收入”、“零余额账户用款额度”、“银行存款”等账户；同时，借记“应付账款”、“长期应付款”账户，贷记“待偿债净资产”账户。

（6）发生其他各项支出时，按照实际支付的金额，借记本账户，贷记“财政拨款收入”、“零余额账户用款额度”、“银行存款”等账户。

（7）行政单位因退货等原因发生支出收回的，属于当年支出收回的，借记“财政拨款收入”、“零余额账户用款额度”、“银行存款”等账户，贷记本账户；属于以前年度支出收回的，借记“财政应返还额度”、“零余额账户用款额度”、“银行存款”等账户，贷记“财政拨款结转”、“财政拨款结余”、“其他资金结转结余”等账户。

（8）年末，将本账户本年发生额分别转入财政拨款结转和其他资金结转结余时，借记“财政拨款结转”、“其他资金结转结余”账户，贷记本账户。

年终结账后，本账户应无余额。

【例15-1】某市所属行政单位税务局收到同级财政国库支付执行机构委托其代理银行转来的财政直接支付入账通知书，财政国库支付执行机构通过财政零余额账户为本单位支付一笔项目预算经费，具体的科目和金额为：“项目支出——信息化建设——专用设备购置”46 000元。假设该行政单位没有政府性基金预算拨款收入。应做会计分录：

借：经费支出——财政拨款支出——项目支出——信息化建设
　　　　——专用设备购置　　46 000
　贷：财政拨款收入——项目支出拨款——信息化建设　　46 000

同时：

借：固定资产——专用设备　　46 000
　贷：资产基金——固定资产　　46 000

【例15-2】某市人民代表大会收到同级财政国库支付执行机构委托其代理银行转来的财政直接支付入账通知书，财政国库支付执行机构通过财政零余额账户为该单位支付了一笔项目支出预算经费560 000元。具体账户为“经费支出——人大会议——会议费”。假设该行政单位没有政府性基金预算拨款收入，因而也没有相应的政府性基金预算拨款支出。应做会计分录：

借：经费支出——财政拨款支出——项目支出——人大会议
　　　　——会议费　　560 000
　贷：财政拨款收入　　560 000

【例15-3】某市行政单位卫生局，因为开展业务活动的需要，通过单位零余额账户支付一笔基本支出预算经费4 500元，具体账户为：“经费支出——基本支出——日常公用经费——办公费”。假设该行政单位没有财政政府性基金预算财政拨款收入，因而也没有相应的政府性基金预算拨款支出。应做会计分录：

借：经费支出——财政拨款支出——基本支出——日常公用经费
　　　　——办公费——行政运行　　4 500
　贷：零余额账户用款额度　　4 500

【例15-4】某市检察院，因为开展业务活动的需要，通过单位零余额账户支付一笔项目支出预算经费共计6 200元，其中：“经费支出——查办和预防职务犯罪——交通费”4 200元，“经费支出——公诉和审判监督——印刷费”2 000元。

假设该行政单位没有政府性基金预算拨款收入，因而也没有相应的政府性基金预算拨款支出。应做会计分录：

借：经费支出——财政拨款支出——项目支出——查办和预防职务犯罪

——交通费 4 200

——财政拨款支出——项目支出——公诉和审判监督

——印刷费 2 000

贷：零余额账户用款额度 6 200

【例15-5】某市行政单位教育局购入办公设备一台，通过单位零余额账户支付该设备买价100 000元，增值税17 000元，用银行存款支付运费500元。假设该行政单位没有政府性基金预算拨款收入，因而也没有相应的政府性基金预算拨款支出。应做会计分录：

借：经费支出——财政拨款支出——基本支出——日常公用经费

——办公设备购置——行政运行 117 500

贷：零余额账户用款额度 117 000

银行存款 500

同时：

借：固定资产 117 500

贷：资产基金——固定资产 117 500

【例15-6】某市行政单位纪律检查委员会年终结账。"经费支出"总账账户的借方余额为1 215 000元。经费支出有关明细账户的借方余额为："基本支出——人员经费"350 000元，"基本支出——日常公用经费"420 000元，"大案要案查处"160 000元，"派驻派出机构"280 000元，"其他资金支出——项目支出——大案要案查处"5 000元。该行政单位没有政府性基金预算拨款收入，因而也没有相应的政府性基金预算拨款支出。应做会计分录：

借：财政拨款结转 1 215 000

贷：经费支出——财政拨款支出——基本支出——人员经费 350 000

——财政拨款支出——基本支出——日常公用经费 420 000

——财政拨款支出——项目支出——大案要案查处 160 000

——财政拨款支出——项目支出——派驻派出机构 280 000

——其他资金支出——项目支出——大案要案查处 5 000

【例15-7】某市行政单位城建局，因为开展业务活动的需要，通过单位零余额账户支付一笔基本支出预算经费和项目支出预算经费共计701 000元，其中："经费支出——公共财政预算拨款支出——基本支出——日常公用经费——办公设备购置"80 000元，"经费支出——政府性基金预算拨款支出——城市公用事业附加支出——城市公共设施——专用设备购置"620 000元。同时，通过单位开户银行支付了购买一次性消耗的办公用品1 000元。应做会计分录：

借：经费支出——公共财政预算拨款支出——基本支出——日常公用经费
　　　　——办公设备购置——行政运行　　　　　　80 000
　　　　——政府性基金预算拨款支出——城市公用事业附加支出
　　　　——城市公共设施——专用设备购置　　　　620 000
　　　　——其他资金支出——基本支出——日常公用经费
　　　　——办公费——行政运行　　　　　　　　　1 000
　贷：零余额账户用款额度　　　　　　　　　　　　700 000
　　　银行存款　　　　　　　　　　　　　　　　　1 000

同时：

借：固定资产　　　　　　　　　　　　　　　700 000
　贷：资产基金——固定资产　　　　　　　　　　　700 000

【例 15-8】某市所属水利局尚未纳入国库集中支付制度改革。该单位开出转账支票支付一笔项目预算经费 50 000 元，具体账户为："经费支出——政府性基金预算拨款支出——地方水利建设基金支出——水利工程建设——基础设施建设"。应做会计分录：

借：经费支出——政府性基金预算拨款支出——地方水利建设基金支出
　　　　——水利工程建设——基础设施建设　　　　50 000
　贷：银行存款　　　　　　　　　　　　　　　　　50 000

【例 15-9】某市行政单位水利局年终结账。"经费支出"总账账户的借方余额为 2 141 000 元。经费支出有关明细账户的借方余额为："公共财政预算拨款支出——基本支出——人员经费" 650 000 元，"公共财政预算拨款支出——基本支出——日常公用经费" 920 000 元，"公共财政预算拨款支出——项目支出——水质监测" 20 000 元；"政府性基金预算拨款——地方水利建设基金支出——水利工程建设——基础设施建设" 400 000 元，"政府性基金预算拨款支出——地方水利建设基金支出——城市防洪——基础设施建设" 150 000 元，"其他资金支出——基本支出——日常公用经费——办公费" 1 000 元。应做会计分录：

借：财政拨款结转　　　　　　　　　　　　　2 141 000
　贷：经费支出——公共财政预算拨款支出——基本支出——人员经费　650 000
　　　　——公共财政预算拨款支出——基本支出——日常公用经费
　　　　　　　　　　　　　　　　　　　　　　　　920 000
　　　　——公共财政预算拨款支出——项目支出——水质监测　20 000
　　　　——政府性基金预算拨款支出——地方水利建设基金支出
　　　　——水利工程建设——基础设施建设　　　　　400 000
　　　　——政府性基金预算拨款支出——地方水利建设基金支出
　　　　——城市防洪——基础设施建设　　　　　　　150 000
　　　　——其他资金支出——基本支出——日常公用经费——办公费
　　　　　　　　　　　　　　　　　　　　　　　　1 000

第二节　拨出经费

一、拨出经费的概念

拨出经费是指行政单位纳入单位预算管理、拨付给所属单位的非同级财政拨款资金，如拨给所属单位的专项经费和补助经费等。

二、拨出经费的核算

为了核算拨出经费业务，行政单位应设置“拨出经费”账户，核算行政单位向所属单位拨出的纳入单位预算管理的非同级财政拨款资金。该账户应当分别按照“基本支出”和“项目支出”进行明细核算，还应当按照接受拨出经费的具体单位和款项类别等分别进行明细核算。

拨出经费的主要账务处理如下：

(1) 向所属单位拨付非同级财政拨款资金等款项时，借记本账户，贷记“银行存款”等账户。

(2) 收回拨出经费时，借记“银行存款”等账户，贷记本账户。

(3) 年末，将本账户本年发生额转入其他资金结转结余时，借记“其他资金结转结余”账户，贷记本账户。

年终结账后，本账户应无余额。

【例 15-10】某市行政单位教育局，通过银行存款账户向所属二级预算单位甲小学拨付省级财政拨款资金补助经费，转拨一笔公共财政预算经费 85 000 元，具体账户是“拨出经费——基本支出——日常公用经费——甲小学”。应做会计分录：

借：拨出经费——基本支出——日常公用经费——甲小学　　85 000

　贷：银行存款　　85 000

【例 15-11】某市行政单位公安局通过银行存款账户向所属二级预算单位经济犯罪侦查支队拨付省级财政拨款资金专项经费。具体账户为：“拨出经费——项目支出——经济犯罪侦查——经济犯罪侦查支队”4 800 元。应做会计分录：

借：拨出经费——项目支出——经济犯罪侦查——经济犯罪侦查支队

　　48 000

　贷：银行存款　　48 000

【例 15-12】某市行政单位卫生局年终结账。“拨出经费”总账账户借方余额为 862 000 元。“拨出经费”有关明细账户借方余额为：“基本支出——日常公用经费”342 000 元，“基本支出——人员经费”257 000 元，“项目支出——重大公共卫生专项”263 000 元。应做会计分录：

借：其他资金结转结余　　862 000

贷：拨出经费——基本支出——日常公用经费 342 000
——基本支出——人员经费 257 000
——项目支出——重大公共卫生专项 263 000

本章小结

行政单位支出是指行政单位为保障机构正常运转和完成工作任务所发生的资金耗费和损失。行政单位支出包括经费支出和拨出经费。

经费支出是指行政单位自身开展业务活动使用各项资金发生的基本支出和项目支出。

拨出经费是指行政单位纳入单位预算管理、拨付给所属单位的非同级财政拨款资金。

思考题

1. 什么是行政单位支出？行政单位支出有哪些种类？
2. 什么是行政单位的经费支出？行政单位经费支出如何分类？
3. 行政单位经费支出的管理要求是什么？
4. 什么是行政单位的拨出经费？

第十六章

行政单位净资产的核算

学习目标

通过本章的学习，熟悉行政单位净资产的内容，理解行政单位各项净资产的概念，掌握行政单位各项净资产的核算。

行政单位净资产是指行政单位资产扣除负债后的余额，包括财政拨款结转、财政拨款结余、其他资金结转结余、资产基金、待偿债净资产等种类。

第一节 财政拨款结转

一、财政拨款结转的概念

财政拨款结转是指行政单位当年预算已执行但尚未完成，或因故未执行，下一年度需要按照原用途继续使用的财政拨款滚存资金。

二、财政拨款结转的核算

为了核算财政拨款结转业务，行政单位应设置“财政拨款结转”账户。该账户核算行政单位滚存的财政拨款结转资金，包括基本支出结转、项目支出结转。本账户应当设置“基本支出结转”、“项目支出结转”两个明细账户；在“基本支出结转”明细账户下按照“人员经费”和“日常公用经费”进行明细核算，在“项目支出结转”明细账户下按照具体项目进行明细核算；本账户还应当按照《政府收支分类账户》中“支出功能分类账户”的项级账户进行明细核算。

有公共财政预算拨款、政府性基金预算拨款等两种或两种以上财政拨款的行政单位，还应当按照财政拨款种类分别进行明细核算。

本账户还可以根据管理需要按照财政拨款结转变动原因，设置“收支转账”、“结余转账”、“年初余额调整”、“归集上缴”、“归集调入”、“单位内部调剂”、“剩余结转”等明细账户，进行明细核算。

财政拨款结转的主要账务处理如下：

（1）调整以前年度财政拨款结转。因发生差错更正，以前年度支出收回等原因，需要调整财政拨款结转的，按照实际调增财政拨款结转的金额，借记有关账户，贷记本账户（年初余额调整）；按照实际调减财政拨款结转的金额，借记本账户（年初余额调整），贷记有关账户。

（2）从其他单位调入财政拨款结余资金。按照规定从其他单位调入财政拨款结余资金时，按照实际调增的额度数额或调入的资金数额，借记“零余额账户用款额度”、“银行存款”等账户，贷记本账户（归集调入）及其明细。

（3）上缴财政拨款结转。按照规定上缴财政拨款结转资金时，按照实际核销的额度数额或上缴的资金数额，借记本账户（归集上缴）及其明细，贷记“财政应返还额度”、“零余额账户用款额度”、“银行存款”等账户。

（4）单位内部调剂结余资金。经财政部门批准对财政拨款结余资金改变用途，调整用于其他未完成项目等，按照调整的金额，借记“财政拨款结余”账户（单位内部调剂）及其明细，贷记本账户（单位内部调剂）及其明细。

（5）结转本年财政拨款收入和支出。

①年末，将财政拨款收入本年发生额转入本账户，借记“财政拨款收入——基本支出拨款、项目支出拨款”账户及其明细，贷记本账户（收支转账——基本支出结转、项目支出结转）及其明细。

②年末，将财政拨款支出本年发生额转入本账户，借记本账户（收支转账——基本支出结转、项目支出结转）及其明细，贷记“经费支出——财政拨款支出——基本支出、项目支出”账户及其明细。

（6）将完成项目的结转资金转入财政拨款结余。年末完成上述财政拨款收支转账后，对各项目执行情况进行分析，按照有关规定将符合财政拨款结余性质的项目余额转入财政拨款结余，借记本账户（结余转账——项目支出结转）及其明细，贷记“财政拨款结余”（结余转账——项目支出结余）账户及其明细。

（7）年末冲销有关明细账户余额。

年末收支转账后，将本账户所属“收支转账”、“结余转账”、“年初余额调整”、“归集上缴”、“归集调入”、“单位内部调剂”等明细账户余额转入“剩余结转”明细账户；转账后，本账户除“剩余结转”明细账户外，其他明细账户应无余额。

本账户期末贷方余额反映行政单位滚存的财政拨款结转资金数额。

【例 16-1】某市检察院年终结账。“财政拨款收入”和“经费支出”总账和明细账的余额如表 16-1 和表 16-2 所示。该行政单位没有政府性基金预算拨款收入，因而也没有相应的政府性基金预算拨款支出，没有政府性基金预算拨款结转。

表 16-1 **“财政拨款收入”总账和明细账户的贷方余额** 单位：元

总账账户	明细账户	贷方余额
财政拨款收入		857 000
	基本支出拨款——人员经费	120 400
	基本支出拨款——日常公用经费	388 000
	项目支出拨款——查办和预防职务犯罪	231 200
	项目支出拨款——公诉和审判监督	85 600
	项目支出拨款——控告申诉	31 800

表 16-2 **“经费支出”总账和明细账户的借方余额** 单位：元

总账账户	明细账户	借方余额
经费支出		850 000
	财政拨款支出——基本支出——人员经费	120 400
	财政拨款支出——基本支出——日常公用经费	386 000
	财政拨款支出——项目支出——查办和预防职务犯罪	230 200
	财政拨款支出——项目支出——公诉和审判监督	81 600
	财政拨款支出——项目支出——控告申诉	31 800

（1）年末，将财政拨款收入本年发生额转入财政补助结转时，应做会计分录：

借：财政拨款收入——基本支出拨款——人员经费 120 400
——基本支出拨款——日常公用经费 388 000
——项目支出拨款——查办和预防职务犯罪 231 200
——项目支出拨款——公诉和审判监督 85 600
——项目支出拨款——控告申诉 31 800
贷：财政拨款结转——收支结转——基本支出结转——人员经费 120 400
——收支结转——基本支出结转——日常公用经费 388 000
——收支结转——项目支出结转——查办和预防职务犯罪 231 200
——收支结转——项目支出结转——公诉和审判监督 85 600
——收支结转——项目支出结转——控告申诉 31 800

（2）年末，将财政拨款支出本年发生额转入财政补助结转时，应做会计分录：

借：财政拨款结转——收支结转——基本支出结转——人员经费 120 400
——收支结转——基本支出结转——日常公用经费 386 000
——收支结转——项目支出结转——查办和预防职务犯罪 230 200
——收支结转——项目支出结转——公诉和审判监督 81 600
——收支结转——项目支出结转——控告申诉 31 800
贷：经费支出——财政拨款支出——基本支出——人员经费 120 400
——财政拨款支出——基本支出——日常公用经费 386 000
——财政拨款支出——项目支出——查办和预防职务犯罪 230 200
——财政拨款支出——项目支出——公诉和审判监督 81 600
——财政拨款支出——项目支出——控告申诉 31 800

【例 16-2】接【例 16-1】，经查，“查办和预防职务犯罪”和“控告申诉”项目当年的专项业务活动都已经完成，当年的结转资金转入当年结余。“公诉和审判监督”项目当年的专项业务活动尚未完成，形成的收支财政拨款结转应当继续用于延续至明年的公诉和审判监督项目支出预算。将完成项目的结转资金转入财政拨款结余账户时，应做会计分录：

借：财政拨款结转——结余转账——项目支出结转——查办和预防职务犯罪 1 000
贷：财政拨款结余——结余转账——项目支出结余——查办和预防职务犯罪 1 000

【例 16-3】接【例 16-1】，根据财政部门要求，将基本支出中的日常公用经费的当年结转资金 2 000 元上缴财政。按照规定上缴财政拨款结转资金时，按照实际核销的财政授权额度数额，应做会计分录：

借：财政拨款结转——归集上缴——基本支出结转——日常公用经费 2 000

贷：零余额账户用款额度 2 000

【例 16-4】接【例 16-1】，将本账户所属“收支结转”明细账户余额转入“剩余结转”明细账户。应做会计分录：

借：财政拨款结转——收支结转——基本支出结转——日常公用经费 2 000

——收支结转——项目支出结转——公诉和审判监督 4 000

——收支结转——项目支出结转——查办和预防职务犯罪 1 000

贷：财政拨款结转——剩余结转——基本支出结转——日常公用经费 2 000

——剩余结转——项目支出结转——公诉和审判监督 4 000

——剩余结转——项目支出结转——查办和预防职务犯罪 1 000

【例 16-5】接【例 16-1】，将本账户所属“结余转账”明细账户余额转入“剩余结转”明细账户，应做会计分录：

借：财政拨款结转——剩余结转——项目支出结转——查办和预防职务犯罪 1 000

贷：财政拨款结转——结余转账——项目支出结转——查办和预防职务犯罪 1 000

【例 16-6】接【例 16-1】，将本账户所属“归集上缴”明细账户余额转入“剩余结转”明细账户，应做会计分录：

借：财政拨款结转——剩余结转——基本支出结转——日常公用经费 2 000

贷：财政拨款结转——归集上缴——基本支出结转——日常公用经费 2 000

转账后，本账户除“剩余结转”明细账户的贷方余额为 4 000 元，其他明细账户均无余额。

【例 16-7】某市行政单位水利局年终结账。“财政拨款收入”和“经费支出”总账和明细账的余额如表 16-3 和表 16-4 所示。

表 16-3 “财政拨款收入”总账和明细账户的贷方余额 单位：元

总账账户	明细账户	贷方余额
财政拨款收入		6 177 600
	公共财政预算拨款——基本支出拨款——人员经费	1 920 000
	公共财政预算拨款——基本支出拨款——日常公用经费	2 980 000
	公共财政预算拨款——项目支出拨款——水质监测	631 200
	政府性基金预算拨款——地方水利建设基金支出——水利工程建设——基础设施建设	235 600
	政府性基金预算拨款——地方水利建设基金支出——城市防洪——基础设施建设	410 800

表 16-4 **"经费支出"总账和明细账户的借方余额** 单位：元

总账账户	明细账户	借方余额
经费支出		6 040 200
	公共财政预算拨款支出——基本支出——人员经费	1 920 000
	公共财政预算拨款支出——基本支出——日常公用经费	2 980 000
	公共财政预算拨款支出——项目支出——水质监测	530 200
	政府性基金预算拨款支出——地方水利建设基金支出——水利工程建设——基础设施建设	210 000
	政府性基金预算拨款支出——地方水利建设基金支出——城市防洪——基础设施建设	400 000

（1）年末，将财政拨款收入本年发生额转入财政拨款结转时，应做会计分录：

借：财政拨款收入——公共财政预算拨款——基本支出拨款
——人员经费 1 920 000
——公共财政预算拨款——基本支出拨款
——日常公用经费 2 980 000
——公共财政预算拨款——项目支出拨款
——水质监测 631 200
——政府性基金预算拨款——地方水利建设基金支出
——水利工程建设——基础设施建设 235 600
——政府性基金预算拨款——地方水利建设基金支出
——城市防洪——基础设施建设 410 800

贷：财政拨款结转——公共财政预算拨款结转——收支结转
——基本支出结转——人员经费 1 920 000
——公共财政预算拨款结转——收支结转
——基本支出结转——日常公用经费 2 980 000
——公共财政预算拨款结转——收支结转
——项目支出结转——水质监测 631 200
——政府性基金预算拨款结转——收支结转
——项目支出结转——水利工程建设——基础设施建设
235 600
——政府性基金预算拨款结转——收支结转
——项目支出结转——城市防洪——基础设施建设
410 800

（2）年末，将财政拨款支出本年发生额转入财政拨款结转时，应做会计分录：

借：财政拨款结转——公共财政预算拨款结转——收支结转
——基本支出结转——人员经费 1 920 000
——公共财政预算拨款结转——收支结转——基本支出结转
——日常公用经费 2 980 000
——公共财政预算拨款结转——收支结转——项目支出结转
——水质监测 530 200
——政府性基金预算拨款结转——收支结转
——项目支出结转——水利工程建设——基础设施建设
210 000
——政府性基金预算拨款结转——收支结转
——项目支出结转——城市防洪——基础设施建设
400 000

贷：经费支出——公共财政预算拨款支出——基本支出
——人员经费 1 920 000
——公共财政预算拨款支出——基本支出
——日常公用经费 2 980 000
——公共财政预算拨款支出——项目支出
——水质监测 530 200
——政府性基金预算拨款支出——地方水利建设基金支出
——水利工程建设——基础设施建设 210 000
——政府性基金预算拨款支出——地方水利建设基金支出
——城市防洪——基础设施建设 400 000

明细账户登记后，有关“财政拨款结转”明细账户的贷方余额为：“收支结转——基本支出结转——人员经费”0，“收支结转——基本支出结转——日常公用经费”0；“收支结转——项目支出结转——水质监测”101 000 元，“收支结转——项目支出结转——水利工程建设——基础设施建设”25 600 元，“收支结转——项目支出结转——城市防洪——基础设施建设”10 800 元。

【例 16-8】接【例 16-7】，经查，“水质监测”项目当年的专项业务活动都已经完成，当年的结转资金转入当年结余。“政府性基金预算拨款支出——地方水利建设基金支出——水利工程建设——基础设施建设”项目和“政府性基金预算拨款支出——地方水利建设基金支出——城市防洪——基础设施建设”项目当年的专项业务活动尚未完成，形成的收支财政拨款结转，应当继续用于延续至明年的该项目支出预算。

将完成项目的结转资金转入财政拨款结余账户，应做会计分录：

借：财政拨款结转——结余转账——项目支出结转——水质监测
101 000

贷：财政拨款结余——结余转账——项目支出结转——水质监测 101 000

【例16-9】接【例16-7】，年末收支转账后，将本账户所属“收支转账”明细账户余额转入“剩余结转”明细账户。应做会计分录：

将本账户所属“收支转账”明细账户余额转入“剩余结转”明细账户：

借：财政拨款结转——收支结转——公共财政预算拨款结转

——项目支出结转——水质监测　　101 000

——收支结转——政府性基金预算拨款结转

——项目支出结转——水利工程建设——基础设施建设

25 600

——收支结转——政府性基金预算拨款结转

——项目支出结转——城市防洪——基础设施建设

10 800

贷：财政拨款结转——剩余结转——公共财政预算拨款结转

——项目支出结转——水质监测　　101 000

——剩余结转——政府性基金预算拨款结转

——项目支出结转——水利工程建设——基础设施建设

25 600

——剩余结转——政府性基金预算拨款结转

——项目支出结转——城市防洪——基础设施建设 10 800

【例16-10】接【例16-7】，将本账户所属“结余转账”明细账户余额转入“剩余结转”明细账户。应做会计分录：

借：财政拨款结转——剩余结转——项目支出结转——水质监测

101 000

贷：财政拨款结转——结余转账——项目支出结转——水质监测　　101 000

转账后，本账户除“剩余结转”明细账户的贷方余额36 400元，其他明细账户均无余额。

第二节　财政拨款结余

一、财政拨款结余的概念

行政单位财政拨款结余是指行政单位当年预算工作目标已完成，或因故终止，剩余的财政拨款滚存资金。

二、财政拨款结余的核算

为了核算财政拨款结余业务，行政单位应设置“财政拨款结余”账户。该账户核算行政单位滚存的财政拨款项目支出结余资金。本账户应当按照具体项目、《政府收支分类账户》中“支出功能分类账户”的项级账户等进行明细核算。

有公共财政预算拨款、政府性基金预算拨款等两种或两种以上财政拨款的行政单位，还应当按照财政拨款的种类分别进行明细核算。

本账户还可以根据管理需要，按照财政拨款结余变动原因，设置“结余转账”、“年初余额调整”、“归集上缴”、“单位内部调剂”、“剩余结余”等明细账户，进行明细核算。

财政拨款结余的主要账务处理如下：

(1) 调整以前年度财政拨款结余。因发生差错更正、以前年度支出收回等原因，需要调整财政拨款结余的，按照实际调增财政拨款结余的金额，借记有关账户，贷记本账户（年初余额调整）；按照实际调减财政拨款结余的金额，借记本账户（年初余额调整），贷记有关账户。

(2) 上缴财政拨款结余。按照规定上缴财政拨款结余时，按照实际核销的额度数额或上缴的资金数额，借记本账户（归集上缴）及其明细，贷记“财政应返还额度”、“零余额账户用款额度”、“银行存款”等账户。

(3) 单位内部调剂结余资金。经财政部门批准将本单位完成项目结余资金调整用于基本支出或其他未完成项目支出时，按照批准调剂的金额，借记本账户（单位内部调剂）及其明细，贷记“财政拨款结转”（单位内部调剂）账户及其明细。

(4) 将完成项目的结转资金转入财政拨款结余。年末，对财政拨款各项目执行情况进行分析，按照有关规定将符合财政拨款结余性质的项目余额转入本账户，借记“财政拨款结转”（结余转账——项目支出结转）账户及其明细，贷记本账户（结余转账——项目支出结余）及其明细。

(5) 年末冲销有关明细账户余额。年末，将本账户所属“结余转账”、“年初余额调整”、“归集上缴”、“单位内部调剂”等明细账户余额转入“剩余结余”明细账户；转账后，本账户除“剩余结余”明细账户外，其他明细账户应无余额。

本账户期末贷方余额反映行政单位滚存的财政拨款结余资金数额。

【例 16-11】接【例 16-1】，按照规定上缴财政拨款结余时，实际核销的财政应返还额度数额为 1 000 元。应做会计分录：

借：财政拨款结余——归集上缴——项目支出结余——查办和预防职务犯罪　1 000

　贷：财政应返还额度　1 000

【例 16-12】接【例 16-1】，年末，将本账户所属“结余转账”明细账户余额转入“剩余结余”明细账户。应做会计分录：

借：财政拨款结余——结余转账——项目支出结余——查办和预防职务犯罪　1 000

　贷：财政拨款结余——剩余结余——项目支出结余——查办和预防职务犯罪　1 000

【例 16-13】接【例 16-1】，年末，将本账户所属“归集上缴”明细账户余额转入“剩余结余”明细账户。应做会计分录：

借：财政拨款结余——剩余结余——项目支出结余——查办和预防职务犯罪 1 000

贷：财政拨款结余——归集上缴——项目支出结余——查办和预防职务犯罪 1 000

第三节 其他资金结转结余

一、其他资金结转结余的概念

其他资金结转结余是指行政单位除财政拨款收支以外的各项收支相抵后剩余的滚存资金。

二、其他资金结转结余的核算

为了核算其他资金结转结余业务，行政单位应设置“其他资金结转结余”账户。该账户核算行政单位除财政拨款收支以外的其他各项收支相抵后剩余的滚存资金。本账户应当设置“项目结转”和“非项目结余”明细账户，分别对项目资金和非项目资金进行明细核算。对于项目结转，还应当按照具体项目进行明细核算。本账户还可以根据管理需要按照其他资金结转结余变动原因，设置“收支转账”、“年初余额调整”、“结余调剂”、“剩余结转结余”等明细账户，进行明细核算。

其他资金结转结余的主要账务处理如下：

（1）调整以前年度其他资金结转结余。因发生差错更正、以前年度支出收回等原因，需要调整其他资金结转结余的，按照实际调增的金额，借记有关账户，贷记本账户（年初余额调整）及其相关明细。按照实际调减的金额，借记本账户（年初余额调整）及其相关明细，贷记有关账户。

（2）结转本年其他资金收入和支出：

①年末，将其他收入中的项目资金收入本年发生额转入本账户，借记“其他收入”账户及其明细，贷记本账户（项目结转——收支转账）及其明细；将其他收入中的非项目资金收入本年发生额转入本账户，借记“其他收入”账户及其明细，贷记本账户（非项目结余——收支转账）。

②年末，将其他资金支出中的项目支出本年发生额转入本账户，借记本账户（项目结转——收支转账）及其明细，贷记“经费支出——其他资金支出”账户（项目支出）及其明细、“拨出经费”账户（项目支出）及其明细；将其他资金支出中的基本支出本年发生额转入本账户，借记本账户（非项目结余——收支转账），贷记“经费支出——其他资金支出”账户（基本支出）、“拨出经费”账户（基本支出）。

（3）缴回或转出项目结余。完成上述转账后，对本年末各项目执行情况进行分析，区分年末已完成项目和尚未完成项目，在此基础上，对完成项目的剩余资金根据不同情况进行账务处理：

①需要缴回原项目资金出资单位的，按照缴回的金额，借记本账户（项目结转——结余调剂）及其明细，贷记“银行存款”、“其他应付款”等账户。

②将项目剩余资金留归本单位用于其他非项目用途的，按照剩余的项目资金金额，借记本账户（项目结转——结余调剂）及其明细，贷记本账户（非项目结余——结余调剂）。

（4）用非项目资金结余补充项目资金。按照实际补充项目资金的金额，借记本账户（非项目结余——结余调剂），贷记本账户（项目结转——结余调剂）及其明细。

（5）年末冲销有关明细账户余额。年末收支转账后，将本账户所属“收支转账”、“年初余额调整”、“结余调剂”等明细账户余额转入“剩余结转结余”明细账户；转账后，本账户除“剩余结转结余”明细账户外，其他明细账户应无余额。

本账户期末贷方余额，反映行政单位滚存的各项非财政拨款资金结转结余数额。

【例 16-14】某行政单位年终结账。“其他收入——银行存款利息收入——非项目资金”为 25 000 元，“其他收入——库存现金溢余——非项目资金”为 300 元，“其他收入——省级财政——项目资金——大案要案查处”为 250 000 元，“经费支出——其他资金支出——基本支出——日常公用经费——办公费”为 24 000 元。“经费支出——其他资金支出——项目支出——大案要案查处”为 200 000 元，“拨出经费——项目支出——大案要案查处”为 40 000 元。结转本年其他资金收入和支出时，应做会计分录：

借：其他收入——银行存款利息收入——非项目资金　　25 000
　　　　　　——库存现金溢余——非项目资金　　300
　　　　　　——省级财政——项目资金——大案要案查处　　250 000
　贷：其他资金结转结余——非项目结余——收支转账　　25 300
　　　　　　　　　　——项目结转——收支转账——大案要案查处　　250 000

借：其他资金结转结余——非项目结余——收支转账　　24 000
　　　　　　　　　　——项目结转——收支转账——大案要案查处　　240 000
　贷：经费支出——其他资金支出——基本支出——日常公用经费——办公费　　24 000
　　　　　　　——其他资金支出——项目支出——大案要案查处　　200 000
　　拨出经费——项目支出——大案要案查处　　40 000

【例 16-15】接【例 16-14】，大案要案查处项目已完成，剩余资金 10 000 元需要缴回省级财政时，应做会计分录：

借：其他资金结转结余——项目结转——结余调剂——大案要案查处
10 000

贷：银行存款　10 000

【例 16-16】年末将本账户所属“收支转账”明细账户余额转入“剩余结转结余”明细账户。应做会计分录：

借：其他资金结转结余——非项目结余——收支转账　300

——项目结转——收支转账——大案要案查处
10 000

贷：其他资金结转结余——剩余结转结余　10 300

【例 16-17】年末将本账户所属“结余调剂”明细账户余额转入“剩余结转结余”明细账户。应做会计分录：

借：其他资金结转结余——剩余结转结余　10 000

贷：其他资金结转结余——项目结转——结余调剂——大案要案查处 10 000

第四节　资产基金

一、资产基金的概念

资产基金是指行政单位的非货币性资产在净资产中占用的金额。行政单位的非货币性资产包括预付账款、存货、固定资产、在建工程、无形资产、政府储备物资、公共基础设施等。

二、资产基金的核算

为了核算资产基金业务，行政单位应设置“资产基金”账户。该账户核算行政单位的预付账款、存货、固定资产、在建工程、无形资产、政府储备物资、公共基础设施等非货币性资产在净资产中占用的金额。本账户应当设置“预付款项”、“存货”、“固定资产”、“在建工程”、“无形资产”、“政府储备物资”、“公共基础设施”等明细账户，进行明细核算。

资产基金的主要账务处理如下：

（1）资产基金应当在发生预付账款，取得存货、固定资产、在建工程、无形资产、政府储备物资、公共基础设施时确认。

①发生预付账款时，按照实际发生的金额，借记“预付账款”账户，贷记本账户（预付款项）；同时，按照实际支付的金额，借记“经费支出”账户，贷记“财政拨款收入”、“零余额账户用款额度”、“银行存款”等账户。

②取得存货、固定资产、在建工程、无形资产、政府储备物资、公共基础设施等资产时，按照取得资产的成本，借记“存货”、“固定资产”、“在建工程”、“无形资产”、“政府储备物资”、“公共基础设施”等账户，贷记本账户（存货、固定

资产、在建工程、无形资产、政府储备物资、公共基础设施）；同时，按照实际发生的支出，借记“经费支出”账户，贷记“财政拨款收入”、“零余额账户用款额度”、“银行存款”等账户。

（2）收到预付账款购买的物资或服务时，应当相应冲减资产基金。

按照相应的预付账款金额，借记本账户（预付款项），贷记“预付账款”账户。

（3）领用和发出存货、政府储备物资时，应当相应冲减资产基金。

领用和发出存货、政府储备物资时，按照领用和发出存货、政府储备物资的成本，借记本账户（存货、政府储备物资），贷记“存货”、“政府储备物资”账户。

（4）计提固定资产折旧、公共基础设施折旧、无形资产摊销时，应当冲减资产基金。

计提固定资产折旧、公共基础设施折旧、无形资产摊销时，按照计提的折旧、摊销金额，借记本账户（固定资产、公共基础设施、无形资产），贷记“累计折旧”、“累计摊销”账户。

（5）无偿调出、对外捐赠存货、固定资产、无形资产、政府储备物资、公共基础设施时，应当冲减该资产对应的资产基金。

①无偿调出、对外捐赠存货、政府储备物资时，按照存货、政府储备物资的账面余额，借记本账户及其明细，贷记“存货”、“政府储备物资”等账户。

②无偿调出、对外捐赠固定资产、公共基础设施、无形资产时，按照相关固定资产、公共基础设施、无形资产的账面价值，借记本账户及其明细，按照已计提折旧、已计提摊销的金额，借记“累计折旧”、“累计摊销”账户，按照固定资产、公共基础设施、无形资产的账面余额，贷记“固定资产”、“公共基础设施”、“无形资产”账户。

（6）通过“待处理财产损溢”账户核算的资产处置，参见有关账务处理。

本账户期末贷方余额反映行政单位非货币性资产在净资产中占用的金额。

【例16-18】某行政单位按照购货合同规定预付给供应单位货款5 000元，款项通过单位零余额账户支付。应做会计分录：

借：预付账款	5 000	
贷：资产基金——预付款项		5 000
同时：		
借：经费支出	5 000	
贷：零余额账户用款额度		5 000

【例16-19】接【例16-18】收到预付账款购买的存货，价款5 000元，增值税税款850元，运杂费200元，通过单位零余额账户补付款项1 050元，该批存货验收入库。应做会计分录：

借：资产基金——预付款项	5 000	
贷：预付款项		5 000

借：经费支出　　1 050
　贷：零余额账户用款额度　　1 050
借：存货　　6 050
　贷：资产基金——存货　　6 050

【例 16-20】某行政单位月末计提固定资产折旧 6 000 元。应做会计分录：

借：资产基金——固定资产　　6 000
　贷：累计折旧　　6 000

【例 16-21】某行政单位专用设备一台原价 40 000 元，已提折旧 18 000 元，因不用，决定予以出售。出售价款 10 000 元存入银行。在清理过程中，以银行存款支付清理费用 500 元。因出售该项固定资产发生的按照税法等规定计算的应缴税费金额为 500 元。应做会计分录：

（1）转入待处理资产损溢时：

借：待处理资产损溢——待处理资产价值　　22 000
　　累计折旧　　18 000
　贷：固定资产　　40 000

（2）实际出售时：

借：资产基金——固定资产　　22 000
　贷：待处理资产损溢——待处理财产价值　　22 000

（3）收到价款时：

借：银行存款　　10 000
　贷：待处理资产损溢——处理净收入　　10 000

（4）发生清理费用时：

借：待处理资产损溢——处理净收入　　500
　贷：银行存款　　500

（5）按照税法等规定计算的应缴税费金额时：

借：待处理财产损溢——处理净收入　　500
　贷：应缴税费　　500

（6）处置完毕时：

借：待处置资产损溢——处理净收入　　9 000
　贷：应缴财政款　　9 000

第五节　待偿债净资产

一、待偿债净资产的概念

待偿债净资产是指行政单位因发生应付账款和长期应付款而相应需在净资产中冲减的金额。

二、待偿债净资产的核算

为了核算待偿债净资产业务，行政单位应设置“待偿债净资产”账户。该账户核算行政单位因发生应付账款和长期应付款而相应需在净资产中冲减的金额。

待偿债净资产的主要账务处理如下：

(1) 发生应付账款、长期应付款时，按照实际发生的金额，借记本账户，贷记“应付账款”、“长期应付款”等账户。

(2) 偿付应付账款、长期应付款时，按照实际偿付的金额，借记“应付账款”、“长期应付款”等账户，贷记本账户；同时，按照实际支付的金额，借记“经费支出”账户，贷记“财政拨款收入”、“零余额账户用款额度”、“银行存款”等账户。

(3) 因债权人原因，核销确定无法支付的应付账款、长期应付款时，按照报经批准核销的金额，借记“应付账款”、“长期应付款”账户，贷记本账户。

本账户期末借方余额，反映行政单位因尚未支付的应付账款和长期应付款而需相应冲减净资产的金额。

【例 16-22】某行政单位购买办公设备一套，买价及相关税费为 20 000 元，设备已交付使用，款项尚未支付。应做会计分录：

借：固定资产——通用设备	20 000	
贷：资产基金——固定资产		20 000
借：待偿债净资产	20 000	
贷：应付账款		20 000

【例 16-23】接【例 16-21】，通过单位零余额账户偿付应付账款 20 000 元。应做会计分录：

借：应付账款	20 000	
贷：待偿债净资产		20 000
同时：		
借：经费支出	20 000	
贷：零余额账户用款额度		20 000

本章小结

净资产是指行政单位资产扣除负债后的余额，包括财政拨款结转、财政拨款结余、其他资金结转结余、资产基金、待偿债净资产等种类。

财政拨款结转是指行政单位当年预算已执行但尚未完成，或因故未执行，下一年度需要按照原用途继续使用的财政拨款滚存资金。

财政拨款结余是指行政单位当年预算工作目标已完成，或因故终止，剩余的财政拨款滚存资金。

其他资金结转结余是指行政单位除财政拨款收支以外的各项收支相抵后剩余的滚存资金。

资产基金是指行政单位的非货币性资产在净资产中占用的金额。

待偿债净资产是指行政单位因发生应付账款和长期应付款而相应需在净资产中冲减的金额。

思考题

1. 什么是行政单位的净资产？行政单位的净资产包括哪些种类？

2. 什么是行政单位的财政拨款结转、财政拨款结余、其他资金结转结余？三者应如何核算？

3. 什么是行政单位的资产基金、待偿债净资产？二者应如何核算？

第十七章

行政单位财务报表

学习目标

通过本章的学习，掌握行政单位财务报表的概念及种类，理解行政单位财务报表的作用，了解行政单位财务报表格式及编制要求，掌握行政单位资产负债表、收入支出表、财政拨款收入支出表及会计报表附注的具体内容及其财务报表的编制方法。

第一节　财务报表概述

一、财务报表及其作用

财务报表是反映行政单位财务状况和预算执行结果等的书面文件，由会计报表及其附注构成。会计报表包括资产负债表、收入支出表、财政拨款收入支出表等。

行政单位财务报表，是根据日常账簿提供的核算资料，通过整理、汇总而编制的用以反映会计主体一定时期的财务状况和预算执行结果的书面文件。它综合、系统、全面地反映了行政单位预算收支活动的情况，对于加强预算管理和单位财务管理具有重要作用。它提供行政单位资金供应者及行政单位管理层监督、管理所需的会计信息。其主要作用表现在：

（1）各单位利用财务报表及其他有关资料，可以分析和检查单位预算的执行情况，发现预算管理和财务管理工作中存在的问题，以便采取有效措施，改进预算管理工作，提高财务管理水平。

（2）各级主管部门利用下级单位的财务报表，可以考核各单位执行国家有关方针、政策的情况，督促各单位认真遵守财经制度与法规，维护财经纪律。主管部门对全系统的会计报表汇总后，还可以分析和检查全系统的预算执行情况，提高全系统的预算管理水平。

（3）财政机关利用行政单位上报的财务报表，便于掌握各单位的预算执行进度，正确地核算预算支出，还可以了解各单位执行预算的情况和存在的问题，指导各单位做好预算会计工作，提高预算管理质量。

二、财务报表的编报要求

（1）行政单位应当根据行政单位会计制度编制并提供真实、完整的财务报表。行政单位不得违反规定，随意改变本制度规定的会计报表格式、编制依据和方法，不得随意改变本制度规定的会计报表有关数据的会计口径。

（2）行政单位的财务报表应当根据登记完整、核对无误的账簿记录和其他有关资料编制，要做到数字真实、计算准确、内容完整、报送及时。

（3）行政单位财务报表应当由单位负责人和主管会计工作的负责人、会计机构负责人（会计主管人员）签名并盖章。

第二节　资产负债表

一、资产负债表及其格式

资产负债表是反映行政单位在某一特定日期财务状况的报表。行政单位资产负债表至少按照年度编制。行政单位资产负债表的平衡等式为："资产 =负债+净资产"。

行政单位的资产负债表应当按照资产、负债和净资产分类、分项列示。资产负债表分为左右两方：左方是资产各个项目，又称资产部类；右方是负债和净资产各个项目，又称负债部类。左右两方总额平衡。资产负债表的参考格式如表 17-1 所示。

表 17-1　　资产负债表　　会行政 01 表

编制单位：　　年　月　日　　单位：元

资产	年初余额	期末余额	负债和净资产	年初余额	期末余额
流动资产：			流动负债：		
库存现金			应缴财政款		
银行存款			应缴税费		
财政应返还额度			应付职工薪酬		
应收账款			应付账款		
预付账款			应付政府补贴款		
其他应收款			其他应付款		
存货			一年内到期的非流动负债		
流动资产合计			流动负债合计		
固定资产			非流动负债：		
固定资产原价			长期应付款		
减：固定资产累计折旧			受托代理负债		
在建工程			负债合计		
无形资产					
无形资产原价					
减：累计摊销					
待处理财产损溢			财政拨款结转		
政府储备物资			财政拨款结余		
公共基础设施			其他资金结转结余		
公共基础设施原价			其中：项目结转		
减：公共基础设施累计折旧			资产基金		
公共基础设施在建工程			待偿债净资产		
受托代理资产			净资产合计		
资产总计			负债和净资产总计		

二、资产负债表的编制方法

资产负债表各项目均设有两栏，即“年初余额”和“期末余额”。其中，“年初余额”栏内各项数字，应当根据上年年末资产负债表“期末余额”栏内数字填列。如果本年度资产负债表规定的各个项目的名称和内容同上年度不相一致，应对上年年末资产负债表各项目的名称和数字按照本年度的规定进行调整，填入本表“年初余额”栏内。“期末余额”应根据期末有关各账户的余额和其他有关资料填列。

本表“期末余额”栏各项目的内容和填列方法说明如下：

（一）资产类项目

（1）“库存现金”项目，反映行政单位期末库存现金的金额。本项目应当根据“库存现金”账户的期末余额填列；期末库存现金中有属于受托代理现金的，本项目应当根据“库存现金”账户的期末余额减去其中属于受托代理的现金金额后的余额填列。

（2）“银行存款”项目，反映行政单位期末银行存款的金额。本项目应当根据“银行存款”账户的期末余额填列；期末银行存款中有属于受托代理存款的，本项目应当根据“银行存款”账户的期末余额减去其中属于受托代理的存款金额后的余额填列。

（3）“财政应返还额度”项目，反映行政单位期末财政应返还额度的金额。本项目应当根据“财政应返还额度”账户的期末余额填列。

（4）“应收账款”项目，反映行政单位期末尚未收回的应收账款金额。本项目应当根据“应收账款”账户的期末余额填列。

（5）“预付账款”项目，反映行政单位预付给物资或者服务提供者款项的金额。本项目应当根据“预付账款”账户的期末余额填列。

（6）“其他应收款”项目，反映行政单位期末尚未收回的其他应收款余额。本项目应当根据“其他应收款”账户的期末余额填列。

（7）“存货”项目，反映行政单位期末为开展业务活动耗用而储存的存货的实际成本。本项目应当根据“存货”账户的期末余额填列。

（8）“固定资产”项目，反映行政单位期末各项固定资产的账面价值。本项目应当根据“固定资产”账户的期末余额减去“累计折旧”账户中“固定资产累计折旧”明细账户的期末余额后的金额填列。

“固定资产原价”项目，反映行政单位期末各项固定资产的原价。本项目应当根据“固定资产”账户的期末余额填列。

“固定资产累计折旧”项目，反映行政单位期末各项固定资产的累计折旧金额。本项目应当根据“累计折旧”账户中“固定资产累计折旧”明细账户的期末余额填列。

（9）“在建工程”项目，反映行政单位期末除公共基础设施在建工程以外的尚未完工交付使用的在建工程的实际成本。本项目应当根据“在建工程”账户中属于非公共基础设施在建工程的期末余额填列。

（10）“无形资产”项目，反映行政单位期末各项无形资产的账面价值。本项目应当根据“无形资产”账户的期末余额减去“累计摊销”账户的期末余额后的金额填列。

“无形资产原价”项目，反映行政单位期末各项无形资产的原价。本项目应当根据“无形资产”账户的期末余额填列。

“累计摊销”项目，反映行政单位期末各项无形资产的累计摊销金额。本项目应当根据“累计摊销”账户的期末余额填列。

（11）“待处理财产损溢”项目，反映行政单位期末待处理财产的价值及处理损溢。本项目应当根据“待处理财产损溢”账户的期末借方余额填列。如“待处理财产损溢”账户期末为贷方余额，则以“-”号填列。

（12）“政府储备物资”项目，反映行政单位期末储存管理的各种政府储备物资的实际成本。本项目应当根据“政府储备物资”账户的期末余额填列。

（13）“公共基础设施”项目，反映行政单位期末占有并直接管理的公共基础设施的账面价值。本项目应当根据“公共基础设施”账户的期末余额减去“累计折旧”账户中“公共基础设施累计折旧”明细账户的期末余额后的金额填列。

“公共基础设施原价”项目，反映行政单位期末占有并直接管理的公共基础设施的原价。本项目应当根据“公共基础设施”账户的期末余额填列。

“公共基础设施累计折旧”项目，反映行政单位期末占有并直接管理的公共基础设施的累计折旧金额。本项目应当根据“累计折旧”账户中“公共基础设施累计折旧”明细账户的期末余额填列。

（14）“公共基础设施在建工程”项目，反映行政单位期末尚未完工交付使用的公共基础设施在建工程的实际成本。本项目应当根据“在建工程”账户中属于公共基础设施在建工程的期末余额填列。

（15）“受托代理资产”项目，反映行政单位期末受托代理资产的价值。本项目应当根据“受托代理资产”账户的期末余额（扣除其中受托储存管理物资的金额）加上“库存现金”、“银行存款”账户中属于受托代理资产的现金余额和银行存款余额的合计数填列。

（二）负债类项目

（16）“应缴财政款”项目，反映行政单位期末按规定应当上缴财政的款项（应缴税费除外）。本项目应当根据“应缴财政款”账户的期末余额填列。

（17）“应缴税费”项目，反映行政单位期末应缴未缴的各种税费。本项目应当根据“应缴税费”账户的期末贷方余额填列。如“应缴税费”账户期末为借方余额，则以“-”号填列。

（18）“应付职工薪酬”项目，反映行政单位期末尚未支付给职工的各种薪酬。本项目应当根据“应付职工薪酬”账户的期末余额填列。

（19）“应付账款”项目，反映行政单位期末尚未支付的偿还期限在1年以内（含1年）的应付账款的金额。本项目应当根据“应付账款”账户的期末余额填列。

（20）“应付政府补贴款”项目，反映行政单位期末尚未支付的应付政府补贴款的金额。本项目应当根据“应付政府补贴款”账户的期末余额填列。

（21）“其他应付款”项目，反映行政单位期末尚未支付的其他各项应付及暂收款项的金额。本项目应当根据“其他应付款”账户的期末余额填列。

（22）“一年内到期的非流动负债”项目，反映行政单位期末承担的1年以内（含1年）到偿还期的非流动负债。本项目应当根据“长期应付款”等账户的期末余额分析填列。

（23）“长期应付款”项目，反映行政单位期末承担的偿还期限超过1年的应付款项。本项目应当根据“长期应付款”账户的期末余额减去其中1年以内（含1年）到偿还期的长期应付款金额后的余额填列。

（24）“受托代理负债”项目，反映行政单位期末受托代理负债的金额。本项目应当根据“受托代理负债”账户的期末余额（扣除其中受托储存管理物资对应的金额）填列。

（三）净资产类项目

（25）“财政拨款结转”项目，反映行政单位期末滚存的财政拨款结转资金。本项目应当根据“财政拨款结转”账户的期末余额填列。

（26）“财政拨款结余”项目，反映行政单位期末滚存的财政拨款结余资金。本项目应当根据“财政拨款结余”账户的期末余额填列。

（27）“其他资金结转结余”项目，反映行政单位期末滚存的除财政拨款以外的其他资金结转结余的金额。本项目应当根据“其他资金结转结余”账户的期末余额填列。

“项目结转”项目，反映行政单位期末滚存的非财政拨款未完成项目结转资金。本项目应当根据“其他资金结转结余”账户中“项目结转”明细账户的期末余额填列。

（28）“资产基金”项目，反映行政单位期末预付账款、存货、固定资产、在建工程、无形资产、政府储备物资、公共基础设施等非货币性资产在净资产中占用的金额。本项目应当根据“资产基金”账户的期末余额填列。

（29）“待偿债净资产”项目，反映行政单位期末因应付账款和长期应付款等负债而相应需在净资产中冲减的金额。本项目应当根据“待偿债净资产”账户的期末借方余额以“-”号填列。

（四）行政单位按月编制资产负债表的，应当遵照以下规定

（1）月度资产负债表应在资产部分“银行存款”项目下增加“零余额账户用款额度”项目。

（2）“零余额账户用款额度”项目，反映行政单位期末零余额账户用款额度的金额。本项目应当根据“零余额账户用款额度”账户的期末余额填列。

(3)“财政拨款结转”项目。本项目应当根据“财政拨款结转”账户的期末余额，加上“财政拨款收入”账户本年累计发生额，减去“经费支出——财政拨款支出”账户本年累计发生额后的余额填列。

(4)“其他资金结转结余”项目。本项目应当根据“其他资金结转结余”账户的期末余额，加上“其他收入”账户本年累计发生额，减去“经费支出——其他资金支出”账户本年累计发生额，再减去“拨出经费”账户本年累计发生额后的余额填列。

“项目结转”项目。本项目应当根据“其他资金结转结余”账户中“项目结转”明细账户的期末余额，加上“其他收入”账户中项目收入的本年累计发生额，减去“经费支出——其他资金支出”账户中项目支出本年累计发生额，再减去“拨出经费”科目中项目支出本年累计发生额后的余额填列。

(5) 月度资产负债表其他项目的填列方法与年度资产负债表的填列方法相同。

第三节　收入支出表

一、收入支出表及其格式

收入支出表是反映行政单位在某一会计期间全部预算收支执行结果的报表。

收入支出表应当按照收入、支出的构成和结转结余情况分类、分项列示。

收入支出表应当按照月度和年度编制。

收入支出表的参考格式如表 17-2 所示。

二、收入支出表的编制方法

收入支出表设“本月数”和“本年累计数”两栏。其中，“本月数”栏反映各项目的本月实际发生数。在编制年度收入支出表时，应当将本栏改为“上年数”，反映上年度各项目的实际发生数；如果本年度收入支出表规定的各个项目的名称和内容同上年度不一致，应对上年度收入支出表各项目的名称和数字按照本年度的规定进行调整，填入本年度收入支出表的“上年数”栏。

“本年累计数”栏反映各项目自年初起至报告期末止的累计实际发生数。编制年度收入支出表时，应当将本栏改为“本年数”。

本表“本月数”栏各项目的内容和填列方法如下：

(1)“年初各项资金结转结余”项目及其所属各明细项目，反映行政单位本年初所有资金结转结余的金额。各明细项目应当根据“财政拨款结转”、“财政拨款结余”、“其他资金结转结余”及其明细账户的年初余额填列。本项目及其所属各明细项目的数额，应当与上年度收入支出表中“年末各项资金结转结余”中各明细项目的数额相等。

表 17-2 **收入支出表** 会行政 02 表

编制单位： 年 月 日 单位：元

项　目	本月数	本年累计数
一、年初各项资金结转结余		
（一）年初财政拨款结转结余		
1. 财政拨款结转		
2. 财政拨款结余		
（二）年初其他资金结转结余		
二、各项资金结转结余调整及变动		
（一）财政拨款结转结余调整及变动		
（二）其他资金结转结余调整及变动		
三、收入合计		
（一）财政拨款收入		
1. 基本支出拨款		
2. 项目支出拨款		
（二）其他资金收入		
1. 非项目收入		
2. 项目收入		
四、支出合计		
（一）财政拨款支出		
1. 基本支出		
2. 项目支出		
（二）其他资金支出		
1. 非项目支出		
2. 项目支出		
五、本期收支差额		
（一）财政拨款收支差额		
（二）其他资金收支差额		
六、年末各项资金结转结余		
（一）年末财政拨款结转结余		
1. 财政拨款结转		
2. 财政拨款结余		
（二）年末其他资金结转结余		

（2）“各项资金结转结余调整及变动”项目及其所属各明细项目，反映行政单

位因发生需要调整以前年度各项资金结转结余的事项，以及本年因调入、上缴或交回等导致各项资金结转结余变动的金额。

①“财政拨款结转结余调整及变动”项目，根据“财政拨款结转”、“财政拨款结余”账户下的“年初余额调整”、“归集上缴”、“归集调入”明细账户的本期贷方发生额合计数减去本期借方发生额合计数的差额填列。如为负数，以“-”号填列。

②“其他资金结转结余调整及变动”项目，根据“其他资金结转结余”账户下的“年初余额调整”、“结余调剂”明细账户的本期贷方发生额合计数减去本期借方发生额合计数的差额填列。如为负数，以“-”号填列。

(3)“收入合计”项目，反映行政单位本期取得的各项收入的金额。本项目应当根据“财政拨款收入”账户的本期发生额加上“其他收入”账户的本期发生额的合计数填列。

①“财政拨款收入”项目及其所属明细项目，反映行政单位本期从同级财政部门取得的各类财政拨款的金额。本项目应当根据“财政拨款收入”账户及其所属明细账户的本期发生额填列。

②“其他资金收入”项目及其所属明细项目，反映行政单位本期取得的各类非财政拨款的金额。本项目应当根据“其他收入”账户及其所属明细账户的本期发生额填列。

(4)“支出合计”项目，反映行政单位本期发生的各项资金支出金额。本项目应当根据“经费支出”和“拨出经费”账户的本期发生额的合计数填列。

①“财政拨款支出”项目及其所属明细项目，反映行政单位本期发生的财政拨款支出金额。本项目应当根据“经费支出——财政拨款支出”账户及其所属明细账户的本期发生额填列。

②“其他资金支出”项目及其所属明细项目，反映行政单位本期使用各类非财政拨款资金发生的支出金额。本项目应当根据“经费支出——其他资金支出”和“拨出经费”账户及其所属明细账户的本期发生额的合计数填列。

(5)“本期收支差额”项目及其所属各明细项目，反映行政单位本期发生的各项资金收入和支出相抵后的余额。

①“财政拨款收支差额”项目，反映行政单位本期发生的财政拨款资金收入和支出相抵后的余额。本项目应当根据本表中“财政拨款收入”项目金额减去“财政拨款支出”项目金额后的余额填列。如为负数，以“-”号填列。

②“其他资金收支差额”项目，反映行政单位本期发生的非财政拨款资金收入和支出相抵后的余额。本项目应当根据本表中“其他资金收入”项目金额减去“其他资金支出”项目金额后的余额填列。如为负数，以“-”号填列。

(6)“年末各项资金结转结余”项目及其所属各明细项目，反映行政单位截至本年末的各项资金结转结余金额。各明细项目应当根据“财政拨款结转”、“财政拨款结余”、“其他资金结转结余”账户的年末余额填列。

上述“年初各项资金结转结余”、“年末各项资金结转结余”项目及其所属各明细项目，只在编制年度收入支出表时填列。

第四节 财政拨款收入支出表

一、财政拨款收入支出表及其格式

财政拨款收入支出表是反映行政单位在某一会计期间财政拨款收入、支出、结转及结余情况的报表。

行政单位的财政拨款收入支出表应当至少按照年度编制。

财政拨款收入支出表的“项目”栏内各项目，应当根据行政单位取得的财政拨款种类分项设置；其中“项目支出”下，根据每个项目设置；行政单位取得除公共财政预算拨款和政府性基金预算拨款以外的其他财政拨款的，应当按照财政拨款种类增加相应的资金项目及其明细项目。收入支出表的参考格式如表 17－3 所示。

表 17－3　　财政拨款收入支出表　　会行政 03 表

编制单位：　　年度　　单位：元

项目	年初财政拨款结转结余		调整年初财政拨款结转结余	归集调入或上缴	单位内部调剂		本年财政拨款收入	本年财政拨款支出	年末财政拨款结转结余	
	结转	结余			结转	结余			结转	结余
一、公共财政预算资金										
(一) 基本支出										
1. 人员经费										
2. 日常公用经费										
(二) 项目支出										
1. xx项目										
2. xx项目										
…										
二、政府性基金预算资金										
(一) 基本支出										
1. 人员经费										
2. 日常公用经费										
(二) 项目支出										
1. xx项目										
2. xx项目										
…										
总计										

二、财政拨款收入支出表的编制

本表各栏及其对应项目的内容和填列方法如下：

（1）“年初财政拨款结转结余”栏中各项目，反映行政单位年初各项财政拨款结转和结余的金额。各项目应当根据“财政拨款结转”、“财政拨款结余”及其明细账户的年初余额填列。本栏目中各项目的数额，应当与上年度财政拨款收入支出表中“年末财政拨款结转结余”栏中各项目的数额相等。

（2）“调整年初财政拨款结转结余”栏中各项目，反映行政单位对年初财政拨款结转结余的调整金额。各项目应当根据“财政拨款结转”、“财政拨款结余”账户中“年初余额调整”账户及其所属明细账户的本年发生额填列。如调整减少年初财政拨款结转结余，以“-”号填列。

（3）“归集调入或上缴”栏中各项目，反映行政单位本年取得主管部门归集调入的财政拨款结转结余资金和按规定实际上缴的财政拨款结转结余资金金额。各项目应当根据“财政拨款结转”、“财政拨款结余”账户中“归集上缴”和“归集调入”账户及其所属明细账户的本年发生额填列。对归集上缴的财政拨款结转结余资金，以“-”号填列。

（4）“单位内部调剂”栏中各项目，反映行政单位本年财政拨款结转结余资金在内部不同项目之间的调剂金额。各项目应当根据“财政拨款结转”和“财政拨款结余”账户中的“单位内部调剂”及其所属明细账户的本年发生额填列。对单位内部调剂减少的财政拨款结转结余项目，以“-”号填列。

（5）“本年财政拨款收入”栏中各项目，反映行政单位本年从同级财政部门取得的各类财政预算拨款金额。各项目应当根据“财政拨款收入”账户及其所属明细账户的本年发生额填列。

（6）“本年财政拨款支出”栏中各项目，反映行政单位本年发生的财政拨款支出金额。各项目应当根据“经费支出”账户及其所属明细账户的本年发生额填列。

（7）“年末财政拨款结转结余”栏中各项目，反映行政单位年末财政拨款结转结余的金额。各项目应当根据“财政拨款结转”、“财政拨款结余”账户及其所属明细账户的年末余额填列。

第五节　会计报表附注

会计报表附注是指对在会计报表中列示项目的文字描述或明细资料，以及对未能在会计报表中列示项目的说明等。它是行政单位会计报表的重要组成部分。

会计报表附注应当至少按照年度编制。

行政单位的报表附注应当至少披露下列内容：

（1）遵循《行政单位会计制度》的声明；

（2）单位整体财务状况、预算执行情况的说明；

（3）会计报表中列示的重要项目的进一步说明，包括其主要构成、增减变动情况等；

（4）重要资产处置、资产重大损失情况的说明；

（5）以名义金额计量的资产名称、数量等情况，以及以名义金额计量理由的说明；

（6）或有负债情况的说明、1 年以上到期负债预计偿还时间和数量的说明；

（7）以前年度结转结余调整情况的说明；

（8）有助于理解和分析会计报表的其他需要说明事项。

本章小结

行政单位财务报表是反映行政单位财务状况和预算执行结果等的书面文件，由会计报表及其附注构成。会计报表包括资产负债表、收入支出表、财政拨款收入支出表等。

资产负债表是反映行政单位在某一特定日期财务状况的报表。

收入支出表是反映行政单位在某一会计期间全部预算收支执行结果的报表。

财政拨款收入支出表是反映行政单位在某一会计期间财政拨款收入、支出、结转及结余情况的报表。

会计报表附注是指对在会计报表中列示项目的文字描述或明细资料，以及对未能在会计报表中列示项目的说明等。

行政单位资产负债表、财政拨款收入支出表和附注应当至少按照年度编制，收入支出表应当按照月度和年度编制。

思考题

1. 什么是行政单位的财务报表？行政单位的财务报表主要包括哪些种类？
2. 什么是行政单位的资产负债表？如何编制？
3. 什么是行政单位的收入支出表？如何编制？
4. 什么是财政拨款收入支出表？如何编制？
5. 什么是行政单位的会计报表附注？主要包括哪些内容？

第三篇　非营利组织会计

第十八章　事业单位会计概述

学习目标

通过本章的学习，了解事业单位及其特征，掌握事业单位会计的概念及特点，熟知事业单位会计核算的一般原则及会计账户。

第一节　事业单位会计的概念与特点

一、事业单位及其特征

"非营利组织"的概念是从美国的会计理论中借鉴过来的。非营利组织有广义和狭义之分：广义的非营利组织包括政府组织；狭义的非营利组织是指不具有物质产品生产和国家行政管理职能，主要以精神产品和各种服务形式向社会公众提供产品、服务，不以营利为目的的各类组织机构，如科教文化、公益性、社会福利等事业单位，以及宗教、基金会等组织。

在我国，按照非营利组织的资金来源，可以将非营利组织划分为公立非营利组织和私立非营利组织。主要依靠国家财政拨款作为非营利组织业务活动资金来源的非营利组织，称为公立非营利组织，也称为国有事业单位；主要依靠民间投资作为非营利组织业务活动资金来源的非营利组织，称为私立非营利组织，也称为民间非营利组织。

本教材以狭义非营利组织的事业单位为研究对象。

所谓事业单位是指受国家机关领导，不具有社会生产职能和国家管理职能，直接或间接地为上层建筑、经济建设和人民生活服务的单位，主要包括：教育事业单位、科学技术事业单位、文化事业单位、体育事业单位、广播电视事业单位、新闻出版事业单位、文物事业单位林业园林事业单位、气象事业单位、医疗卫生事业单位、环保环卫事业单位等。

以上事业单位尽管所属行业或部门不尽相同，各自所从事的业务活动也存在差异，但它们都具有不以营利为目的以及不具有社会管理职能的特点，从而区别于企业和行政单位。

事业单位具备如下特征：

1. 依法设立的社会组织

根据《事业单位登记管理暂行条例》的规定，事业单位经县级以上各级人民政府及有关主管部门批准成立后，应当依照规定登记或者备案。事业单位的设立应当具备法人条件，需要经审批机关批准，有规范的名称和组织机构，有稳定的场所，有明确的宗旨和业务范围，有与其业务范围相适应的从业人员，要求有一定数额的开办资金和经费来源渠道，能够独立承担民事责任。

2. 从事公益服务

事业单位的目的是向社会提供各类公益性服务，其活动领域较为广泛，主要集中在教育、科技、文化、卫生等涉及人民群众公共利益的服务活动，一般不履行行政管理职能。

3. 不以营利为目的

事业单位一般不从事生产经营活动，经费来源有的需要财政完全保证，有的是通过从事一些经批准的服务活动取得部分收入，但取得的收入只能用于事业单位的再发展。

据统计，目前中国有126万个事业单位，在3 000万名正式职工中，教育、卫生和农技服务从业人员三项相加，占总人数的3/4，其中教育系统人员达到一半左右。可见，科教文卫是中国非营利组织的主体。

因此，本篇只介绍通用的事业单位会计。

二、事业单位会计的概念

事业单位会计是核算和监督各级各类事业单位财务状况、事业成果及预算执行等有关会计信息及其受托责任履行情况的专业会计，是政府与非营利组织会计的重要组成部分。

我国《事业单位会计准则》规定，事业单位会计核算的目标是向会计信息使用者提供与事业单位财务状况、事业成果、预算执行等有关的会计信息，反映事业单位受托责任的履行情况，有助于会计信息使用者进行社会管理、作出经济决策。

事业单位会计信息使用者包括政府及其有关部门、举办（上级）单位、债权人、事业单位自身和其他利益相关者。

三、事业单位会计的特点

事业单位会计的特点主要体现以下方面：

（1）事业单位存在多层次会计主体。根据行政隶属和经费申报关系，事业单位会计可分为二级或三级，相应地要进行二级或三级会计核算。

（2）事业单位会计核算一般采用收付实现制，但部分经济业务或者事项的核算应当按照《事业单位会计制度》的规定采用权责发生制。

（3）事业单位收入来源多渠道，支出使用多用途。收入来源有财政补助收入、上级补助收入、事业收入、经营收入、附属单位上缴收入、其他收入。支出用途有事业支出、经营支出、上缴上级支出、对附属单位补助支出、其他支出。

（4）事业单位的财政补助资金、财政补助资金以外的各专项资金及非专项资金均单独核算，并单独核算财政拨款结转。

第二节　事业单位会计核算原则

为了规范事业单位的会计核算，保证会计信息质量，促进公益事业健康发展，根据《中华人民共和国会计法》等有关法律、行政法规，由财政部制定了《事业单位会计准则》和《事业单位会计制度》。该准则分为总则、一般原则、资产、负债、净资产、收入、支出、会计报表、附则等九章，并分49项条款对有关问题进行规范，该准则适用于我国各级各类国有事业单位。《事业单位会计制度》分为总说明、通用事业单位会计账户、会计账户使用说明、会计报表格式及财务报表编制说明部分。上述准则和制度均于2013年1月1日起在全国范围内统一实施。

事业单位在进行会计核算时，应当遵循如下一般原则：

1. 客观性原则

事业单位应当以实际发生的经济业务或者事项为依据进行会计核算，如实反映各项会计要素的情况和结果，保证会计信息真实可靠。

2. 全面性原则

事业单位应当将发生的各项经济业务或者事项统一纳入会计核算，确保会计信息能够全面反映事业单位的财务状况、事业成果、预算执行等情况。

3. 专款专用原则

专款专用原则是指对于有指定用途的资金，应当按规定的用途使用，并单独核算反映。

4. 及时性原则

事业单位对于已经发生的经济业务或者事项，应当及时进行会计核算，不得提前或者延后。

5. 可比性原则

事业单位提供的会计信息应当具有可比性。同一事业单位不同时期发生的相同或者相似的经济业务或者事项，应当采用一致的会计政策，不得随意变更。确需变更的，应当将变更的内容、理由和对单位财务状况及事业成果的影响在附注中予以说明。同类事业单位中不同单位发生的相同或者相似的经济业务或者事项，应当采用统一的会计政策，确保同类单位会计信息口径一致，相互可比。

6. 相关性原则

事业单位提供的会计信息应当与事业单位受托责任履行情况的反映、会计信息使用者的管理、决策需要相关，有助于会计信息使用者对事业单位过去、现在或者未来的情况作出评价或者预测。

7. 明晰性原则

事业单位提供的会计信息应当清晰明了，便于会计信息使用者理解和使用。

第三节 事业单位会计要素与会计科目

事业单位会计根据其业务需要设置资产、负债、净资产、收入、支出五个会计要素。

按事业单位会计要素的类别，事业单位会计科目可分为资产、负债、净资产、收入和支出或费用五类。各会计要素的内涵和具体内容各具特点，因而在总账科目设置上，必须适应事业单位会计核算的特点，以满足事业单位资金管理的需要。各类事业单位统一适用的会计科目表如表18-1所示。

为了规范事业单位会计核算，事业单位会计科目参照我国现行的《事业单位会计制度》。《事业单位会计制度》中规定的会计科目是各级各类事业单位的通用会计科目，是总账会计科目。由于事业单位包括的范围较广，不同类别的公立非营利组织的业务有其特殊性，因此，国家在通用会计制度的基础上，又分教育、卫生、科研等类事业单位，分别制定了高等学校会计制度、医院会计制度、科学事业单位会计制度等事业单位会计制度。各单位应根据其业务的内容和繁简程度，选择合适的总账账户，并据此设置总账。

表 18-1　　　　**事业单位会计科目表**

编号	科目名称	编号	科目名称
	一、资产类		三、净资产类
1001	库存现金	3001	事业基金
1002	银行存款	3101	非流动资产基金
1011	零余额账户用款额度	30101	长期投资
1101	短期投资	30102	固定资产
1201	财政应返还额度	30103	在建工程
120101	财政直接支付	30104	无形资产
120102	财政授权支付	3201	专用基金
1211	应收票据	3301	财政补助结转
1212	应收账款	330101	基本支出结转
1213	预付账款	330102	项目支出结转
1215	其他应收款	3302	财政补助财政拨款结转
1301	存货	3401	非财政补助结转
1401	长期投资	3402	事业财政拨款结转
1501	固定资产	3403	经营财政拨款结转
1502	累计折旧	3404	非财政补助财政拨款结转分配
1511	在建工程		四、收入类
1601	无形资产	4001	财政补助收入
1602	累计摊销	4101	事业收入
1701	待处置资产损溢	4201	上级补助收入
	二、负债类	4301	附属单位上缴收入
2001	短期借项	4401	经营收入
2101	应缴税费	4501	其他收入
2102	应缴国库款		五、支出类
2103	应缴财政专户款	5001	事业支出
2201	应付职工薪酬	5101	上缴上级支出
2301	应付票据	5201	对附属单位补助支出
2302	应付账款	5301	经营支出
2303	预收账款	5401	其他支出
2305	其他应付款		
2401	长期借款		
2402	长期应付款		

表 18-1 所列会计科目是总账科目，它提供预算资金和经营资金活动的总括资料。为了满足预算管理需要以及会计核算要求，还应设置明细科目，以提供关于预

算资金和经资金活动的详细具体的资料。

本章小结

在我国，按照非营利组织的资金来源，可以将非营利组织划分为公立非营利组织和私立非营利组织。公立非营利组织也称为国有事业单位；私立非营利组织也称为民间非营利组织。

事业单位会计是核算和监督各级各类事业单位财务状况、事业成果及预算执行等有关会计信息及其受托责任履行情况的专业会计，是政府与非营利组织会计的重要组成部分。

事业单位会计的特点包括：事业单位存在多层次会计主体；事业单位会计核算一般采用收付实现制，但部分经济业务或者事项的核算采用权责发生制；事业单位收入来源多渠道，支出使用多用途；事业单位的各项资金均单独核算。

事业单位会计核算的一般原则包括：客观性原则、全面性原则、专款专用原则、可比性原则、相关性原则和明晰性原则。

事业单位会计设置资产、负债、净资产、收入、支出五个会计要素。按事业单位会计要素的类别，事业单位会计账户可分为资产、负债、净资产、收入和支出或费用五类

思考题

1. 如何理解事业单位及其特征？
2. 什么是事业单位会计？
3. 事业单位会计有哪些特征？
4. 简述事业单位会计核算包括的一般原则。
5. 事业单位会计核算均采用收付实现制会计基础吗？为什么？

第十九章

事业单位资产的核算

学习目标

通过本章的学习，掌握事业单位资产的概念，了解事业单位资产的管理及分类，掌握事业单位流动资产和非流动资产的具体内容及其会计处理。

资产是指事业单位占有或者使用的能以货币计量的经济资源，包括各种财产、债权和其他权利。

事业单位应当建立健全单位资产管理制度，加强和规范资产配置、使用和处置管理，维护资产安全完整，保障事业健康发展。事业单位应当按照科学规范、从严控制、保障事业发展需要的原则合理配置资产。

事业单位的资产按照流动性，分为流动资产和非流动资产。

第一节 流动资产

流动资产是指预计在1年内（含1年）变现或者耗用的资产，包括货币资金、短期投资、应收及预付款项、存货等。

一、货币资金

事业单位的货币资金包括库存现金、银行存款、零余额账户用款额度。

（一）库存现金

1. 库存现金的概念与管理

库存现金是存放在事业单位会计部门的现金，包括库存人民币和库存外币。库存现金主要用于事业单位的日常零星开支。

库存现金是流动性最强的资产。事业单位办理各项现金收付业务，应严格遵守国家的现金管理制度和结算制度的规定，严格执行现金的收支手续，如实反映现金的收支和结存情况，保证现金的安全，具体管理要求如下：

（1）遵守现金的使用范围。事业单位应在《现金管理暂行条例》规定的范围内使用现金。事业单位不可在规定范围之外随意使用现金，其他开支必须通过银行转账支付。

（2）严格现金收付手续。事业单位办理任何现金收支，都必须以合法的原始凭证作依据。出纳员付出现金后，应当在原始单据上加盖“现金付讫”戳记。收到现金后，都应当开给对方收款收据。

（3）遵守库存现金的限额。为了既保证各单位使用现金的需要，又防止积压现金和保障现金的安全，银行对各单位核定了库存现金限额。各单位超过库存现金核准的限额，应及时送存银行。

（4）不得坐支现金。坐支是指用收入的现金直接办理现金支出。各单位收入的现金，应于当日或规定的时间内送存开户银行，需要支付现金时，从本单位的库存现金限额中支付，或者从银行提取，不得从本单位现金收入中直接支付。因特殊情况需坐支现金的，应当事先报经开户银行审查批准。

（5）如实反映现金库存情况。收付现金要及时记账，每天业务终了要结出余额，做到日清月结，账款相符。出纳人员在将账面库存与实际库存核对时，如发现长款或短款，应及时查明原因，作出处理。

2. 库存现金的核算

为了核算库存现金的收支及结存情况，事业单位应设置“库存现金”账户。事业单位库存现金业务的主要账务处理如下：

（1）收到现金时，借记“库存现金”账户，贷记“零余额账户用款额度”、“银行存款”、“事业收入”、“经营收入”、“其他收入”等有关账户。

（2）支出现金时，借记“事业支出”、“经营支出”等有关账户，贷记“库存现金”账户。

(3) 每日账款核对中发现现金溢余或短缺的，应当及时进行处理。如发现现金溢余，属于应支付给有关人员或单位的部分，借记“库存现金”账户，贷记“其他应付款”账户；属于无法查明原因的部分，借记“库存现金”账户，贷记“其他收入”账户。如发现现金短缺，属于应由责任人赔偿的部分，借记“其他应收款”账户，贷记“库存现金”账户；属于无法查明原因的部分，报经批准后，借记“其他支出”账户，贷记“库存现金”账户。

本账户期末为借方余额，反映事业单位实际持有的库存现金。

【例 19-1】某事业单位 2012 年 2 月 5 日从单位零余额账户中提取现金 900 元。应做会计分录：

借：库存现金	900	
贷：零余额账户用款额度		900

【例 19-2】某事业单位职工王山预借差旅费 2 000 元。应做会计分录：

借：其他应收款——王山	2 000	
贷：库存现金		2 000

【例 19-3】某事业单位职工王山报销差旅费 1 600 元（原借款 2 000 元）。应做会计分录：

借：事业支出	1 600	
库存现金	400	
贷：其他应收款——王山		2 000

【例 19-4】某事业单位以现金 580 元购买办公用品，存入仓库。应做会计分录：

借：存货	580	
贷：库存现金		580

【例 19-5】某事业单位收到零星杂项现金收入 170 元。应做会计分录：

借：库存现金	170	
贷：其他收入		170

【例 19-6】某事业单位某日账款核对中发现现金溢余 110 元，经查实属于应支付给有关单位的资金。应做会计分录：

借：库存现金	110	
贷：其他应付款		110

现金收入业务较多、单独设有收款部门的事业单位，收款部门的收款员应当将每天所收现金连同收款凭据等一并交财务部门核收记账；或者将每天所收现金直接送存开户银行后，将收款凭据及向银行送存现金的凭证等一并交财务部门核收记账。

事业单位应当设置“库存现金日记账”，有外币现金的，应当分别按照人民币、各种外币设置“库存现金日记账”进行明细核算。库存现金日记账一般可以采用收付余三栏式日记账，由出纳人员根据收付款凭证，按照业务发生顺序逐笔登记。每日终了，应当计算当日的现金收入合计数、现金支出合计数和结余数，并将结余数与实际库存数核对，做到账款相符。月末终了，“库存现金日记账”的余额应与“库存现金”总账的余额相符。

（二）银行存款

1. 银行存款的概念与管理

银行存款是指事业单位存入银行或其他金融机构的货币资金，包括人民币存款和外币存款。事业单位货币资金的收付，除国家规定可以用现金办理的结算外，其余都必须通过银行办理转账结算。

按照中国人民银行《支付结算办法》规定，事业单位应在银行开立账户，以办理存款、取款和转账等结算业务。凡是在银行开立存款账户的公立非营利组织，必须遵守中国人民银行颁布的《银行账户管理办法》的各项规定。银行存款账户应由会计部门统一在银行开立，避免多头开户，以保证事业单位收支统管工作的顺利进行。各事业单位在办理银行存款开户时，应按银行规定填写“开户申请表”，经上级主管部门或同级财政机关审查同意后，连同盖有单位公章和有权支配款项的个人名章的印鉴卡片一并送开户银行，再经银行审查同意后方可开户。

事业单位在银行开户后，应严格遵守银行的各项规章制度，接受银行的监督和管理：银行存款户只供本单位使用，不准出租、出借、套用或转让给其他单位或个人使用；不准签发空头支票和其他远期支付的凭证；各种收支款项的凭证，必须如实填明款项的来源或用途，不得弄虚作假、套取现金、套购物资，严禁利用账户搞非法活动。

中国人民银行总行发布的《支付结算办法》规定，现行结算方式有：支票、银行汇票、银行本票、商业汇票、汇兑、委托收款、托收承付七种结算方式。事业单位发生的大量资金收付业务，可根据《支付结算办法》的规定，通过上述七种结算方式进行结算。

2. 银行存款的核算

为核算事业单位银行存款的收支和结存情况，事业单位会计应设置“银行存款”账户。事业单位收入银行存款时，借记“银行存款”账户，贷记“财政补助收入”、“上级补助收入”、“附属单位上缴收入”、“事业收入”、“经营收入”有关账户；事业单位支出银行存款时，借记“事业支出”、“经营支出”有关账户，贷记“银行存款”账户。

本账户期末借方余额，反映事业单位实际存放在银行或其他金融机构的款项。

事业单位发生外币业务的，应当按照业务发生当日（或当期期初，下同）的即期汇率，将外币金额折算为人民币记账，并登记外币金额和汇率。

期末，各种外币账户的外币余额应当按照期末的即期汇率折算为人民币，作为外币账户期末人民币余额。调整后的各种外币账户人民币余额与原账面人民币余额的差额，作为汇兑损益计入相关支出。

【例 19-7】某事业单位尚未纳入财政国库单一账户制度的核算，2012 年 11 月收到财政部门拨入事业经费 100 000 元，款项已通过银行收妥。应做会计分录：

借：银行存款 100 000

贷：财政补助收入 100 000

【例 19-8】某事业单位收到非独立核算的经营业务收入 10 000 元，增值税 1 700元，款项已通过银行收妥。应做会计分录：

借：银行存款 11 700

贷：经营收入 10 000

应缴税费——应缴增值税（销项税额） 1 700

【例 19-9】某事业单位开展专业业务活动取得收入 20 000 元，款项已存入银行。应做会计分录：

借：银行存款 20 000

贷：事业收入 20 000

【例 19-10】某事业单位开出转账支票一张，从银行存款中支付事业活动业务支出 16 000 元。应做会计分录：

借：事业支出 16 000

贷：银行存款 16 000

【例 19-11】某事业单位开出转账支票支付购买办公用品款 13 000 元。应做会计分录：

借：事业支出 13 000

贷：银行存款 13 000

为了随时掌握银行存款的收支和结存情况，事业单位应当按开户银行或其他金融机构、存款种类及币种等，分别设置“银行存款日记账”，由出纳人员根据收付款凭证，按照业务的发生顺序逐笔登记，每日终了应结出余额。“银行存款日记账”应定期与“银行对账单”核对，至少每月核对一次。月度终了，事业单位银行存款账面余额与银行对账单余额之间如有差额，必须逐笔查明原因并进行处理，按月编制“银行存款余额调节表”调节相符。

有外币存款的事业单位，应在“银行存款”账户下分别按人民币和各种外币设置“银行存款日记账”进行明细核算。事业单位外币存款业务发生时，按当日外汇汇率将外币金额折合为人民币记账，并登记外国货币金额和外汇汇率。年终（外币存款业务量大的单位可按季或月结算），按照期末外币余额和人民币外汇汇率进行调整，调整后的外币账户人民币余额与原账面余额的差额，作为汇兑损益，列入“事业支出”账户。

（三）零余额账户用款额度

1. 零余额账户用款额度的概念

实行财政国库单一账户的事业单位，财政部门为其在商业银行开设单位零余额账户。单位零余额账户用于财政部门授权支付。财政部门向某事业单位零余额账户的代理银行下达零余额账户用款额度时，该单位的单位零余额账户用款额度增加。事业单位可以根据经批准的单位预算和用款计划，自行向单位零余额账户的代理银行开具支付令，从单位零余额账户向收款人支付款项，或从单位零余额账户提取现金。代理银行在将事业单位开具的支付令与事业单位的单位预算和用款计划进行核对，并向收款人支付款项后，于当日通过事业单位的零余额账户与财政国库单一账户进行资金清算。资金清算后，事业单位零余额账户的余额为零，因此，该账户称为零余额账户。尽管如此，只要事业单位从单位零余额账户中支取的款项小于财政部门下达的单位零余额账户用款额度，事业单位零余额账户的用款额度仍然存放在代理银行。事业单位仍然可以继续通过单位零余额账户使用剩余的用款额度，实现支付。由此，零余额账户用款额度尽管只是一个用款额度，但它是事业单位可以随时使用的一项特殊的流动资产。

在财政国库单一账户制度下，财政部门在商业银行开设财政零余额账户。财政零余额账户用于财政直接支付。当事业单位根据经批准的部门预算和用款计划购买物品或服务时，向财政部门申请财政直接支付。财政部门经审校无误，向财政零余额账户的代理银行开具支付令，通过财政零余额账户将款项支付给收款人。每日终了，当代理银行与财政国库单一账户进行资金清算后，财政零余额账户的余额即为零。与单位零余额账户用款额度不同的是，事业单位不能自行向财政零余额账户开具支付令，只有财政部门才能向财政零余额账户开具支付令。因此，事业单位在财政零余额账户中的用款额度或预算指标不作为事业单位的资产反映。事业单位的零余额账户用款额度仅指单位零余额账户中的用款额度，即财政授权支付用款额度；不包括财政零余额账户中的用款额度，即财政直接支付用款额度。

在财政国库单一账户制度下，财政预算资金全部存放在国库单一账户。事业单位自行在银行开设的银行存款账户不存放财政预算资金。

2. 零余额账户用款额度的核算

为了核算实行国库集中支付的事业单位根据财政部门批复的用款计划收到和支用的零余额账户用款额度，事业单位应设置“零余额账户用款额度”总账账户。零余额账户用款额度的主要账务处理如下：

（1）在财政授权支付方式下，收到代理银行盖章的“授权支付到账通知书”时，根据通知书所列数额，借记“零余额账户用款额度”账户，贷记“财政补助收入”账户。

（2）按规定支用额度时，借记“事业支出”、“存货”等有关账户，贷记“零余额账户用款额度”账户。

（3）从零余额账户提取现金时，借记“库存现金”账户，贷记“零余额账户用款额度”账户。

（4）因购货退回等发生国库授权支付额度退回的，属于以前年度支付的款项，按照退回金额，借记“零余额账户用款额度”账户，贷记“财政补助结转”、“财政补助结余”、“存货”等有关账户；属于本年度支付的款项，按照退回金额，借记“零余额账户用款额度”账户，贷记“事业支出”、“存货”等有关账户。

下年初，事业单位依据代理银行提供的额度恢复到账通知书作恢复额度的相关账务处理，借记“零余额账户用款额度”账户，贷记“财政应返还额度——财政授权支付”账户。事业单位收到财政部门批复的上年末未下达零余额账户用款额度的，借记“零余额账户用款额度”账户，贷记“财政应返还额度——财政授权支付”账户。

本账户期末借方余额，反映事业单位尚未支用的零余额账户用款额度。本账户年末应无余额。

【例 19-12】某事业单位实行国库单一账户制度。2011 年 7 月 6 日收到单位零余额账户代理银行转来的财政授权支付到账通知书，获得财政授权支付额度 390 000元。应做会计分录：

借：零余额账户用款额度　　390 000

　贷：财政补助收入　　390 000

【例 19-13】从单位零余额账户提取现金 900 元备日常支出。应做会计分录：

借：库存现金　　900

　贷：零余额账户用款额度　　900

【例 19-14】通过单位零余额账户购买了一批办公用品，金额共计 153 000 元。该批办公用品已经验收入库。应做会计分录：

借：存货　　153 000

　贷：零余额账户用款额度　　153 000

【例 19-15】收到财政零余额账户代理银行转来的财政直接支付入账通知书，反映财政部门通过财政零余额账户为事业单位支付了一笔劳务费用，金额共计 58 000元。应做会计分录：

借：事业支出　　58 000

　贷：财政补助收入　　58 000

二、短期投资

短期投资是指事业单位依法取得的，持有时间不超过 1 年（含 1 年）的投资，主要是国债投资。事业单位应当严格遵守国家法律、行政法规以及财政部门、主管部门关于对外投资的有关规定，应当严格控制对外投资。在保证单位正常运转和事业发展的前提下，按照国家有关规定可以对外投资的，应当履行相关审批程序。事业单位不得使用财政拨款及其结余进行对外投资，不得从事股票、期货、基金、企业债券等投资，国家另有规定的除外。

为了核算事业单位依法取得的，持有时间不超过 1 年（含 1 年）的投资，事业单位应设置“短期投资”账户，该账户应当按照国债投资的种类等进行明细核算。短期投资的主要账务处理如下：

（1）短期投资取得时，应当按照其实际成本（包括购买价款以及税金、手续费等相关税费）作为投资成本，借记“短期投资”账户，贷记“银行存款”等账户。

（2）短期投资持有期间收到利息时，按实际收到的金额，借记“银行存款”账户，贷记“其他收入——投资收益”账户。

（3）出售短期投资或到期收回短期国债本息，按照实际收到的金额，借记“银行存款”账户，按照出售或收回短期国债的成本，贷记“短期投资”账户，按其差额，贷记或借记“其他收入——投资收益”账户。

本账户期末借方余额，反映事业单位持有的短期投资成本。

【例 19-16】事业单位 2011 年 8 月 1 日购入一年期国债，债券面值为 100 000 元，年利率为 3.45%，债券到期支付利息，债券购买价款、税金及手续费合计为 101 000 元。应做会计分录：

（1）购入时：

借：短期投资——债券投资　　101 000

　贷：银行存款　　101 000

（2）债券到期收到利息时：

借：银行存款　　3 450

　贷：其他收入——投资收益　　3 450

（利息额 = 100 000×3.45%×1 = 3 450（元））

（3）债券到期收回本金时：

借：银行存款　　100 000

　　其他收入——投资收益　　1 000

　贷：短期投资——债券投资　　101 000

三、应收及预付款项

应收及预付款项是指事业单位在开展业务活动中形成的各项债权，包括财政应返还额度、应收票据、应收账款、其他应收款等应收款项和预付账款。

（一）财政应返还额度的核算

实行国库集中支付的事业单位，为了核算财政应返还额度的业务，应设置“财政应返还额度”账户。本账户应当设置“财政直接支付”、“财政授权支付”两个明细账户，进行明细核算。事业单位财政应返还额度业务的主要账务处理如下：

（1）财政直接支付下，年终，事业单位根据本年度财政直接支付预算指标数与当年财政直接支付实际支出数的差额，借记“财政应返还额度——财政直接支付”账户，贷记“财政补助收入——财政直接支付”账户。

下年度恢复财政直接支付额度后，事业单位以财政直接支付方式发生实际支出时，借记支出类账户，贷记“财政应返还额度——财政直接支付”账户。

（2）财政授权支付下，年终，事业单位依据代理银行提供的对账单作注销额度的相关账务处理，借记“财政应返还额度——财政授权支付”账户，贷记“零余额账户用款额度”账户；事业单位本年度财政授权支付预算指标数大于零余额账户用款额度下达数，根据未下达的用款额度，借记“财政应返还额度——财政授权支付”账户，贷记“财政补助收入——财政授权支付”账户。

下年初，事业单位依据代理银行提供的额度恢复到账通知书作恢复额度的相关账务处理，借记“零余额账户用款额度”账户，贷记“财政应返还额度——财政授权支付”账户。事业单位收到财政部门批复的上年末未下达零余额账户用款额度时，借记“零余额账户用款额度”账户，贷记“财政应返还额度——财政授权支付”。

本账户期末借方余额，反映事业单位应收财政返还的资金额度。

【例 19-17】年终，某事业单位本年度财政直接支付预算指标为 1 295 000 元，财政直接支付实际支出数 1 232 000 元，两者差额为 63 000 元，即为事业单位尚未使用的财政直接支付用款额度。应做会计分录：

借：财政应返还额度——财政直接支付　　63 000

　贷：财政补助收入——财政直接支付　　63 000

【例 19-18】年终，某事业单位本年度财政授权支付用款额度为 1 250 000 元，单位零余额账户代理银行收到零余额账户用款额度 1 240 000 元，本年度财政授权支付实际支出数为 1 235 000 元。事业单位存在尚未使用的财政授权支付用款额度 5 000 元，存在尚未收到的财政授权支付用款额度 10 000 元。应做会计分录：

借：财政应返还额度——财政授权支付　　10 000

　贷：财政补助收入　　10 000

同时：

借：财政应返还额度——财政授权支付　　5 000

　贷：零余额账户用款额度　　5 000

【例 19-19】接【例 19-18】，次年初，该事业单位收到财政部门批复的上年终未下达的单位零余额账户用款额度 10 000 元。应做会计分录：

借：零余额账户用款额度　　10 000

　贷：财政应返还额度——财政授权支付　　10 000

【例 19-20】接【例 19-18】，次年初，该事业单位收到代理银行提供的额度恢复到账通知书，恢复财政授权支付额度 5 000 元。应做会计分录：

借：零余额账户用款额度　　5 000

　贷：财政应返还额度——财政授权支付　　5 000

【例 19-21】接【例 19-19】，次年初，该事业单位使用恢复的财政直接支付额度支付日常业务活动支出 3 000 元。应做会计分录：

借：事业支出　　3 000

　贷：财政应返还额度——财政授权支付　　3 000

（二）应收票据的核算

应收票据是指事业单位因开展经营活动销售产品、提供有偿服务等而收到的商业汇票，商业汇票是由出票人签发的、指定付款人在一定日期支付一定金额给收款人或持票人的票据。商业汇票通常涉及出票人、付款人和收款人三方。

商业汇票按承兑人不同，分为商业承兑汇票和银行承兑汇票；按其票面是否注明利息，可分为带息票据和不带息票据。

为了核算应收票据业务，事业单位应设置“应收票据”账户。本账户应当按照开出、承兑商业汇票的单位等进行明细核算。事业单位应收票据的主要账务处理如下：

（1）因销售产品、提供服务等收到商业汇票，按照商业汇票的票面金额，借记“应收票据”账户，按照确认的收入金额，贷记“经营收入”等账户，按照应缴增值税金额，贷记“应缴税费——应缴增值税”账户。

（2）持未到期的商业汇票向银行贴现，按照实际收到的金额（即扣除贴现息后的净额），借记“银行存款”账户，按照贴现息，借记“经营支出”等账户，按照商业汇票的票面金额，贷记“应收票据”账户。

（3）将持有的商业汇票背书转让以取得所需物资时，按照取得物资的成本，借记有关账户，按照商业汇票的票面金额，贷记“应收票据”账户，如有差额，借记或贷记“银行存款”等账户。

（4）商业汇票到期时，收回应收票据，按照实际收到的商业汇票票面金额，借记“银行存款”账户，贷记“应收票据”账户。因付款人无力支付票款，收到银行退回的商业承兑汇票、委托收款凭证、未付票款通知书或拒付款证明等，按照商业汇票的票面金额，借记“应收账款”账户，贷记“应收票据”账户。

本账户期末借方余额，反映事业单位持有的商业汇票票面金额。

事业单位应当设置“应收票据备查簿”，逐笔登记每一应收票据的种类、号数、出票日期、到期日、票面金额、交易合同号和付款人、承兑人、背书人姓名或单位名称、背书转让日、贴现日期、贴现率和贴现净额、收款日期、收回金额和退票情况等资料。应收票据到期结清票款或退票后，应当在备查簿内逐笔注销。

【例 19-22】某事业单位因开展经营活动销售 M 产品一批给甲公司，货已发出，价款 10 000 元，增值税税款为 1 700 元。按合同约定两个月后付款，甲公司交给该事业单位一张两个月到期的商业承兑汇票，面值为 11 700 元。应做会计分录：

借：应收票据	11 700	
贷：经营收入		10 000
应缴税费——应缴增值税（销项税额）		1 700

【例 19-23】接【例 19-22】，上述票据在两个月后到期，收回款项 11 700 元，存入银行。应做会计分录：

借：银行存款	11 700	
贷：应收票据		11 700

【例 19-24】某事业单位因开展经营活动而持有乙公司的一张 90 天到期的商业承兑汇票，面值为 23 400 元。该事业单位 60 天后持此票据到银行贴现，贴现率为 10%。应做会计分录：

（1）收到票据时：

借：应收票据　　23 400

　贷：经营收入　　20 000

　　　应缴税费——应缴增值税（销项税额）　　3 400

（2）办理贴现时：

贴现息 = 23 400×10%×30÷360 = 195（元）

贴现净额 = 23 400－195 = 23 205（元）

借：银行存款　　23 205

　　经营支出　　195

　贷：应收票据　　23 400

（三）应收账款的核算

应收账款是指事业单位因开展经营活动销售产品、提供有偿服务等而应收取的款项。

为了核算应收账款的业务，事业单位应设置“应收账款”账户，本账户应当按照购货、接受劳务单位（或个人）进行明细核算。事业单位应收账款的主要账务处理如下：

（1）发生应收账款时，按照应收未收金额，借记“应收账款”账户，按照确认的收入金额，贷记“经营收入”等账户，按照应缴增值税金额，贷记“应缴税费——应缴增值税”账户。

（2）收回应收账款时，按照实际收到的金额，借记“银行存款”等账户，贷记本账户。

逾期三年或以上、有确凿证据表明确实无法收回的应收账款，按规定报经批准后予以核销。通过“待处置资产损溢”账户、“其他支出”账户、“其他收入”等账户核算。核销的应收账款应在备查簿中保留登记。

本账户期末借方余额，表示单位尚未收回的应收账款。

【例 19-25】某事业单位向乙公司销售科研产品一批，货物已按合同发出，价款为 20 000 元，增值税税款为 3 400 元，货款尚未收到。应做会计分录：

借：应收账款　　23 400

　贷：经营收入　　20 000

　　　应缴税费——应缴增值税（销项税额）　　3 400

【例 19-26】某事业单位收到银行收款通知，收到乙公司前欠货款 23 400 元。应做会计分录：

借：银行存款　　23 400

　贷：应收账款　　23 400

（四）预付账款的核算

预付账款是指事业单位按照购货、劳务合同规定预付给供应单位的款项。

为了核算预付账款的业务，事业单位应设置“预付账款”账户，本账户应当按照供应单位（或个人）进行明细核算。事业单位预付账款的主要账务处理如下：

（1）发生预付账款时，按照实际预付的金额，借记“预付账款”账户，贷记“零余额账户用款额度”、“财政补助收入”、“银行存款”等账户。

（2）收到所购物资或劳务，按照购入物资或劳务的成本，借记有关账户，按照相应预付账款金额，贷记“预付账款”账户，按照补付的款项，贷记“零余额账户用款额度”、“财政补助收入”、“银行存款”等账户。

收到所购固定资产、无形资产的，按照确定的资产成本，借记“固定资产”、“无形资产”账户，贷记“非流动资产基金——固定资产”、“非流动资产基金——无形资产”账户；同时，按资产购置支出，借记“事业支出”、“经营支出”等账户，按照相应预付账款金额，贷记本账户，按照补付的款项，贷记“零余额账户用款额度”、“财政补助收入”、“银行存款”等账户。

逾期三年或以上、有确凿证据表明因供货单位破产、撤销等原因已无望再收到所购物资，且确实无法收回的预付账款，按规定报经批准后予以核销，通过“待处置资产损溢”账户、“其他支出”账户、“其他收入”等账户核算。核销的预付账款应在备查簿中保留登记。

本账户期末借方余额，反映事业单位实际预付但尚未结算的款项。

【例 19-27】某事业单位按合同规定向甲公司预付一批货物的货款 3 000 元，通过开户行付讫。应做会计分录：

借：预付账款	3 000	
贷：银行存款		3 000

【例 19-28】该事业单位所订购的货物到货，发票账单同时到达，价款为 10 000元，增值税税款 1 700 元，通过开户行补付货款为 8 700 元。应做会计分录：

借：存货	10 000	
应缴税费——应缴增值税（进项税额）	1 700	
贷：预付账款		11 700
借：预付账款	8 700	
贷：银行存款		8 700

（五）其他应收款的核算

其他应收款是指事业单位除财政应返还额度、应收票据、应收账款、预付账款以外的其他各项应收及暂付款项，如职工预借的差旅费、拨付给内部有关部门的备用金、应向职工收取的各种垫付款项等。

为了核算其他应收款的业务，事业单位应设置“其他应收款”账户，本账户应当按照其他应收款的类别以及债务单位（或个人）进行明细核算。事业单位其他应收款的主要账务处理如下：

（1）发生其他各种应收及暂付款项时，借记本账户，贷记“银行存款”、“库存现金”等账户。

（2）收回或转销其他各种应收及暂付款项时，借记“库存现金”、“银行存款”等账户，贷记本账户。

（3）事业单位内部实行备用金制度的，有关部门使用备用金以后应当及时到财务部门报销并补足备用金。财务部门核定并发放备用金时，借记本账户，贷记“库存现金”等账户。根据报销数用现金补足备用金定额时，借记有关账户，贷记“库存现金”等账户，报销数和拨补数都不再通过本账户核算。

逾期三年或以上、有确凿证据表明确实无法收回的其他应收款，按规定报经批准后予以核销，通过“待处置资产损溢”、“其他支出”、“其他收入”等账户核算。核销的其他应收款应在备查簿中保留登记。

本账户期末借方余额，反映事业单位尚未收回的其他应收款。

【例 19-29】某事业单位职工李强借差旅费 2 000 元。应做会计分录：

借：其他应收款——李强	2 000	
贷：库存现金		2 000

【例 19-30】职工李强出差回来报销差旅费 1 850 元，交回现金 150 元。应做会计分录：

借：事业支出	1 850	
库存现金	150	
贷：其他应收款——李强		2 000

【例 19-31】某事业单位将逾期三年以上、有确凿证据确实无法收回的其他应收款 2 300 元，转入“待处置资产损溢”账户。应做会计分录：

借：待处置资产损溢	2 300	
贷：其他应收款		2 300

【例 19-32】该事业单位将上述无法收回的其他应收款 2 300 元，按规定报经批准后予以核销，应做会计分录：

借：其他支出——保险公司	2 300	
贷：待处置资产损溢		2 300

四、存货

（一）存货的概念

存货是指事业单位在开展业务活动及其他活动中为耗用而储存的各种材料、燃料、包装物、低值易耗品及达不到固定资产标准的用具、装具、动植物等各种资产。一般事业单位的存货的具体内容如下：

（1）原材料，指使用以后即消耗或改变原有形态的各种物资，如原料、燃料、实验材料、改装使用的元件、零配件等。

（2）低值易耗品，指因价值低，易损耗等原因而不作固定资产管理的劳动资料，如仪器、仪表、工具、量具、器皿、一般用品和劳动保护用品等。

(3) 办公用品类，指事业单位在办公活动中使用的各种物料，如纸张、笔墨等。

(4) 产成品类，指事业单位生产完工并已验收入库的产品。

由于事业单位的业务规模和性质不同，对存货管理的方式和要求应有所不同：

存货品种多、数量大、价值较高的事业单位，应对存货进行详细划分，明细核算；存货品种少、数量小、价值较低的事业单位，实行综合核算，可以对存货不划分细类，也可以不使用核算存货的会计账户进行核算，在购入时可直接列作事业支出或经营支出。

(二) 存货的计价

事业单位的存货应当按照其实际成本计价。

购入的存货，其成本包括购买价款、相关税费、运输费、装卸费、保险费以及其他使得存货达到目前场所和状态所发生的其他支出。事业单位按照税法规定属于增值税一般纳税人的，其购进非自用（如用于生产对外销售的产品）材料所支付的增值税税款不计入材料成本。

自行加工的存货，其成本包括耗用的直接材料费用、发生的直接人工费用和按照一定方法分配的与存货加工有关的间接费用。

接受捐赠、无偿调入的存货，其成本按照有关凭据注明的金额加上相关税费、运输费等确定；没有相关凭据的，其成本比照同类或类似存货的市场价格加上相关税费、运输费等确定；没有相关凭据、同类或类似存货的市场价格也无法可靠取得的，该存货按照名义金额（即人民币 1 元，下同）入账。相关财务制度仅要求进行实物管理的除外。

存货在发出时，应当根据实际情况采用先进先出法、加权平均法或者个别计价法确定发出存货的实际成本。计价方法一经确定，不得随意变更。低值易耗品的成本于领用时一次摊销。

(三) 存货的核算

为了核算存货的业务，事业单位应设置“存货”账户，本账户应当按照存货的种类、规格、保管地点等进行明细核算。

事业单位应当通过明细核算或辅助登记方式，登记取得存货成本的资金来源（区分财政补助资金、非财政专项资金和其他资金）。发生自行加工存货业务的事业单位，应当在本账户下设置“生产成本”明细账户，归集核算自行加工存货所发生的实际成本（包括耗用的直接材料费用、发生的直接人工费用和分配的间接费用）。事业单位存货的主要账务处理如下：

(1) 属于一般纳税人的，购入自用材料已验收入库时，按含税价格，借记“存货”账户，贷记“银行存款”、“应付账款”、“零余额账户用款额度”等账户；购入非自用材料已验收入库时，按照采购材料专用发票上注明的增值税税额，借记“应缴税费——应缴增值税（进项税额）”账户，按专用发票上记载的应计入的采购成本的金额，借记“存货”账户，按实际支付的金额，贷记“银行存款”、“应付账款”、“零余额账户用款额度”等账户。

(2) 自行加工的存货在加工过程中发生各种费用时，借记本账户（生产成本），贷记本账户（领用材料相关的明细账户）、“应付职工薪酬”、“银行存款”等账户。

加工完成的存货验收入库，按照所发生的实际成本，借记本账户（相关明细账户），贷记本账户（生产成本）。

(3) 接受捐赠、无偿调入的存货验收入库，按照确定的成本，借记本账户，按照发生的相关税费、运输费等，贷记“银行存款”等账户，按照其差额，贷记“其他收入”账户。

按照名义金额入账的情况下，按照名义金额，借记本账户，贷记“其他收入”账户；按照发生的相关税费、运输费等，借记“其他支出”账户，贷记“银行存款”等账户。

(4) 开展业务活动等领用、发出存货，按领用、发出存货的实际成本，借记“事业支出”、“经营支出”等账户，贷记本账户。

对外捐赠、无偿调出存货，转入待处置资产时，按照存货的账面余额，借记“待处置资产损溢”账户，贷记本账户。

属于增值税一般纳税人的事业单位对外捐赠、无偿调出购进的非自用材料，转入待处置资产时，按照存货的账面余额与相关增值税进项税额转出金额的合计金额，借记“待处置资产损溢”账户，按存货的账面余额，贷记本账户，按转出的增值税进项税额，贷记“应缴税费——应缴增值税（进项税额转出）”账户。

实际捐出、调出存货时，按照“待处置资产损溢”账户的相应余额，借记“其他支出”账户，贷记“待处置资产损溢”账户。

对于事业单位存货的盘盈、盘亏或者报废、毁损，应“待处置资产损溢”账户、“其他收入”账户、“其他支出”等账户核算。

本账户期末借方余额，反映事业单位存货的实际成本。

事业单位随买随用的零星办公用品，可以在购进时直接列作支出，不通过本账户核算。

事业单位的存货应当定期进行清查盘点，每年至少盘点一次。对于发生的存货盘盈、盘亏或者报废、毁损，应当及时查明原因，按规定报经批准后进行账务处理。

【例 19-33】某事业单位通过单位零余额账户购入一批自用甲材料 1 000 千克，单价 20 元，增值税税款为 3 400 元，价税合计 23 400 元，材料已验收入库。应做会计分录：

借：存货——甲材料	23 400	
贷：零余额账户用款额度		23 400

【例 19-34】某事业单位通过单位零余额账户购入一批非自用乙材料 1 000 千

克，单价 10 元，增值税税款为 1 700 元，价税合计 11 700 元，材料已验收入库。应做会计分录：

借：存货——乙材料　　10 000
　　应缴税费——应缴增值税（进项税额）　　1 700
　贷：零余额账户用款额度　　11 700

【例 19-35】某事业单位接受民营企业家捐赠的一批材料，发票上注明的金额为 23 000 元，用现金支付 500 元运费，该批材料已验收入库。应做会计分录：

借：存货　　23 500
　贷：库存现金　　500
　　　其他收入　　23 000

【例 19-36】某事业单位开展业务活动从仓库领用甲材料一批，成本为 1 000 元。应做会计分录：

借：事业支出　　1 000
　贷：存货　　1 000

【例 19-37】某事业单位为一般纳税人年终清查时，发现自用甲材料盘盈 100 千克，单价 20 元，计 2 000 元；非自用乙材料盘亏 100 千克，单价 10 元，计 1 000 元，增值税的进项税额为 170 元。应做会计分录：

（1）自用甲材料盘盈：

借：存货　　2 000
　贷：其他收入　　2 000

（2）非自用乙材料盘亏，批准前：

借：待处置资产损溢　　1 170
　贷：存货　　1 000
　　　应缴税费——应缴增值税（进项税额转出）　　170

批准后：

借：其他支出　　1 170
　贷：待处置资产损溢　　1 170

第二节　长期投资

非流动资产是指流动资产以外的资产。事业单位的非流动资产包括长期投资、在建工程、固定资产、无形资产等。

长期投资是指事业单位依法取得的，持有时间超过 1 年（不含 1 年）的各种股权和债权性质的投资。事业单位的长期投资主要按投资方式分为长期股权投资和长期债券投资。长期股权投资指事业单位以货币资金、固定资产、无形资产等方式的对外投资。长期债券投资指事业单位以货币资金认购的国债的对外投资。

事业单位应当严格遵守国家法律、行政法规以及财政部门、主管部门有关事业单位对外投资的规定。

为了核算长期投资的业务，事业单位应设置“长期投资”账户，本账户应当按照长期投资的种类和被投资单位等进行明细核算。

一、长期股权投资的核算

（一）长期股权投资取得时的核算

长期股权投资在取得时，应当按照其实际成本作为投资成本。

（1）以货币资金取得的长期股权投资，按照实际支付的全部价款（包括购买价款以及税金、手续费等相关税费）作为投资成本，借记“长期投资”账户，贷记“银行存款”等账户；同时，按照投资成本金额，借记“事业基金”账户，贷记“非流动资产基金——长期投资”账户。

（2）以固定资产取得的长期股权投资，按照评估价值加上相关税费作为投资成本，借记“长期投资”账户，贷记“非流动资产基金——长期投资”账户，按发生的相关税费，借记“其他支出”账户，贷记“银行存款”、“应缴税费”等账户；同时，按照投出固定资产对应的非流动资产基金，借记“非流动资产基金——固定资产”账户，按照投出固定资产已计提折旧，借记“累计折旧”账户，按投出固定资产的账面余额，贷记“固定资产”账户。

（3）以已入账无形资产取得的长期股权投资，按照评估价值加上相关税费作为投资成本，借记“长期投资”账户，贷记“非流动资产基金——长期投资”账户，按发生的相关税费，借记“其他支出”账户，贷记“银行存款”、“应缴税费”等账户；同时，按照投出无形资产对应的非流动资产基金，借记“非流动资产基金——无形资产”账户，按照投出无形资产已计提摊销，借记“累计摊销”账户，按照投出无形资产的账面余额，贷记“无形资产”账户。

以未入账无形资产取得的长期股权投资，按照评估价值加上相关税费作为投资成本，借记“长期投资”账户，贷记“非流动资产基金——长期投资”账户，按发生的相关税费，借记“其他支出”账户，贷记“银行存款”、“应缴税费”等账户。

（二）长期股权投资持有期间的核算

长期股权投资持有期间，收到利润等投资收益时，按照实际收到的金额，借记“银行存款”等账户，贷记“其他收入——投资收益”账户。

（三）转让长期股权投资的核算

转让长期股权投资，转入待处置资产时，按照待转让长期股权投资的账面余额，借记“待处置资产损溢——处置资产价值”账户，贷记“长期投资”账户。实际转让时，按照所转让长期股权投资对应的非流动资产基金，借记“非流动资产基金——长期投资”账户，贷记“待处置资产损溢——处置资产价值”账户。

转让长期股权投资过程中取得价款、发生相关税费，以及转让价款扣除相关税费后的净收入的账务处理，参见“待处置资产损溢”账户。

本账户期末借方余额，反映事业单位持有的长期股权投资成本。

【例 19-38】某事业单位以货币资金 300 000 元对 C 单位投资。应做会计分录：

借：长期投资——长期股权投资　　300 000
　贷：银行存款　　300 000

同时：

借：事业基金　　300 000
　贷：非流动资产基金——长期投资　　300 000

【例 19-39】某事业单位向 A 公司投资一台大型设备，设备评估价值为 98 000 元，以银行存款支付评估费 7 000 元，该设备账面价值为 80 000 元，已提折旧 16 000元。应做会计分录：

借：长期投资——长期股权投资　　105 000
　贷：非流动资产基金——长期投资　　105 000

借：其他支出　　7 000
　贷：银行存款　　7 000

同时：

借：非流动资产基金——固定资产　　64 000
　　累计折旧　　16 000
　贷：固定资产　　80 000

【例 19-40】某事业单位以土地使用权方式对 B 公司进行投资，该土地使用权评估价值为 102 000 元，账面价值为 85 000 元，已计提摊销为 17 000 元，并以银行存款支付评估费 8 500 元。办理完手续后将场地交予 B 公司。应做会计分录：

借：长期投资——长期股权投资　　110 500
　贷：非流动资产基金——长期投资　　110 500

借：其他支出　　8 500
　贷：银行存款　　8 500

同时：

借：非流动资产基金——无形资产　　68 000
　　累计摊销　　17 000
　贷：无形资产　　85 000

【例 19-41】该事业单位收到开户银行的收款通知，收到 C 单位支付的投资利润 18 000 元。应做会计分录：

借：银行存款　　18 000
　贷：其他收入——投资收益　　18 000

【例 19-42】某事业单位将持有的 A 公司的长期股权投资以 138 000 元价格转让给 D 公司，该长期股权投资的账面余额为 98 000 元，以银行存款支付评估费 3 000元。应做会计分录：

（1）转入待处置资产时：

借：待处置资产损溢——处置资产价值　　98 000
　贷：长期投资　　98 000
(2) 实际转让时：
借：非流动资产基金——长期投资　　98 000
　贷：待处置资产损溢——处置资产价值　　98 000
(3) 取得转让收入 138 000 元：
借：银行存款　　138 000
　贷：待处置资产损溢——处置净收入　　138 000
(4) 支付评估费：
借：待处置资产损溢——处置净收入　　3 000
　贷：银行存款　　3 000
(5) 处置完毕：
借：待处置资产损溢——处置净收入　　135 000
　贷：应缴国库款　　135 000

二、长期债券投资的核算

(1) 长期债券投资在取得时，应当按照其实际成本作为投资成本。以货币资金购入的长期债券投资，按照实际支付的全部价款（包括购买价款以及税金、手续费等相关税费）作为投资成本，借记“长期投资”账户，贷记“银行存款”等账户；同时，按照投资成本金额，借记“事业基金”账户，贷记“非流动资产基金——长期投资”账户。

(2) 长期债券投资持有期间收到利息时，按照实际收到的金额，借记“银行存款”等账户，贷记“其他收入——投资收益”账户。

(3) 对外转让或到期收回长期债券投资本息，按照实际收到的金额，借记“银行存款”等账户，按照收回长期投资的成本，贷记“长期投资”账户，按照其差额，贷记或借记“其他收入——投资收益”账户；同时，按照收回长期投资对应的非流动资产基金，借记“非流动资产基金——长期投资”账户，贷记“事业基金”账户。

本账户期末借方余额，反映事业单位持有的长期债券投资成本。

【例 19-43】某事业单位 2011 年 7 月 10 日以面值 100 000 元购入国债，期限 3 年，年利率为 6%，每年支付一次利息，以银行存款支付手续费 500 元。应做会计分录：

借：长期投资　　100 500
　贷：银行存款　　100 500
同时：
借：事业基金　　100 500
　贷：非流动资产基金——长期投资　　100 500

【例 19-44】接【例 19-43】，该事业单位 2012 年 7 月 11 日收到国债利息收入 6 000 元，款项存入银行。应做会计分录：

借：银行存款　　6 000

　贷：其他收入——投资收益　　6 000

第三节　固定资产

一、固定资产的概念与分类

固定资产是指事业单位持有的使用期限超过 1 年（不含 1 年）、单位价值在规定标准以上，并在使用过程中基本保持原有物质形态的资产。单位价值虽未达到规定标准，但使用期限超过 1 年（不含 1 年）的大批同类物资，作为固定资产核算和管理。

事业单位的固定资产一般分为六类：房屋及构筑物；专用设备；通用设备；文物和陈列品；图书、档案；家具、用具、装具及动植物。具体如下：

（1）房屋及建筑物，是指事业单位拥有占有权和使用权的房屋、建筑物及其附属设施。其中，房屋包括办公用房、业务用房、库房、职工宿舍用房、职工食堂、锅炉房等；建筑物包括道路、围墙、水塔等；附属设施包括房屋、建筑物内的电梯、通讯线路、输电线路、水气管道等。

（2）专用设备，是指事业单位根据业务活动的实际需要购置的各种具有专门性能和专门用途的设备，如学校的教学仪器、科研单位的科研仪器、医院的医疗器械等。

（3）通用设备，是指事业单位用于业务工作的通用性设备，如办公用的家具、交通工具等。

（4）文物和陈列品，是指博物馆、展览馆、纪念馆等文化事业单位的各种文物或陈列品，如古物、字画、纪念品等。

（5）图书、档案，是指专业图书馆、文化馆贮藏的书籍，以及事业单位贮藏的统一管理使用的业务用书和档案。

（6）家具、用具、装具及动植物，是指事业单位拥有的家具、用具、装具及动植物等固定资产。

事业单位应当根据固定资产定义，结合本单位的具体情况，制定适合于本单位的固定资产目录、具体分类方法，作为进行固定资产核算的依据。

二、固定资产的入账价值

固定资产应当按取得的实际成本入账。由于固定资产的来源渠道不同，其价值构成的具体内容也有所差异。

（1）购入的固定资产，其成本包括购买价款、相关税费以及固定资产交付使用前所发生的可归属于该项资产的运输费、装卸费、安装调试费和专业人员服务费等。

以一笔款项购入多项没有单独标价的固定资产，按照各项固定资产同类或类似资产市场价格的比例对总成本进行分配，分别确定各项固定资产的入账成本。

（2）自行建造的固定资产，其成本包括建造该项资产至交付使用前所发生的全部必要支出。

（3）在原有固定资产基础上进行改建、扩建、修缮后的固定资产，其成本按照原固定资产账面价加上改建、扩建、修缮发生的支出，再扣除固定资产拆除部分的账面价值后的金额确定。

（4）以融资租赁租入的固定资产，其成本按照租赁协议或者合同确定的租赁价款、相关税费以及固定资产交付使用前所发生的可归属于该项资产的运输费、途中保险费、安装调试费等确定。

（5）接受捐赠、无偿调入的固定资产，其成本按照有关凭据注明的金额加上相关税费、运输费等确定；没有相关凭据的，其成本比照同类或类似固定资产的市场价格加上相关税费、运输费等确定；没有相关凭据、同类或类似固定资产的市场价格也无法可靠取得的，该固定资产按照名义金额入账。

（6）盘盈的固定资产，按照同类或类似固定资产的市场价格确定入账价值；同类或类似固定资产的市场价格无法可靠取得的，按照名义金额入账。

三、固定资产的核算

为了核算固定资产的业务，事业单位应设置“固定资产”、“在建工程”、“累计折旧”等账户。具体说明如下：

（1）“固定资产”账户核算事业单位固定资产的原价，本账户期末借方余额，反映事业单位固定资产的原价。

对于应用软件，如果其构成相关硬件不可缺少的组成部分，应当将该软件价值包括在所属硬件价值中，一并作为固定资产进行核算；如果其不构成相关硬件不可缺少的组成部分，应当将该软件作为无形资产核算。

事业单位以经营租赁租入的固定资产，不作为固定资产核算，应当另设备查簿进行登记。

（2）购入需要安装的固定资产，应当先通过“在建工程”账户核算，安装完毕交付使用时再转入本账户核算。

（3）“累计折旧”账户目核算事业单位固定资产计提的累计折旧。

事业单位应当设置“固定资产登记簿”和“固定资产卡片”，按照固定资产类别、项目和使用部门等进行明细核算。出租、出借的固定资产，应当设置备查簿进行登记。

（一）固定资产增加的核算

1. 购入固定资产

购入不需安装的固定资产，按照确定的固定资产成本，借记本账户，贷记

“非流动资产基金——固定资产”账户；同时，按照实际支付金额，借记“事业支出”、“经营支出”、“专用基金——修购基金”等账户，贷记“财政补助收入”、“零余额账户用款额度”、“银行存款”等账户。

购入需要安装的固定资产，先通过“在建工程”账户核算。安装完工交付使用时，借记本账户，贷记“非流动资产基金——固定资产”账户；同时，借记“非流动资产基金——在建工程”账户，贷记“在建工程”账户。

购入固定资产扣留质量保证金的，应当在取得固定资产时，按照确定的成本，借记本账户或“在建工程”账户，贷记“非流动资产基金——固定资产、在建工程”账户。同时取得固定资产全款发票的，应当同时按照构成资产成本的全部支出金额，借记“事业支出”、“经营支出”、“专用基金——修购基金”等账户，按照实际支付金额，贷记“财政补助收入”、“零余额账户用款额度”、“银行存款”等账户，按照扣留的质量保证金，贷记“其他应付款”或“长期应付款”账户；取得的发票金额不包括质量保证金的，应当同时按照不包括质量保证金的支出金额，借记“事业支出”、“经营支出”、“专用基金——修购基金”等账户，贷记“财政补助收入”、“零余额账户用款额度”、“银行存款”等账户。质保期满支付质量保证金时，借记“其他应付款”、“长期应付款”账户，或借记“事业支出”、“经营支出”、“专用基金——修购基金”等账户，贷记“财政补助收入”、“零余额账户用款额度”、“银行存款”等账户。

【例 19-45】某事业单位按计划使用项目预算经费购入一台不需要安装的精密仪器，价款 18 500 元，款项通过单位零余额账户支付。仪器经验收后列报支出。应做会计分录：

借：固定资产	18 500	
贷：非流动资产基金——固定资产		18 500
同时：		
借：事业支出	18 500	
贷：零余额账户用款额度		18 500

【例 19-46】某事业单位采用财政直接支付方式购入一台不需要安装的设备，收到代理银行转来的财政直接支付入账通知书及原始凭证，通知书中的直接支付入账金额为 35 000 元。应做会计分录：

借：固定资产	35 000	
贷：非流动资产基金——固定资产		35 000
同时：		
借：事业支出	35 000	
贷：财政补助收入		35 000

【例 19-47】某事业单位用修购基金购入一台需要安装的设备，价款 35 000 元，以银行存款支付。应做会计分录：

借：在建工程	35 000	

贷：非流动资产基金——在建工程 35 000

同时：

借：专用基金——修购基金 35 000

贷：银行存款 35 000

【例 19-48】接【例 19-47】，该设备安装过程中消耗本单位材料 500 元，以银行存款支付安装调试费 1 500 元。设备安装完已交付使用。应做会计分录：

借：在建工程 2 000

贷：存货 500

银行存款 1 500

借：专用基金——修购基金 2 000

贷：非流动资产基金——在建工程 2 000

同时：

借：固定资产 37 000

贷：非流动资产基金——固定资产 37 000

借：非流动资产基金——在建工程 37 000

贷：在建工程 37 000

2. 融资租赁方式租入的固定资产

融资租赁方式租入的固定资产，按照确定的成本，借记本账户或“在建工程”账户，按照租赁协议或者合同确定的租赁价款，贷记“长期应付款”账户，按照其差额，贷记“非流动资产基金——固定资产、在建工程”账户。同时，按照实际支付的相关税费、运输费、途中保险费、安装调试费等，借记“事业支出”、“经营支出”等账户，贷记“财政补助收入”、“零余额账户用款额度”、“银行存款”等账户。

定期支付租金时，按照支付的租金金额，借记“事业支出”、“经营支出”等账户，贷记“财政补助收入”、“零余额账户用款额度”、“银行存款”等账户；同时，借记“长期应付款”账户，贷记“非流动资产基金——固定资产”账户。

【例 19-49】某事业单位以融资租赁方式租入专用设备一台，按租赁协议规定，设备的价款为 400 000 元，分 8 年等额付清，即每年以银行存款支付租金 50 000 元。付清最后一笔租金后，该事业单位可以以 4 000 元的价格购买该专用设备。租用该设备发生的运输费、保险费、安装调试费共计 3 500 元。安装调试完毕并交付使用。应做会计分录：

（1）租入固定资产时：

借：固定资产——专用设备 403 500

贷：长期应付款 400 000

非流动资产基金——固定资产 3 500

（2）支付运输费、保险费、安装调试费时：

借：事业支出 3 500

贷：零余额账户用款额度 3 500

（3）每年支付租金时：

借：事业支出 50 000

贷：零余额账户用款额度 50 000

同时：

借：长期应付款 50 000

贷：非流动资产基金——固定资产 50 000

（4）付清最后一笔租金后，购买设备时：

借：事业支出 4 000

贷：零余额账户用款额度 4 000

同时：

借：固定资产 4 000

贷：非流动资产基金——固定资产 4 000

3. 接受捐赠、无偿调入的固定资产

接受捐赠、无偿调入的固定资产，按照确定的固定资产成本，借记本账户或“在建工程”账户，贷记“非流动资产基金——固定资产、在建工程”账户；按照发生的相关税费、运输费等，借记“其他支出”账户，贷记“银行存款”等账户。

【例 19-50】某事业单位接受捐赠全新设备一台，根据其发票等单据确定价值为 50 000 元。应做会计分录：

借：固定资产 50 000

贷：非流动资产基金——固定资产 50 000

（二）计提固定资产折旧的核算

事业单位应当对除下列各项资产以外的其他固定资产计提折旧：（1）文物和陈列品；（2）动植物；（3）图书、档案；（4）以名义金额计量的固定资产。

折旧是指在固定资产使用寿命内，按照确定的方法对应折旧金额进行系统分摊。有关说明如下：

（1）事业单位应当根据固定资产的性质和实际使用情况，合理确定其折旧年限。省级以上财政部门、主管部门对事业单位固定资产折旧年限作出规定的，从其规定。

（2）事业单位一般应当采用年限平均法或工作量法计提固定资产折旧。

（3）事业单位固定资产的应折旧金额为其成本，计提固定资产折旧不考虑预计净残值。

（4）事业单位一般应当按月计提固定资产折旧。当月增加的固定资产，当月不提折旧，从下月起计提折旧；当月减少的固定资产，当月照提折旧，从下月起不提折旧。

（5）固定资产提足折旧后，无论能否继续使用，均不再计提折旧；提前报废的固定资产，也不再补提折旧。已提足折旧的固定资产，可以继续使用的，应当继续使用，规范管理。

（6）计提融资租入固定资产折旧时，应当采用与自有固定资产相一致的折旧政策。能够合理确定租赁期届满时将会取得租入固定资产所有权的，应当在租入固定资产尚可使用年限内计提折旧；无法合理确定租赁期届满时能否取得租入固定资产所有权的，应当在租赁期与租入固定资产尚可使用年限两者中较短的期间内计提折旧。

（7）固定资产因改建、扩建或修缮等原因而延长其使用年限的，应当按照重新确定的固定资产的成本以及重新确定的折旧年限，重新计算折旧额。

事业单位累计折旧的主要账务处理如下：

按月计提固定资产折旧时，按照应计提折旧金额，借记“非流动资产基金——固定资产”账户，贷记“累计折旧”账户。

固定资产处置时，按照所处置固定资产的账面价值，借记“待处置资产损溢”账户，按照已计提折旧，借记本账户，按照固定资产的账面余额，贷记“固定资产”账户。

本账户期末贷方余额，反映事业单位计提的固定资产折旧累计数。

【例 19-51】某事业单位计提本月固定资产折旧，应计提折旧金额为 30 000 元。应做会计分录：

借：非流动资产基金——固定资产	30 000	
贷：累计折旧		30 000

（三）与固定资产有关的后续支出的核算

与固定资产有关的后续支出，应分别以下情况处理：

（1）为增加固定资产使用效能或延长其使用年限而发生的改建、扩建或修缮等后续支出，应当计入固定资产成本，通过“在建工程”账户核算，完工交付使用时转入本账户。

（2）为维护固定资产的正常使用而发生的日常修理等后续支出，应当计入当期支出但不计入固定资产成本，借记“事业支出”、“经营支出”等账户，贷记“财政补助收入”、“零余额账户用款额度”、“银行存款”等账户。

【例 19-52】某事业单位一栋办公楼进行改建，其账面价值为 1 300 000 元，已提折旧 510 000 元，通过单位零余额账户支付改建支出 250 000 元，该办公楼改建完工后已交付使用。应做会计分录：

（1）将固定资产转入改建时：

借：在建工程	1 300 000	
贷：非流动资产基金——在建工程		1 300 000
借：非流动资产基金——固定资产	790 000	
累计折旧	510 000	
贷：固定资产		1 300 000

（2）发生改扩建支出时：

借：在建工程　250 000
　贷：非流动资产基金——在建工程　250 000
同时：
借：事业支出　250 000
　贷：零余额账户用款额度　250 000
（3）改建结束交付使用时：
借：固定资产　1 550 000
　贷：非流动资产基金——固定资产　1 550 000
借：非流动资产基金——在建工程　1 550 000
　贷：在建工程　1 550 000

（四）固定资产减少的核算

报经批准出售、无偿调出、对外捐赠固定资产或以固定资产对外投资，应当分别以下情况处理：

（1）出售、无偿调出、对外捐赠固定资产，转入待处置资产时，按照待处置固定资产的账面价值，借记“待处置资产损溢”账户，按照已计提折旧，借记“累计折旧”账户，按照固定资产的账面余额，贷记本账户。

实际出售、调出、捐出时，按照处置固定资产对应的非流动资产基金，借记“非流动资产基金——固定资产”账户，贷记“待处置资产损溢”账户。

出售固定资产过程中取得价款、发生相关税费，以及出售价款扣除相关税费后的净收入的账务处理，参见相关业务处理。

（2）以固定资产对外投资，按照评估价值加上相关税费作为投资成本，借记“长期投资”账户，贷记“非流动资产基金——长期投资”账户，按发生的相关税费，借记“其他支出”账户，贷记“银行存款”、“应缴税费”等账户；同时，按照投出固定资产对应的非流动资产基金，借记“非流动资产基金——固定资产”账户，按照投出固定资产已计提折旧，借记“累计折旧”账户，按照投出固定资产的账面余额，贷记本账户。

事业单位的固定资产应当定期进行清查盘点，每年至少盘点一次。对于发生的固定资产盘盈、盘亏或者报废、毁损，应当及时查明原因，按规定报经批准后进行账务处理。

【例19-53】某事业单位专用设备一台原价50 000元，已提折旧28 000元，因不需用，决定予以出售。出售价款27 000元存入银行。在清理过程中，以银行存款支付清理费用1 000元。应做会计分录：

（1）转入待处置资产时：
借：待处置资产损溢——处置资产价值　22 000
　　累计折旧　28 000
　贷：固定资产　50 000
（2）实际出售时：

借：非流动资产基金——固定资产　　22 000

　贷：待处置资产损溢——处置资产价值　　22 000

（3）收到价款时：

借：银行存款　　27 000

　贷：待处置资产损溢——处置净收入　　27 000

（4）发生清理费用时：

借：待处置资产损溢——处置净收入　　1 000

　贷：银行存款　　1 000

（5）处置完毕时：

借：待处置资产损溢——处置净收入　　26 000

　贷：应缴国库款　　26 000

【例 19-54】某事业单位年终进行财产清查时发现盘亏设备一台，该设备价值为 15 000 元，已提折旧 6 000 元。应做会计分录：

（1）审批前：

借：待处置资产损溢　　9 000

　　累计折旧　　6 000

　贷：固定资产　　15 000

（2）审批后：

借：非流动资产基金——固定资产　　9 000

　贷：待处置资产损溢　　9 000

第四节　无形资产

无形资产是指事业单位持有的没有实物形态的可辨认非货币性资产，包括专利权、商标权、著作权、土地使用权、非专利技术等。

为了核算无形资产的业务，事业单位应设置“无形资产”、“累计摊销”等账户。“无形资产”账户核算事业单位无形资产的原价。本账户期末借方余额，反映事业单位无形资产的原价。

事业单位购入的不构成相关硬件不可缺少组成部分的应用软件，应当作为无形资产核算。

本账户应当按照无形资产的类别、项目等进行明细核算。

一、无形资产增加的核算

无形资产在取得时，应当按照其实际成本入账。

（1）外购的无形资产，其成本包括购买价款、相关税费以及可归属于该项资产达到预定用途所发生的其他支出。

购入的无形资产，按照确定的无形资产成本，借记本账户，贷记“非流动资产基金——无形资产”账户；同时，按照实际支付金额，借记“事业支出”等账户，贷记“财政补助收入”、“零余额账户用款额度”、“银行存款”等账户。

委托软件公司开发软件视同外购无形资产进行处理。

（2）自行开发并按法律程序申请取得的无形资产，按照依法取得时发生的注册费、聘请律师费等费用，借记本账户，贷记“非流动资产基金——无形资产”账户；同时，借记“事业支出”等账户，贷记“财政补助收入”、“零余额账户用款额度”、“银行存款”等账户。

依法取得前所发生的研究开发支出，应于发生时直接计入当期支出，借记“事业支出”等账户，贷记“银行存款”等账户。

（3）接受捐赠、无偿调入的无形资产，其成本按照有关凭据注明的金额加上相关税费等确定；没有相关凭据的，其成本比照同类或类似无形资产的市场价格加上相关税费等确定；没有相关凭据、同类或类似无形资产的市场价格也无法可靠取得的，该资产按照名义金额入账。

接受捐赠、无偿调入的无形资产，按照确定的无形资产成本，借记本账户，贷记“非流动资产基金——无形资产”账户；按照发生的相关税费等，借记“其他支出”账户，贷记“银行存款”等账户。

【例19-55】某事业单位从某科研机构购入一项专利权，价值130 000元，通过零余额账户支付。应做会计分录：

借：无形资产——专利权	130 000	
贷：非流动资产基金——无形资产		130 000
同时：		
借：事业支出	130 000	
贷：零余额账户用款额度		130 000

二、无形资产摊销的核算

摊销是指在无形资产使用寿命内，按照确定的方法对应摊销金额进行系统分摊。有关说明如下：

（1）事业单位应当按照如下原则确定无形资产的摊销年限：法律规定了有效年限的，按照法律规定的有效年限作为摊销年限；法律没有规定有效年限的，按照相关合同或单位申请书中的受益年限作为摊销年限；法律没有规定有效年限、相关合同或单位申请书也没有规定受益年限的，按照不少于10年的期限摊销。

（2）事业单位应当采用年限平均法对无形资产进行摊销。

（3）事业单位无形资产的应摊销金额为其成本。

（4）事业单位应当自无形资产取得当月起，按月计提无形资产摊销。

（5）因发生后续支出而增加无形资产成本的，应当按照重新确定的无形资产成本，重新计算摊销额。

事业单位无形资产累计摊销的主要账务处理如下：

按月计提无形资产摊销时，按照应计提摊销金额，借记“非流动资产基金——无形资产”账户，贷记“累计摊销”账户。

【例 19-56】某事业单位本月摊销无形资产价值 10 000 元。应做会计分录：

借：非流动资产基金——无形资产　　10 000

　贷：累计摊销　　10 000

三、与无形资产有关的后续支出核算

与无形资产有关的后续支出，应分别以下情况处理：

（1）为增加无形资产的使用效能而发生的后续支出，如对软件进行升级改造或扩展其功能等所发生的支出，应当计入无形资产的成本，借记本账户，贷记“非流动资产基金——无形资产”账户；同时，借记“事业支出”等账户，贷记“财政补助收入”、“零余额账户用款额度”、“银行存款”等账户。

（2）为维护无形资产的正常使用而发生的后续支出，如对软件进行漏洞修补、技术维护等所发生的支出，应当计入当期支出但不计入无形资产成本，借记“事业支出”等账户，贷记“财政补助收入”、“零余额账户用款额度”、“银行存款”等账户。

四、无形资产减少的核算

报经批准转让、无偿调出、对外捐赠无形资产或以无形资产对外投资，应当分别以下情况处理：

（1）转让、无偿调出、对外捐赠无形资产，转入待处置资产时，按照待处置无形资产的账面价值，借记“待处置资产损溢”账户，按照已计提摊销，借记“累计摊销”账户，按照无形资产的账面余额，贷记本账户。

实际转让、调出、捐出时，按照处置无形资产对应的非流动资产基金，借记“非流动资产基金——无形资产”账户，贷记“待处置资产损溢”账户。

转让无形资产过程中取得价款、发生相关税费，以及出售价款扣除相关税费后的净收入的账务处理，参见“待处置资产损溢”账户。

（2）以已入账无形资产对外投资，按照评估价值加上相关税费作为投资成本，借记“长期投资”账户，贷记“非流动资产基金——长期投资”账户，按发生的相关税费，借记“其他支出”账户，贷记“银行存款”、“应缴税费”等账户；同时，按照投出无形资产对应的非流动资产基金，借记“非流动资产基金——无形资产”账户，按照投出无形资产已计提摊销，借记“累计摊销”账户，按照投出无形资产的账面余额，贷记本账户。

无形资产预期不能为事业单位带来服务潜力或经济利益的，应当按规定报经批准后将该无形资产的账面价值予以核销，通过“待处置资产损溢”等账户核算。

【例 19-57】某事业单位对外转让一项专利权，该专利权的账面价值为 40 000 元，已累计摊销金额 15 000 元，转让价格为 35 000 元，以银行存款支付评估费

3 500元。应做会计分录：

（1）转入“待处置资产损溢”账户时：

借：待处置资产损溢——处置资产价值	25 000	
累计摊销	15 000	
贷：无形资产		40 000

（2）实际转让时：

借：非流动资产基金——无形资产	25 000	
贷：待处置资产损溢——处置资产价值		25 000

（3）取得转让无形资产价款时：

借：银行存款	35 000	
贷：待处置资产损溢——处置净收入		35 000

（4）支付评估费时：

借：待处置资产损溢——处置净收入	3 500	
贷：银行存款		3 500

（5）处置完毕时：

借：待处置资产损溢——处置净收入	31 500	
贷：应缴国库款		31 500

本章小结

事业单位的资产是指事业单位占有或者使用的能以货币计量的经济资源，包括各种财产、债权和其他权利。事业单位的资产按照流动性，分为流动资产和非流动资产。

流动资产是指预计在1年内（含1年）变现或者耗用的资产，包括货币资金、短期投资、应收及预付款项、存货等。

非流动资产是指流动资产以外的资产。事业单位的非流动资产包括长期投资、在建工程、固定资产、无形资产等。

事业单位应当按照科学规范、从严控制、保障事业发展需要的原则合理配置资产。

思考题

1. 事业单位的资产包括哪些内容？

2. 事业单位现金管理的要求是什么？
3. 事业单位的零余额账户用款额度是否是一项流动资产？
4. 事业单位的应收及预付款项包括哪些内容？
5. 事业单位的存货应当如何计价？
6. 事业单位的长期投资可分为哪些种类？应当如何核算？
7. 事业单位的固定资产可分为哪些种类？取得时应当如何计价？
8. 什么是事业单位的无形资产？应当如何进行摊销核算？

第二十章

事业单位负债的核算

学习目标

通过本章的学习，掌握事业单位负债的概念，了解事业单位负债的管理及分类，掌握事业单位流动负债和非流动负债的具体内容及其会计处理。

负债是指事业单位所承担的能以货币计量，需要以资产或者劳务偿还的债务。事业单位应当对不同性质的负债分类管理，及时清理并按照规定办理结算，保证各项负债在规定期限内归还。

事业单位应当建立健全财务风险控制机制，规范和加强借入款项管理，严格执行审批程序，不得违反规定举借债务和提供担保。

事业单位的负债按照流动性，分为流动负债和非流动负债。

第一节　流动负债

流动负债是指事业单位预计在1年内（含1年）偿还的负债。事业单位的流动负债包括短期借款、应缴款项、应付职工薪酬、应付及预收款项等。

一、短期借款的核算

短期借款是指事业单位借入的期限在1年内（含1年）的各种借款。

为了核算短期借款业务，事业单位应设置“短期借款”账户。该账户核算事业单位借入的期限在1年内（含1年）的各种借款。本账户应当按照贷款单位和贷款种类进行明细核算。短期借款的主要账务处理如下：

（1）借入各种短期借款时，按照实际借入的金额，借记“银行存款”账户，贷记本账户。

（2）银行承兑汇票到期，本单位无力支付票款的，按照银行承兑汇票的票面金额，借记“应付票据”账户，贷记本账户。

（3）支付短期借款利息时，借记“其他支出”账户，贷记“银行存款”账户。

（4）归还短期借款时，借记本账户，贷记“银行存款”账户。

本账户期末贷方余额，反映事业单位尚未偿还的短期借款本金。

【例20-1】某事业单位2011年3月1日向银行借款100 000元，用于改善教学条件，借款期限为1年，借款年利率为5.4%，借款合同规定按季支付利息。根据借款凭证，应做会计分录：

（1）取得借款时：

借：银行存款	100 000	
贷：短期借款		100 000

（2）期末支付利息时：

借：其他支出	1 350	
贷：银行存款		1 350

（3）到期归还借款本金及利息时：

借：短期借款	100 000	
其他支出	1 350	

贷：银行存款　　101 350

二、应缴款项

应缴款项是指事业单位应缴未缴的各种款项，包括应当上缴国库或者财政专户的款项、应缴税费，以及其他按照国家有关规定应当上缴的款项。

（一）应缴国库款

1. 应缴国库款的概念与管理

应缴国库款是指事业单位在业务活动中按规定向有关单位和个人收取的应上缴国库的各种款项（应缴税费除外）。应缴国库款主要包括以下几项：

（1）纳入财政预算管理的政府性基金，是指事业单位依据有关的法律法规向公民、法人和其他组织无偿收取的具有专门用途的财政资金。

（2）纳入财政预算管理的事业性收费，是指事业单位依据有关的法律法规向公民、法人和其他组织无偿收取的事业性费用，如事业单位为组织考试、评估鉴定等向有关单位和个人收取的考试考务费、评估评审费等。

（3）罚没款项，是指事业单位依据有关的法律法规，对公民、法人和其他组织实施经济处罚所取得的各项罚款、没收款、没收财物变价款等。

（4）其他应缴预算的资金，是指其他按预算管理规定应上缴预算的款项。

上述各项款项构成国家预算的一个组成部分，由事业单位代收或暂收，不属于事业单位的收入。事业单位取得的这些款项在未上缴前，便构成了事业单位与国家的债务关系。

应缴国库款的管理要求是：依法收取，及时、足额上缴财政国库。即事业单位的各种应缴预算款项，应当严格按照国家法律法规的规定收取，不能随意收取，也不可超越有关规定随意免收；事业单位收取的各种应缴预算款项应当按照财政部门规定的缴款方式和缴款期限，及时、足额上缴财政国库。每月月末，事业单位的应缴国库款均应清理结缴。每年年终，事业单位的应缴国库款应全部结清上缴财政国库。

2. 应缴国库款的核算

为了核算应缴国库款业务，事业单位应设置“应缴国库款”账户。该账户核算事业单位按规定应缴入国库的款项（应缴税费除外）。本账户应当按照应缴国库的各款项类别进行明细核算，具体可以按《政府收支分类科目》中属于应缴国库款项的收入分类科目设置明细账。应缴国库款的主要账务处理如下：

（1）按规定计算确定或实际取得应缴国库的款项时，借记有关账户，贷记本账户。

（2）事业单位处置资产取得的应上缴国库的处置净收入的账务处理，参见“待处置资产损溢”账户。

（3）上缴款项时，借记本账户，贷记“银行存款”等账户。

本账户期末贷方余额，反映事业单位应缴入国库但尚未缴纳的款项。

应缴国库款的核算可以区分以下两种情况进行处理：

一种情况：对于尚未实行非税收入收缴制度改革、且暂未取消收入过渡账户的事业单位，应通过“应缴国库款”总账账户核算。

【例20-2】某事业单位尚未纳入财政国库单一账户制度改革，应缴国库款项的收入过渡账户暂未取消。某日收到一项应缴财政预算的行政事业性收费收入：“非税收入——行政事业性收费收入——卫生行政事业性收费收入”10 000元，款项已存入银行。应做会计分录：

借：银行存款　　10 000

　贷：应缴国库款——非税收入——行政事业性收费收入

　　　　　　　　——卫生行政事业性收费收入　　10 000

【例20-3】该事业单位将收到的应缴国库款100 000元通过开户银行上缴财政国库。应做会计分录：

借：应缴国库款——非税收入——行政事业性收费收入

　　　　　　——卫生行政事业性收费收入　　10 000

　贷：银行存款　　10 000

【例20-4】某事业单位收到罚没收入3 600元存入银行。应做会计分录：

借：银行存款　　3 600

　贷：应缴国库款　　3 600

另一种情况：对于已经实行非税收入收缴制度改革，并且已经取消了收入过渡账户的事业单位，开具《非税收入一般缴款书》或收到应缴预算款项并直接上缴财政国库时，可以同时借记和贷记“应缴国库款”总账账户；也可以通过设置“应缴国库款备查登记簿”进行登记和管理，不作会计分录。

（二）应缴财政专户款

1. 应缴财政专户款的概念与管理

应缴财政专户款是指事业单位在业务活动中按规定向有关的单位或个人收取的应上缴财政资金专户的款项。教育收费、彩票发行和销售机构业务费用纳入财政专户管理，称为财政专户管理资金。

应缴财政专户款的管理要求：

（1）按规定收取。事业单位应当严格按照有关规定收取应缴财政专户款，不得随意收取。

（2）实行收支两条线管理。应缴财政专户款不是单位的自有资金，而是财政性资金，应当将其纳入财政管理。事业单位取得应缴财政专户款时，必须按财政部门规定的时间及时缴入财政部门在商业银行统一开设的财政专户。应缴财政专户款的支出由财政部门按照应缴财政专户款收支计划，纳入事业单位的部门预算，从财政专户中核拨，实行收支两条线管理。

2. 应缴财政专户款的核算

为了核算应缴财政专户款业务，事业单位应设置“应缴财政专户款”账户。

该账户核算事业单位按规定应缴入财政专户的款项。本账户应当按照应缴财政专户的各款项类别进行明细核算，具体按《政府收支分类科目》中属于应缴财政专户款项的收入科目设置明细账。

应缴财政专户款的主要账务处理如下：

（1）取得应缴财政专户款项时，借记有关账户，贷记本账户。

（2）上缴款项时，借记本账户，贷记“银行存款”等账户。

本账户期末贷方余额，反映事业单位应缴入财政专户但尚未缴纳的款项。

应缴财政专户款的核算可以区分两种情况进行处理：

一种情况：未实行非税收入收缴制度改革、暂未取消收入过渡账户的事业单位，应通过“应缴财政专户款”总账账户核算。应做会计分录：

【例20-5】某高校尚未实行非税收入制度改革，收入过渡账户暂未取消。该高校收到一笔学费850 000元，存入银行。应做会计分录：

借：银行存款　　850 000

　贷：应缴财政专户款　　850 000

另一种情况：已经实行非税收入收缴制度改革、取消了收入过渡账户的事业单位在收到应缴财政专户的预算外资金并直接上缴财政预算外资金专户时，可以同时借记和贷记“应缴财政专户款”总账账户；也可以通过设置“应缴财政专户款备查登记簿”进行登记和管理，不作会计分录。

（三）应缴税费

1. 应缴税费的内容

事业单位在其业务活动中要发生应税行为，必须缴纳税金。应缴税费是指事业单位按税法等规定应缴纳的各种税费，主要包括：事业单位按照税法等规定计算应缴纳的各种税费，包括营业税、增值税、城市维护建设税、教育费附加、车船税、房产税、城镇土地使用税、企业所得税等。

2. 应缴税费的核算

为了核算应缴税费业务，事业单位应设置“应缴税费”账户。本账户应当按照应缴纳的税费种类进行明细核算。属于增值税一般纳税人的事业单位，其应缴增值税明细账中应设置“进项税额”、“已交税金”、“销项税额”、“进项税额转出”等。

事业单位代扣代缴的个人所得税，也通过本账户核算。事业单位应缴纳的印花税不需要预提应缴税费，直接通过支出等有关账户核算，不在本账户核算。

应缴税费的主要账务处理如下：

（1）发生营业税、城市维护建设税、教育费附加纳税义务的，按税法规定计算的应缴税费金额，借记“待处置资产损益”账户或有关支出账户，贷记本账户。实际缴纳时，借记本账户，贷记“银行存款”账户。

（2）属于增值税一般纳税人的事业单位购入非自用材料的，按确定的成本（不含增值税进项税额），借记“存货”账户，按增值税专用发票上注明的增值税额，借记本账户（应缴增值税——进项税额），按实际支付或应付的金额，贷记“银行存款”、“应付账款”等账户。

属于增值税一般纳税人的事业单位销售应税产品或提供应税服务，按包含增值税的价款总额，借记“银行存款”、“应收账款”、“应收票据”等账户，按扣除增值税销项税额后的价款金额，贷记“经营收入”等账户，按增值税专用发票上注明的增值税金额，贷记本账户（应缴增值税——销项税额）。

属于增值税一般纳税人的事业单位实际缴纳增值税时，借记本账户（应缴增值税——已交税金），贷记“银行存款”账户。

属于增值税小规模纳税人的事业单位销售应税产品或提供应税服务，按实际收到或应收的价款，借记“银行存款”、“应收账款”、“应收票据”等账户，按实际收到或应收价款扣除增值税税额后的金额，贷记“经营收入”等账户，按应缴增值税金额，贷记本账户（应缴增值税）。实际缴纳增值税时，借记本账户（应缴增值税），贷记“银行存款”账户。

（3）发生房产税、城镇土地使用税、车船税纳税义务的，按税法规定计算的应缴税金数额，借记有关账户，贷记本账户。实际缴纳时，借记本账户，贷记“银行存款”账户。

（4）代扣代缴个人所得税的，按税法规定计算应代扣代缴的个人所得税金额，借记“应付职工薪酬”账户，贷记本账户。实际缴纳时，借记本账户，贷记“银行存款”账户。

（5）发生企业所得税纳税义务的，按税法规定计算的应缴税金数额，借记“非财政补助结余分配”账户，贷记本账户。实际缴纳时，借记本账户，贷记“银行存款”账户。

（6）发生其他纳税义务的，按照应缴纳的税费金额，借记有关账户，贷记本账户。实际缴纳时，借记本账户，贷记“银行存款”等账户。

本账户期末借方余额，反映事业单位多缴纳的税费金额；本账户期末贷方余额，反映事业单位应缴未缴的税费金额。

三、应付职工薪酬

1. 应付职工薪酬的内容

应付职工薪酬是指事业单位应付未付的职工工资、津贴补贴等，包括基本工资、绩效工资、国家统一规定的津贴补贴、社会保险费、住房公积金等。

2. 应付职工薪酬的核算

为了核算应付职工薪酬业务，事业单位应设置“应付职工薪酬”账户。本账户应当根据国家有关规定按照“工资（离退休费）”、“地方（部门）津贴补贴”、“其他个人收入”以及“社会保险费”、“住房公积金”等进行明细核算。

应付职工薪酬的主要账务处理如下：

（1）计算当期应付职工薪酬，借记“事业支出”、“经营支出”等账户，贷记本账户。

（2）向职工支付工资、津贴、补贴等薪酬，借记本账户，贷记“财政补助收入”、“零余额账户用款额度”、“银行存款”等账户。

（3）按税法规定代扣代缴个人所得税，借记本账户，贷记“应缴税费——应交个人所得税”账户。

（4）按照国家有关规定缴纳职工社会保险费和住房公积金，借记本账户，贷记“财政补助收入”、“零余额账户用款额度”、“银行存款”等账户。

（5）从应付职工薪酬中支付其他款项，借记本账户，贷记“财政补助收入”、“零余额账户用款额度”、“银行存款”等账户。

本账户期末贷方余额，反映事业单位应付未付的职工薪酬。

四、应付及预收款项的核算

应付及预收款项是指事业单位在开展业务活动中发生的各项债务，包括应付票据、应付账款、其他应付款等应付款项和预收账款。

1. 应付票据的核算

应付票据是指事业单位因购买材料、物资等而开出、承兑的商业汇票，包括银行承兑汇票和商业承兑汇票。

为了核算应付票据业务，事业单位应设置“应付票据”账户。该核算事业单位因购买材料、物资等而开出、承兑的商业汇票，包括银行承兑汇票和商业承兑汇票。本账户应当按照债权单位进行明细核算。应付票据的主要账务处理如下：

（1）开出、承兑商业汇票时，借记“存货”等账户，贷记本账户。

以承兑商业汇票抵付应付账款时，借记“应付账款”账户，贷记本账户。

（2）支付银行承兑汇票的手续费时，借记“事业支出”、“经营支出”等账户，贷记“银行存款”等账户。

（3）商业汇票到期时，应当分别以下情况处理：

收到银行支付到期票据的付款通知时，借记本账户，贷记“银行存款”账户。

银行承兑汇票到期，本单位无力支付票款的，按照汇票票面金额，借记本账户，贷记“短期借款”账户。

商业承兑汇票到期，本单位无力支付票款的，按照汇票票面金额，借记本账户，贷记“应付账款”账户。

本账户期末贷方余额，反映事业单位开出、承兑的尚未到期的商业汇票票面金额。

事业单位应当设置“应付票据备查簿”，详细登记每一应付票据的种类、号数、出票日期、到期日、票面金额、交易合同号、收款人姓名或单位名称，以及付款日期和金额等资料。应付票据到期结清票款后，应当在备查簿内逐笔注销。

【例20-6】某科研所开出商业汇票一张，抵付前欠M公司材料款，面额为26 000元。应做会计分录：

借：应付账款——M 公司　　26 000
　贷：应付票据　　26 000

【例 20-7】某高校购进实验用材料一批，价值 15 000 元，根据交易合同开出期限为 3 个月的带息商业汇票一张。应做会计分录：

借：存货　　15 000
　贷：应付票据　　15 000

【例 20-8】上述商业汇票到期，收到银行支付本息通知，共付本息 15 200 元，其中，利息 200 元。应做会计分录：

借：应付票据　　15 000
　　事业支出　　200
　贷：银行存款　　15 200

2. 应付账款的核算

应付账款是指事业单位因购买材料、物资等而应付的款项。

为了核算应付账款业务，事业单位应设置“应付账款”账户。该账户核算事业单位因购买材料、物资等而应付的款项。本账户应当按照债权单位（或个人）进行明细核算。应付账款的主要账务处理如下：

（1）购入材料、物资等已验收入库但货款尚未支付的，按照应付未付金额，借记“存货”等账户，贷记本账户。

（2）偿付应付账款时，按照实际支付的款项金额，借记本账户，贷记“银行存款”等账户。

（3）开出、承兑商业汇票抵付应付账款，借记本账户，贷记“应付票据”账户。

（4）无法偿付或债权人豁免偿还的应付账款，借记本账户，贷记“其他收入”账户。

本账户期末贷方余额，反映事业单位尚未支付的应付账款。

【例 20-9】某事业单位物资科向 N 公司购进材料一批，价值 25 000 元，货已运达并验收入库，款未付。应做会计分录：

借：存货　　25 000
　贷：应付账款——N 公司　　25 000

【例 20-10】通过单位零余额账户偿付 N 公司货款 25 000 元。应做会计分录：

借：应付账款——N 公司　　25 000
　贷：零余额账户用款额度　　25 000

【例 20-11】某事业单位为开展经营活动购入材料一批，增值税专用发票上注明材料价款 5 000 元，增值税税额为 850 元。材料已验收入库，货款未付。应做会计分录：

借：存货　　5 000
　　应缴税费——应缴增值税（进项税额）　　850

贷：应付账款 5 850

3. 预收账款的核算

预收账款是指买卖双方协议商定，由购货方预先支付一部分货款给供应方所发生的一项负债。预收账款账户核算事业单位按合同规定预收的款项。如果事业单位的预收货款业务不多，也可以不设置“预收账款”账户，而是将预收的货款直接记入“应收账款”账户。

4. 其他应付款的核算

其他应付款是核算事业单位除应缴税费、应缴国库款、应缴财政专户款、应付职工薪酬、应付票据、应付账款、预收账款之外的其他各项偿还期限在 1 年内（含 1 年）的应付及暂收款项，如存入保证金等。

为了核算其他应付款业务，事业单位应设置“其他应付款”账户。本账户应当按照其他应付款的类别以及债权单位（或个人）进行明细核算。其他应付款的主要账务处理如下：

（1）发生其他各项应付及暂收款项时，借记“银行存款”等账户，贷记本账户。

（2）支付其他应付款项时，借记本账户，贷记“银行存款”等账户。

（3）无法偿付或债权人豁免偿还的其他应付款项，借记本账户，贷记“其他收入”账户。

本账户期末贷方余额，反映事业单位尚未支付的其他应付款。

【例 20-12】某事业单位为开展经营活动采用经营租赁方式租入一台设备，应支付租赁费 2 000 元。应做会计分录：

借：经营支出 2 000

贷：其他应付款 2 000

【例 20-13】该事业单位以银行存款支付上述租入设备的租赁费 2 000 元。应做会计分录：

借：其他应付款 2 000

贷：银行存款 2 000

第二节 非流动负债

非流动负债是指流动负债以外的负债。事业单位的非流动负债包括长期借款、长期应付款等。

一、长期借款的核算

长期借款是指事业单位借入的期限超过 1 年（不含 1 年）的各种借款。

为了核算长期借款业务，事业单位应设置“长期借款”账户。该账户核算事业单位借入的期限超过 1 年（不含 1 年）的各种借款。本账户应当按照贷款单位和贷款种类进行明细核算。对于基建项目借款，还应按具体项目进行明细核算。

长期借款的主要账务处理如下：

（1）借入各项长期借款时，按照实际借入的金额，借记“银行存款”账户，贷记本账户。

（2）为购建固定资产支付的专门借款利息，分别以下情况处理：属于工程项目建设期间支付的，计入工程成本；属于工程项目完工交付使用后支付的，计入当期支出但不计入工程成本。

（3）其他长期借款利息，按照支付的利息金额，借记“其他支出”账户，贷记“银行存款”账户。

（4）归还长期借款时，借记本账户，贷记“银行存款”账户。

本账户期末贷方余额，反映事业单位尚未偿还的长期借款本金。

【例20-14】某事业单位2011年11月30日向银行借款300 000元补充流动资金，借款期限为2年，借款年利率为6%，借款合同规定按年支付利息。根据借款凭证，应做会计分录：

（1）取得借款时：

借：银行存款	300 000	
贷：长期借款		300 000

（2）期末支付利息时：

借：其他支出	18 000	
贷：银行存款		18 000

（3）到期归还借款本金及利息时：

借：长期借款	300 000	
其他支出	18 000	
贷：银行存款		318 000

二、长期应付款的核算

长期应付款是指事业单位发生的偿还期限超过1年（不含1年）的应付款项，主要指事业单位融资租入固定资产发生的应付租赁款。

为了核算长期应付款业务，事业单位应设置“长期应付款”账户。该账户核算事业单位发生的偿还期限超过1年（不含1年）的应付款项，如以融资租赁方式租入固定资产的租赁费、跨年度分期付款购入固定资产的价款等。本账户应当按照长期应付款的类别以及债权单位（或个人）进行明细核算。

长期应付款的主要账务处理如下：

（1）发生长期应付款时，借记“固定资产”、“在建工程”等账户，贷记本账户、“非流动资产基金”等账户。

（2）支付长期应付款时，借记“事业支出”、“经营支出”等账户，贷记“银行存款”等账户；同时，借记本账户，贷记“非流动资产基金”账户。

（3）无法偿付或债权人豁免偿还的长期应付款，借记本账户，贷记“其他收入”账户。

本账户期末贷方余额，反映事业单位尚未支付的长期应付款。

【例 20-15】某事业单位以融资租赁方式租入一台设备，租赁协议规定设备的价款为 300 000 元，分 5 年等额付清，即每年支付租金 60 000 元。租用该设备发生的运输费、安装调试费共计 4 500 元。安装调试完毕并交付使用。应做会计分录：

（1）租入固定资产时：

借：固定资产	304 500	
贷：长期应付款		300 000
非流动资产基金——固定资产		4 500

（2）支付运输费、保险费、安装调试费时：

借：事业支出	4 500	
贷：零余额账户用款额度		4 500

（3）每年支付租金时：

借：事业支出	60 000	
贷：零余额账户用款额度		60 000

同时：

借：长期应付款	60 000	
贷：非流动资产基金——固定资产		60 000

本章小结

事业单位的负债是指事业单位所承担的能以货币计量，需要以资产或者劳务偿还的债务。事业单位的负债按照流动性，分为流动负债和非流动负债。

流动负债是指事业单位预计在 1 年内（含 1 年）偿还的负债。事业单位的流动负债包括短期借款、应缴税费、应付职工薪酬、应付及预收款项等。

非流动负债是指流动负债以外的负债。事业单位的非流动负债包括长期借款、长期应付款等。

事业单位应当对不同性质的负债分类管理，及时清理并按照规定办理结算，保证各项负债在规定期限内归还。

事业单位应当建立健全财务风险控制机制，规范和加强借入款项管理，严格执行审批程序，不得违反规定举借债务和提供担保。

思考题

1. 事业单位的负债包括哪些内容?
2. 什么是短期借款?应当如何核算?
3. 事业单位的应付及预收款项包括哪些内容?应当如何核算?
4. 事业单位的“应缴国库款”和“应缴财政专户款”有何区别?应当如何核算?
5. 什么是事业单位的应缴税费?应当如何核算?
6. 事业单位的“应付职工薪酬”和“其他应付款”总账账户分别核算什么内容?
7. 事业单位的非流动负债包括哪些内容?应当如何核算?

第二十一章

事业单位收入的核算

学习目标

通过本章的学习，掌握事业单位收入的概念，了解事业单位收入的管理及内容，掌握事业单位财政补助收入、事业收入、上级补助收入与附属单位上缴收入、经营收入和其他收入的具体内容及其会计处理。

事业单位的收入是指事业单位开展业务及其他活动依法取得的非偿还性资金。事业单位的收入包括财政补助收入、事业收入、上级补助收入与附属单位上缴收入、经营收入和其他收入等。

第一节 财政补助收入

一、财政补助收入的概念和管理

财政补助收入是指事业单位从同级财政部门取得的各类财政拨款，包括基本支出补助和项目支出补助。它来源于政府财政预算，是政府对发展各项事业的投入，是事业单位开展业务活动的经常性资金来源。

事业单位财政补助收入的主要管理要求如下：

1. 按部门预算和用款计划申请取得财政补助收入

事业单位应当严格按照经批准的年度部门预算和分月用款计划申请取得财政补助收入。如果由于事业计划发生变动而需要增加或减少财政补助收入，事业单位应编制追加或追减预算，经财政部门或上级单位审核批准后，按变更后的预算申请取得财政补助收入。

2. 按规定的用途申请取得和使用财政补助收入

事业单位应当按照部门预算规定的资金用途申请取得和使用财政补助收入，未经财政部门同意，不可擅自改变财政补助收入的用途。按部门预算的规定，事业单位的事业支出分为基本支出和项目支出两大类。基本支出财政补助收入和项目支出财政补助收入应当分别进行核算，不能相互混淆。基本支出财政补助收入中的人员经费财政补助收入和日常公用经费财政补助收入也需要分别进行核算，不能相互混淆。

3. 按预算级次申请取得财政补助收入

事业单位应当按照预算级次逐级申请取得财政补助收入，不可越级申请取得财政补助收入。同级主管会计单位之间不可发生财政补助收入的业务，没有预算管理关系的不同级别事业单位之间也不可发生财政补助收入的业务。

4. 事业单位应当将各项收入全部纳入单位预算，统一核算，统一管理

事业单位对按照规定上缴国库或者财政专户的资金，应当按照国库集中收缴的有关规定及时足额上缴，不得隐瞒、滞留、截留、挪用和坐支。

二、财政补助收入的核算

事业单位的收入一般应当在收到款项时予以确认，并按照实际收到的金额进行计量。

采用权责发生制确认的收入，应当在提供服务或者发出存货，同时收讫价款或者取得索取价款的凭据时予以确认，并按照实际收到的金额或者有关凭据注明的金

额进行计量。

为了核算财政补助收入业务，事业单位应设置“财政补助收入”账户。该账户核算事业单位从同级财政部门取得的各类财政拨款，包括基本支出补助和项目支出补助。该账户平时的余额，反映事业单位年度预算的执行情况或执行进度。

本账户应当设置“基本支出”和“项目支出”两个明细账户；两个明细账户下按照《政府收支分类科目》中“支出功能分类”的相关科目进行明细核算；同时在“基本支出”明细科目下按照“人员经费”和“日常公用经费”进行明细核算，在“项目支出”明细科目下按照具体项目进行明细核算。

财政补助收入的主要账务处理如下：

（1）财政直接支付方式下，对财政直接支付的支出，事业单位根据财政国库支付执行机构委托代理银行转来的财政直接支付入账通知书及原始凭证上列明的直接支付入账金额，借记有关账户，贷记本账户。

年度终了，根据本年度财政直接支付预算指标数与当年财政直接支付实际支出数的差额，借记“财政应返还额度——财政直接支付”账户，贷记本账户。

（2）财政授权支付方式下，事业单位根据代理银行转来的授权支付到账通知书中的授权支付额度，借记“零余额账户用款额度”账户，贷记本账户。

年度终了，事业单位本年度财政授权支付预算指标数大于零余额账户用款额度下达数的，根据未下达的用款额度，借记“财政应返还额度——财政授权支付”账户，贷记本账户。

（3）其他方式下，实际收到财政补助收入时，按照实际收到的金额，借记“银行存款”等账户，贷记本账户。

（4）因购货退回等发生国库直接支付款项退回的，属于以前年度支付的款项，按照退回金额，借记“财政应返还额度”账户，贷记“财政补助结转”、“财政补助结余”、“存货”等有关账户；属于本年度支付的款项，按照退回金额，借记本账户，贷记“事业支出”、“存货”等有关账户。

（5）期末，将本账户本期发生额转入财政补助结转，借记本账户，贷记“财政补助结转”账户。

【例21-1】某市政府教育部门所属事业单位甲高等学校收到财政部门委托代理银行转来的财政直接支付入账通知书，通知书列示事业单位开展日常业务活动发生的事业活动经费“基本支出——日常公用经费”35 000元。应做会计分录：

借：事业支出 35 000

　贷：财政补助收入——基本支出——日常公用经费 35 000

【例21-2】该市政府教育部门所属事业单位甲高等学校收到财政部门委托代理银行转来财政直接支付入账通知书，通知书列示事业单位开展某项专业业务活动发生的事业经费“项目支出——教学设备采购”55 000元。应做会计分录：

借：事业支出 55 000

　贷：财政补助收入——项目支出——教学设备采购 55 000

同时：

借：固定资产　　55 000

　贷：非流动资产基金——固定资产　　55 000

【例21-3】某市政府直属事业单位市社科院收到代理银行转来的财政授权支付到账通知书，收到财政授权支付额度，列示“基本支出——日常公用经费”650 000元。应做会计分录：

借：零余额账户用款额度　　650 000

　贷：财政补助收入——基本支出——日常公用经费　　650 000

【例21-4】该市政府直属事业单位市社科院收到代理银行转来的财政授权支付到账通知书，收到财政授权支付额度，列示“项目支出——教学设备采购”364 000元。应做会计分录：

借：零余额账户用款额度　　364 000

　贷：财政补助收入——项目支出——教学设备采购　　364 000

【例21-5】某市政府文化部门所属事业单位市图书馆尚未实行财政国库单一账户制度。该图书馆收到开户银行转来的收款通知，收到财政部门拨入一笔日常事业活动预算经费，列示“基本支出——日常公用经费”460 000元。应做会计分录：

借：银行存款　　460 000

　贷：财政补助收入——基本支出——日常公用经费　　460 000

【例21-6】该市政府文化部门所属事业单位市图书馆收到开户银行转来的收款通知，收到财政部门拨入的一笔专项事业活动预算经费，列示“项目支出——专用图书采购”256 000元。应做会计分录：

借：银行存款　　256 000

　贷：财政补助收入——项目支出——专用图书采购　　256 000

【例21-7】某事业单位期末结账，“财政补助收入”总账账户的贷方余额为375 000元，有关明细账户的贷方余额为：“基本支出——人员经费”186 000元；“基本支出——日常公用经费”113 000元；“项目支出——教学设备采购”76 000元。年终将以上贷方余额转入“财政补助结转”账户。应做会计分录：

借：财政补助收入——基本支出——人员经费　　186 000

　　　　　　　　——基本支出——日常公用经费　　113 000

　　　　　　　　——项目支出——教学设备采购　　76 000

　贷：财政补助结转　　375 000

第二节　事业收入

一、事业收入的概念和管理

事业收入是指事业单位开展专业业务活动及其辅助活动取得的收入。专业业务活动，是指事业单位根据本单位专业特点所从事或开展的主要业务活动，如教育事业单位的教学活动、卫生事业单位的医疗保健活动等。辅助活动是指与专业业务活动相关、直接为专业业务活动服务的单位行政管理活动、后勤服务活动及其他有关活动。通过开展上述活动取得的收入，均作为事业收入处理。但是，按照国家有关规定应当上缴国库或者财政专户的资金，不计入事业收入；从财政专户核拨给事业单位的资金和经核准不上缴国库或者财政专户的资金，计入事业收入。

事业单位事业收入的主要管理要求如下：

（1）事业单位应当在国家政策允许的范围内，严格按照经国家批准的收费项目和收费标准进行收费，依法组织事业收入。

（2）事业单位应当使用财政部门和税务部门统一印制的发票，取得的事业收入，应当及时入账，并将各项事业收入全部纳入单位预算，统一核算，统一管理。

二、事业收入的核算

为了核算事业收入业务，事业单位应设置“事业收入”账户。该账户核算事业单位开展专业业务活动及其辅助活动取得的收入。本账户应当按照事业收入类别、项目、《政府收支分类科目》中“支出功能分类”相关科目等进行明细核算。事业收入中如有专项资金收入，还应按具体项目进行明细核算。

事业收入的主要账务处理如下：

1. 采用财政专户返还方式管理的事业收入

（1）收到应上缴财政专户的事业收入时，按照收到的款项金额，借记“银行存款”、“库存现金”等账户，贷记“应缴财政专户款”账户。

（2）向财政专户上缴款项时，按照实际上缴的款项金额，借记“应缴财政专户款”账户，贷记“银行存款”等账户。

（3）收到从财政专户返还的事业收入时，按照实际收到的返还金额，借记“银行存款”等账户，贷记本账户。

2. 其他事业收入

（1）收到事业收入时，按照收到的款项金额，借记“银行存款”、“库存现金”等账户，贷记本账户。

涉及增值税业务的，相关账务处理参照“经营收入”账户。

（2）期末，将本账户本期发生额中的专项资金收入结转入非财政补助结转，借记本账户下各专项资金收入明细账户，贷记“非财政补助结转”账户；将本账户本期发生额中的非专项资金收入结转入事业结余，借记本账户下各非专项资金收入明细账户，贷记“事业结余”账户。

期末结账后，本账户应无余额。

【例21-8】某市政府部门所属事业单位某金融职业学校尚未实行非税收入制度改革，且尚未取消应缴财政专户款项收入过渡账户。该学校收到一笔学费650 000元，存入银行。应做会计分录：

借：银行存款　　650 000

　贷：应缴财政专户款　　650 000

【例 21-9】接【例 21-8】，该金融职业学校将 650 000 元的应缴财政专户款上缴财政专户。应做会计分录：

借：应缴财政专户款　　650 000

　贷：银行存款　　650 000

【例 21-10】接【例 21-9】，该金融职业学校收到银行收款通知，收到从财政专户返还的事业收入 450 000 元。应做会计分录：

借：银行存款　　450 000

　贷：事业收入　　450 000

【例 21-11】某市政府部门所属事业单位蓝天医院开展医疗业务活动中取得一笔事业收入，列示"事业收入——医疗收入"56 000 元，款项存入银行。应做会计分录：

借：银行存款　　56 000

　贷：事业收入——医疗收入　　56 000

【例 21-12】该市政府部门所属事业单位蓝天医院开展医疗业务活动销售自制产品 50 件，每件 600 元，计 30 000 元，增值税税额为 5 100 元，款项已通过开户行收讫。应做会计分录：

借：银行存款　　35 100

　贷：事业收入——医疗收入　　30 000

　　　应缴税费——应缴增值税（销项税额）　　5 100

【例 21-13】某事业单位期末结账，"事业收入"总账账户的贷方余额为 5 870 000元，其中，专项资金收入 1 320 000 元，非专项资金收入 4 555 000 元。应做会计分录：

借：事业收入　　1 320 000

　贷：非财政补助结转　　1 320 000

借：事业收入　　4 550 000

　贷：事业结余　　4 550 000

第三节　上级补助收入与附属单位上缴收入

一、上级补助收入的核算

上级补助收入是指事业单位从主管部门和上级单位取得的非财政补助收入，是事业单位按经费领拨关系取得的经费不足弥补正常业务活动的开支时，向上级单位申请取得的非财政性补助款。

为核算上级补助收入业务，事业单位应设置"上级补助收入"账户。该账户核算事业单位从主管部门和上级单位取得的非财政补助收入。该账户平时贷方余额，反映上级补助收入累计数。本账户应当按照发放补助单位、补助项目、《政府收支分类科目》中“支出功能分类”相关科目等进行明细核算。上级补助收入中如有专项资金收入，还应按具体项目进行明细核算。

上级补助收入的主要账务处理如下：

（1）收到上级补助收入时，按照实际收到的金额，借记“银行存款”等账户，贷记本账户。

（2）期末，将本账户本期发生额中的专项资金收入结转入非财政补助结转，借记本账户下各专项资金收入明细账户，贷记“非财政补助结转”账户；将本账户本期发生额中的非专项资金收入结转入事业结余，借记本账户下各非专项资金收入明细账户，贷记“事业结余”账户。

期末结账后，本账户应无余额。

【例21-14】某师范大学附属高中收到银行收款通知，收到上级单位拨来的一笔非财政性的补助款项478 000元，其中，“基本支出——人员经费”365 000元，“基本支出——日常公用经费”113 000元。应做会计分录：

借：银行存款	478 000	
贷：上级补助收入——基本支出——人员经费		365 000
——基本支出——日常公用经费		113 000

【例21-15】某师范大学附属高中收到银行收款通知，收到上级单位拨来的一笔非财政性的补助款项。具体列示，“项目支出——教学设备采购”73 000元。应做会计分录：

借：银行存款	73 000	
贷：上级补助收入——项目支出——教学设备采购		73 000

【例21-16】某事业单位期末结账，“上级补助收入”总账账户的贷方余额为1 880 000元，其中，专项资金收入650 000元，非专项资金收入1 230 000元。应做会计分录：

借：上级补助收入	650 000	
贷：非财政补助结转		650 000
借：上级补助收入	1 230 000	
贷：事业结余		1 230 000

二、附属单位上缴收入的核算

附属单位上缴收入是指事业单位附属独立核算单位按照有关规定上缴的收入，包括附属的单位上缴的收入和利润等。附属独立核算的单位，一般是指有独立资格的单位，包括附属的事业单位和附属的企业或公司。附属单位上缴收入是事业单位开展事业活动所需资金的必要补充，事业单位应当对其附属单位的业务活动和上缴款项实行计划管理，并加强调控和监督。

为了核算附属单位上缴收入业务，事业单位应设置“附属单位上缴收入”账户。本账户核算事业单位附属独立核算单位按照有关规定上缴的收入。该账户平时贷方余额，反映附属单位缴款的累计数。本账户应当按照附属单位、缴款项目、《政府收支分类科目》中“支出功能分类”相关科目等进行明细核算。附属单位上缴收入中如有专项资金收入，还应按具体项目进行明细核算。

附属单位上缴收入的主要账务处理如下：

（1）收到附属单位缴来款项时，按照实际收到金额，借记“银行存款”等账户，贷记本账户。

（2）期末，将本账户本期发生额中的专项资金收入结转入非财政补助结转，借记本账户下各专项资金收入明细账户，贷记“非财政补助结转”账户；将本账户本期发生额中的非专项资金收入结转入事业结余，借记本账户下各非专项资金收入明细账户，贷记“事业结余”账户。

期末结账后，本账户应无余额。

【例 21-17】某市政府部门所属事业单位某高校收到银行收款通知，收到附属独立核算单位上缴的一笔款项 250 000 元，附属单位缴款按该高校基本支出预算安排：“基本支出——人员经费”150 000 元，“基本支出——日常公用经费”100 000元。应做会计分录：

借：银行存款	250 000	
贷：附属单位上缴收入——基本支出——人员经费		150 000
——基本支出——日常公用经费		100 000

【例 21-18】年终，某事业单位“附属单位上缴收入——基本支出——日常公用经费”账户的贷方余额为 86 000 元，均为非专项资金收入，应结转至“事业结余”账户。应做会计分录：

借：附属单位上缴收入——基本支出——日常公用经费	86 000	
贷：事业结余		86 000

第四节　经营收入

经营收入是指事业单位在专业业务活动及其辅助活动之外开展非独立核算经营活动取得的收入。事业单位的经营收入必须是经营活动取得的收入，而不是专业业务活动及其辅助活动取得的收入，必须是非独立核算的经营活动取得的收入，而不是独立核算的经营活动取得的收入。

事业单位经营收入的种类主要有：事业单位非独立核算部门销售商品取得的销售收入；事业单位非独立核算部门对外提供经营服务取得的经营服务收入；事业单位出租房屋、场地和设备等取得的租赁收入；事业单位在专业业务活动及其辅助活动之外取得的除上述各项收入以外的其他经营收入。

为了核算经营收入业务，事业单位应设置“经营收入”账户。本账户核算事业单位在专业业务活动及其辅助活动之外开展非独立核算经营活动取得的收入。该账户平时余额在贷方反映经营收入累计数。本账户应当按照经营活动类别、项目、《政府收支分类账户》中“支出功能分类”相关账户等进行明细核算。

经营收入的主要账务处理如下：

（1）经营收入应当在提供服务或发出存货，同时收讫价款或者取得索取价款的凭据时，按照实际收到或应收的金额确认收入。

实现经营收入时，按照确定的收入金额，借记“银行存款”、“应收账款”、“应收票据”等账户，贷记本账户。

属于增值税小规模纳税人的事业单位实现经营收入，按实际出售价款，借记“银行存款”、“应收账款”、“应收票据”等账户，按出售价款扣除增值税税额后的金额，贷记本账户，按应缴增值税金额，贷记“应缴税费——应缴增值税”账户。

属于增值税一般纳税人的事业单位实现经营收入，按包含增值税的价款总额，借记“银行存款”、“应收账款”、“应收票据”等账户，按扣除增值税销项税额后的价款金额，贷记本账户，按增值税专用发票上注明的增值税金额，贷记“应缴税费——应缴增值税（销项税额）”账户。

（2）期末，将本账户本期发生额转入经营结余，借记本账户，贷记“经营结余”账户。

期末结账后，本账户应无余额。

【例 21-19】某市政府文化部门所属事业单位某美术馆开展经营活动取得一笔经营收入，具体为“经营收入——纪念品销售收入”3 600 元，款项存入银行。应做会计分录：

借：银行存款　　3 600

　贷：经营收入——纪念品销售收入　　3 600

【例 21-20】某事业单位收到银行收款通知，收到非独立核算的车队向外提供运输劳务收入 2 500 元。应做会计分录：

借：银行存款　　2 500

　贷：经营收入——车队运输收入　　2 500

【例 21-21】某事业单位非独立核算的招待所交来住宿、餐饮等收入计 6 500 元。应做会计分录：

借：库存现金　　6 500

　贷：经营收入——招待所住宿收入　　6 500

【例 21-22】期末，某事业单位将“经营收入”账户的贷方余额 56 000 元结转“经营结余”账户。应做会计分录：

借：经营收入　　56 000

　贷：经营结余　　56 000

第五节 其他收入

其他收入是指事业单位财政补助收入、事业收入、上级补助收入、附属单位上缴收入和经营收入以外的各项收入，包括投资收益、利息收入、捐赠收入、现金盘盈收入、存货盘盈收入、收回已核销应收及预付款项、无法偿付的应付及预收款项等。

为核算其他收入业务，事业单位应设置“其他收入”账户。该账户平时贷方余额，表示其他收入的累计余额。本账户应当按照其他收入的类别、《政府收支分类科目》中“支出功能分类”相关科目等进行明细核算。对于事业单位对外投资实现的投资净损益，应单设“投资收益”明细科目进行核算；其他收入中如有专项资金收入（如限定用途的捐赠收入），还应按具体项目进行明细核算。

其他收入的主要账务处理如下：

（1）投资收益。对外投资持有期间收到利息、利润等时，按实际收到的金额，借记“银行存款”等账户，贷记本账户。出售或到期收回国债投资本息，按照实际收到的金额，借记“银行存款”等账户，按照出售或收回国债投资的成本，贷记“短期投资”、“长期投资”账户，按其差额，贷记或借记本账户。

（2）银行存款利息收入、租金收入。收到银行存款利息、资产承租人支付的租金，按照实际收到的金额，借记“银行存款”等账户，贷记本账户。

（3）捐赠收入。接受捐赠现金资产，按照实际收到的金额，借记“银行存款”等账户，贷记本账户。接受捐赠的存货验收入库，按照确定的成本，借记“存货”账户，按照发生的相关税费、运输费等，贷记“银行存款”等账户，按照其差额，贷记本账户。

接受捐赠固定资产、无形资产等非流动资产，不通过本账户核算。

（4）现金盘盈收入。每日现金账款核对中如发现现金溢余，属于无法查明原因的部分，借记“库存现金”账户，贷记本账户。

（5）存货盘盈收入。盘盈的存货，按照确定的入账价值，借记“存货”账户，贷记本账户。

（6）收回已核销应收及预付款项。已核销应收账款、预付账款、其他应收款在以后期间收回的，按照实际收回的金额，借记“银行存款”等账户，贷记本账户。

（7）无法偿付的应付及预收款项。无法偿付或债权人豁免偿还的应付账款、预收账款、其他应付款及长期应付款，借记“应付账款”、“预收账款”、“其他应付款”、“长期应付款”等账户，贷记本账户。

期末，将本账户本期发生额中的专项资金收入结转入非财政补助结转，借记本账户下各专项资金收入明细账户，贷记“非财政补助结转”账户；将本账户本期发生额中的非专项资金收入结转入事业结余，借记本账户下各非专项资金收入明细账户，贷记“事业结余”账户。

期末结账后，本账户应无余额。

【例 21-23】某事业单位收到到期兑付的两年期国债投资本息计 51 800 元，其中利息为 1 800 元。应做会计分录：

借：银行存款	51 800	
贷：长期投资——长期债券投资		50 000
其他收入——投资收益		1 800

同时：

借：非流动资产基金——长期投资	50 000	
贷：事业基金		50 000

【例 21-24】某事业单位收到其他单位的捐赠收入 50 000 元，款项存入银行。应做会计分录：

借：银行存款	50 000	
贷：其他收入——捐赠收入		50 000

【例 21-25】某事业单位质量监督所取得租金收入 15 000 元，款项存入银行。应做会计分录：

借：银行存款	15 000	
贷：其他收入——租金收入		15 000

【例 21-26】某事业单位将一笔无法偿付的应付账款 13 500 元转销。应做会计分录：

借：应付账款	13 500	
贷：其他收入		13 500

【例 21-27】期末，某事业单位“其他收入”账户的贷方余额为 57 600 元，均为非专项资金收入，应结转至“事业结余”账户。应做会计分录：

借：其他收入	57 600	
贷：事业结余		57 600

本章小结

事业单位的收入是指事业单位开展业务及其他活动依法取得的非偿还性资金。事业单位的收入包括财政补助收入、事业收入、上级补助收入、附属单位上缴收入、经营收入和其他收入等。

财政补助收入是指事业单位从同级财政部门取得的各类财政拨款，包括基本支出补助和项目支出补助。

事业收入是指事业单位开展专业业务活动及其辅助活动取得的收入。

上级补助收入是指事业单位从主管部门和上级单位取得的非财政补助收入。

附属单位上缴收入是指事业单位附属独立核算单位按照有关规定上缴的收入，包括附属的事业单位上缴的收入和利润等。

经营收入是指事业单位在专业业务活动及其辅助活动之外开展非独立核算经营活动取得的收入。

其他收入包括投资收益、利息收入、捐赠收入、现金盘盈收入、存货盘盈收入、收回已核销应收及预付款项、无法偿付的应付及预收款项等。

事业单位应当在国家政策允许的范围内，严格按照经国家批准的收费项目和收费标准进行收费，依法组织事业收入；各项事业收入全部纳入单位预算，统一核算，统一管理。

思考题

1. 什么是事业单位收入？事业单位的收入主要包括哪些内容？
2. 事业单位的“财政补助收入”总账账户应当分别设置哪两个明细账账户？为什么？
3. 什么是事业单位的事业收入？其如何进行管理？
4. 什么是事业单位的经营收入？它具有哪些基本特征？
5. 什么是事业单位的上级补助收入？上级补助收入与财政补助收入有什么不同？
6. 什么是事业单位的附属单位上缴收入？附属单位上缴收入与经营收入有什么不同？
7. 事业单位的其他收入主要包括哪些内容？

第二十二章

事业单位支出的核算

学习目标

通过本章的学习，掌握事业单位支出的概念，了解事业单位支出的分类，掌握事业单位事业支出、上缴上级支出和对附属单位补助支出、经营支出和其他支出的具体内容及其会计处理。

事业单位支出是指事业单位开展业务及其他活动发生的资金耗费和损失。事业单位支出包括事业支出、上缴上级支出和对附属单位补助支出、经营支出和其他支出。

第一节 事业支出

一、事业支出的概念

事业支出是事业单位开展专业业务活动及其辅助活动发生的支出。事业单位的专业业务活动及其辅助活动是事业单位持续运行的主要业务活动，且专业业务活动属于公益性的业务活动，其业务活动收入通常不足以弥补业务活动支出。因此，事业单位应当根据财政补助收入、事业收入、上级补助收入、附属单位上缴收入、经营收入和其他收入等收入情况统筹安排事业支出。

事业支出是事业单位支出中最主要的支出类别，事业单位专业业务活动及其辅助活动的种类视不同行业的事业单位而定。

二、事业支出的分类

（一）按照政府收支分类科目的要求进行分类

事业单位的事业支出应当按照《政府收支分类科目》中的“支出经济分类科目”进行分类。《政府收支分类科目》中的支出经济分类科目分设类级和款级两级科目。具体分类情况如下。

1. 工资福利支出

工资福利支出反映事业单位开支的在职职工和临时聘用人员的各类劳动报酬，以及为上述人员缴纳的各项社会保险费等。该科目分设如下款级科目：

（1）基本工资，反映按规定发放的基本工资，包括事业单位工作人员的岗位工资、薪级工资。

（2）津贴补贴，反映事业单位在基本工资之外按规定开支的事业单位职工艰苦边远地区津贴、地区附加津贴、岗位性津贴和其他各种补贴等。

（3）社会保障缴费，反映事业单位为职工缴纳的基本养老、基本医疗、失业、工伤、生育等社会保险费，残疾人就业保障金。

（4）伙食补助费，反映事业单位发给职工的伙食补助费，如午餐补助等。

（5）绩效工资，反映事业单位工作人员的绩效工资。

（6）其他工资福利支出，反映上述项目未包括的人员支出，如各种加班工资、病假两个月以上期间的人员工资、编制外长期聘用人员、长期临时工工资等。

以上事业单位工资福利支出类级科目下的款级科目与行政单位的相应科目基本相同，但两者也有一些差别。例如，行政单位有奖金科目，没有绩效工资科目；事业单位有绩效工资科目，没有奖金科目。这些具体的差别与行政单位和事业单位的工资福利制度直接相关。

2. 商品和服务支出

商品和服务支出反映事业单位购买商品和服务的支出（不包括用于购置固定资产的支出）。该科目分设如下款级科目：

（1）办公费，反映事业单位购买按财务会计制度规定不符合固定资产确认标准的日常办公用品、书报杂志等支出。

（2）印刷费，反映事业单位的印刷费支出。

（3）咨询费，反映事业单位咨询方面的支出。

（4）手续费，反映事业单位支付的各类手续费支出。

（5）水费，反映事业单位支付的水费、污水处理费等支出。

（6）电费，反映事业单位的电费支出。

（7）邮电费，反映事业单位开支的信函、包裹、货物等物品的邮寄费及电话费、电报费、传真费、网络通讯费等。

（8）取暖费，反映事业单位取暖用燃料费、热力费、炉具购置费、锅炉临时工的工资、节煤奖以及由事业单位支付的在职职工和离退休人员宿舍取暖费等。

（9）物业管理费，反映事业单位开支的办公用房、职工及离退休人员宿舍等的物业管理费，包括综合治理、绿化、卫生等方面的支出。

（10）交通费，反映事业单位车船等各类交通工具的租用费、燃料费、维修费、过桥过路费、保险费、安全奖励费等。

（11）差旅费，反映事业单位工作人员出差的住宿费、旅费、伙食补助费、杂费，干部及大中专学生调遣费，调干家属旅费补助等。

（12）出国费，反映事业单位工作人员出国的住宿费、旅费、伙食费、杂费等支出。

（13）维修（护）费，反映事业单位日常开支的固定资产（不包括车船等交通工具）修理和维护费用，网络信息系统运行与维护费用，以及按规定提取的修购基金。

（14）租赁费，反映事业单位租赁办公用房、宿舍、专用通讯网以及其他设备等方面的费用。

（15）会议费，反映事业单位会议中按规定开支的房租费、伙食补助费以及文件资料的印刷费、会议场地租用费等。

（16）培训费，反映事业单位各类培训支出，按标准提取的“职工教育经费”也在本科目中反映。

（17）招待费，反映事业单位按规定开支的各类接待（含外宾接待）费用。

（18）专用材料费，反映事业单位购买日常专用材料的支出，具体包括药品及医疗耗材，实验室用品，专用服装，消耗性体育用品，专用工具和仪器，专用材料和用品，广播电视台发射台发射机的电力、材料等方面的支出。

（19）劳务费，反映支付给单位和个人的劳务费用，如临时聘用人员、钟点工工资，稿费、翻译费、评审费等。

（20）委托业务费，反映事业单位因委托外单位办理业务而支付的委托业务费。

（21）工会经费，反映事业单位按规定提取的工会经费。

（22）福利费，反映事业单位按规定提取的福利费。

（23）其他商品和服务支出，反映上述科目未包括的日常公用支出，如会员费、来访费、广告宣传、其他劳务费及离休人员特需费、公用经费等。

3. 对个人和家庭的补助

对个人和家庭的补助反映事业单位用于对个人和家庭的补助支出。该科目分设如下款级科目：

（1）离休费，反映事业单位移交政府安置的离休人员的离休费、护理费和其他补贴。

（2）退休费，反映事业单位移交政府安置的退休人员的退休费和其他补贴。

（3）退职（役）费，反映事业单位退职人员的生活补贴，一次性支付给职工、运动员的退职补助。

（4）抚恤金，反映事业单位按规定开支的烈士遗属、牺牲病故人员遗属的一次性和定期抚恤金，伤残人员的抚恤金，离退休人员等其他人员的各项抚恤金。

（5）生活补助，反映事业单位按规定开支的优抚对象定期定量生活补助费，单位职工和遗属生活补助，因公负伤等住院治疗、住疗养院期间的伙食补助费等。

（6）救济费，反映事业单位按规定开支的城乡贫困人员、灾民、归侨、外侨及其他人员的生活救济费。实物形式的救济也在此科目反映。

（7）医疗费，反映事业单位在职职工、离退休人员的医疗费，学生医疗费，优抚对象医疗补助，以及按国家规定资助农民参加新型农村合作医疗的支出和对城乡贫困家庭的医疗救助支出。

（8）助学金，反映各类学校学生助学金、奖学金、学生贷款、出国留学（实习）人员生活费，青少年业余体校学员伙食补助费和生活费补贴，按照协议由我方负担或享受我方奖学金的来华留学生、进修生生活费等。

（9）奖励金，反映事业单位的奖励支出，如对独生子女父母奖励等。

（10）生产补贴，反映事业单位各种对个人发放的生产补贴支出，如国家对农民发放的农机具购置补贴、良种补贴、粮食直补以及发放给残疾人的各种生活补贴等。

（11）住房公积金，反映事业单位按职工工资总额的一定比例为职工缴纳的住房公积金。

（12）提租补贴，反映按房改政策规定的标准，事业单位向职工（含离退休人员）发放的租金补贴。

（13）购房补贴，反映事业单位按规定向符合条件职工（含离退休人员）发放的用于购买住房的补贴。

（14）其他对个人和家庭的补助支出，反映未包括在上述科目的对个人和家庭的补助支出，如婴幼儿补贴、职工探亲旅费、退职人员及随行家属路费等。

4. 基本建设支出

基本建设支出反映事业单位由各级发展与改革部门集中安排的用于购置固定资产、土地和无形资产，以及大型修缮所发生的支出。该科目分设如下款级目：

（1）房屋建筑物购建，反映用于购买、自行建造办公用房、仓库、职工生活用房、教学科研用房、学生宿舍、食堂等建筑物（含附属设施，如电梯、通讯线路、水气管道等）的支出。

（2）办公设备购置，反映用于购置并按财务会计制度规定纳入固定资产核算范围的办公家具和办公设备的支出。

（3）专用设备购置，反映用于购置具有专门用途，并按财务会计制度规定纳入固定资产核算范围的各类专用设备的支出，如通信设备、发电设备、交通监控设备、卫星转发器、气象设备、进出口监管设备等。

（4）交通工具购置，反映用于购置各类交通工具（如小汽车、摩托车等）的支出（含车辆购置税）。

（5）大型修缮，反映按财务会计制度规定允许资本化的各类设备、建筑物、公共基础设施等大型修缮的支出。

（6）信息网络购建，反映用于信息网络方面的支出，如计算机硬件、软件购置、开发、应用支出等。如果购建的计算机硬件、软件等不符合财务会计制度规定的固定资产确认标准的，不在此科目反映。

（7）其他基本建设支出，反映著作权、商标权、专利权等无形资产购置支出，以及其他上述科目中未包括的资本性支出，如娱乐、文化和艺术原作的使用权、购买国内外影片播映权、购置图书等。

5. 其他资本性支出

其他资本性支出反映事业单位由非各级发展与改革部门集中安排的用于购置固定资产、土地和无形资产，以及大型修缮所发生的支出。该科日款级科目的分设与上述基本建设支出相同。

6. 其他支出

其他支出反映不能划分到上述经济科目的其他支出。

上述科目分类，是事业单位按照《政府收支分类科目》中的“支出经济分类”作出的一个完整的事业支出科目体系。它与《政府收支分类科目》中的“支出功能分类”科目是相互配套的两套支出科目体系。

（二）按照部门预算的要求进行的分类

事业单位的事业支出应当按照部门预算的要求进行分类。按照部门预算的要求，事业单位的事业支出可分为基本支出和项目支出两大类。

1. 基本支出

这是指事业单位为维持正常运转和完成日常工作任务而发生的各项支出。如事业单位按规定支付给工作人员的基本工资、津贴等；事业单位为完成日常工作需要所发生的办公费、水电费、差旅费等办公经费支出。基本支出是事业单位的基本资金消耗，具有常规性和稳定性的特点。按照部门预算管理的要求，事业单位的基本支出再分成人员经费支出和日常公用经费支出两大类。其中，人员经费支出的具体科目包括《政府收支分类科目》中的“工资福利支出”科目以及“对个人和家庭的补助支出”科目；日常公用经费支出的具体科目包括《政府收支分类科目》中的“商品和服务支出”科目，以及“基本建设支出”科目和“其他资本性支出”科目中的“办公设备购置”、“专用设备购置”和“交通工具购置”科目。事业单位购置办公设备、专用设备和交通工具的支出，视情况也可以作为项目支出预算的内容。

2. 项目支出

这是指事业单位为完成专项工作或特定任务而发生的各项支出。事业单位的项目支出一般包括房屋建筑物购建支出、专项大型修缮支出、专项事业任务支出等。与基本支出相比，项目支出具有非常规性、不稳定的特点。事业单位的项目支出一般都安排有专项资金来源。如果没有安排专项资金来源，一般即作为基本支出。事业单位项目支出的具体科目可以同时包括《政府收支分类科目》中的“商品和服务支出”、“基本建设支出”、“其他资本性支出”科目中的相关明细科目。

（三）按不同经费性质分类

按照不同经费的性质，事业单位的事业支出可以分为财政补助支出、非财政专项资金支出和其他资金支出三类。

1. 财政补助支出

财政补助支出是指事业单位从财政部门取得的各类财政补助，包括基本支出补助和项目支出补助而发生的事业支出。

2. 非财政专项资金支出

非财政专项资金支出是指事业单位从主管部门和上级单位等取得的非财政专项资金补助收入而发生的事业支出。

3. 其他资金支出

其他资金支出是指事业单位从主管部门和上级单位等取得的非专项资金补助收入而发生的支出。

三、事业支出的管理要求

事业单位事业支出的管理要求主要是：

（1）严格按照部门预算规定的用途和数额使用。事业单位的事业支出必须严格按照部门预算规定的用途和数额使用，不可办理无预算、超预算范围的事业支出。对于违反财经纪律的开支，事业单位一律不得办理报销支付。

（2）保证基本支出的需要。事业单位的事业支出应当保证单位基本支出的需要，包括人员经费和日常公用经费的需要。对于单位的基本支出，应当实行优先保障、优先安排的管理原则。只有在基本支出安排得到保证后，才可以安排项目支出。事业单位的基本支出一般采用定员、定额的管理办法。基本支出的定额项目包括人员经费和日常公用经费两部分。

（3）严格项目支出的管理。事业单位的项目支出应当实行区分轻重缓急进行科学论证、合理排序申报、立项后专款专用、追踪问效的管理制度。事业单位应当为每项项目支出单独建账，独立反映其资金来源和使用情况以及项目进度和完成情况，并及时对资金使用的效益作出评价。

（4）实行综合预算管理方法。事业单位应当将事业单位的各项收入综合地安排用于事业支出，包括基本支出和项目支出。即事业单位在安排基本支出时，需要综合地安排使用各项收入；在安排项目支出时，也需要综合地安排使用各项收入。

（5）划清事业支出与经营支出的界线。事业单位应当严格划清事业支出和经营支出的界线，不可将应列入经营支出的项目列入事业支出，也不可将应列入事业支出的项目列入经营支出。

四、事业支出的核算

为核算事业支出业务，事业单位应设置“事业支出”账户。平时本账户的借方余额反映实际事业支出累计数。该账户应当按照“基本支出”和“项目支出”，“财政补助支出”、“非财政专项资金支出”和“其他资金支出”等层级进行明细核算，并按照《政府收支分类科目》中“支出功能分类”相关科目进行明细核算；“基本支出”和“项目支出”明细科目下应当按照《政府收支分类科目》中“支出经济分类”的款级科目进行明细核算；同时在“项目支出”明细科目下按照具体项目进行明细核算。

事业支出的主要账务处理如下：

（1）为从事专业业务活动及其辅助活动人员计提的薪酬等，借记本账户，贷记“应付职工薪酬”等账户。

（2）开展专业业务活动及其辅助活动领用的存货，按领用存货的实际成本，借记本账户，贷记“存货”账户。

（3）开展专业业务活动及其辅助活动中发生的其他各项支出，借记本账户，贷记“库存现金”、“银行存款”、“零余额账户用款额度”、“财政补助收入”等账户。

期末，将本账户（财政补助支出）本期发生额结转入“财政补助结转”账户，借记“财政补助结转——基本支出结转、项目支出结转”账户，贷记本账户（财政补助支出——基本支出、项目支出）或本账户（基本支出——财政补助支出、项目支出——财政补助支出）；将本账户（非财政专项资金支出）本期发生额结转入“非财政补助结转”账户，借记“非财政补助结转”账户，贷记本账户（非财政专项资金支出）或本账户（项目支出——非财政专项资金支出）；将本账户（其他资金支出）本期发生额结转入“事业结余”账户，借记“事业结余”账户，贷记本账户（其他资金支出）或本账户（基本支出——其他资金支出、项目支出——其他资金支出）。

期末结账后，本账户应无余额。

【例22-1】某市政府教育部门所属事业单位某科研院所收到财政国库支付执行机构委托其代理银行转来的财政直接支付入账通知书，财政国库支付执行机构通过财政零余额账户为事业单位支付了一笔事业支出，具体为："事业支出——财政补助支出——基本支出——人员经费"56 000 元；"事业支出——财政补助支出——基本支出——日常公用经费"23 700 元。应做会计分录：

借：事业支出——财政补助支出——基本支出——人员经费 56 000
——财政补助支出——基本支出——日常公用经费 23 700
贷：财政补助收入 79 700

【例22-2】某市政府教育部门所属事业单位某科研院所收到财政国库支付执行机构委托其代理银行转来的财政直接支付入账通知书，财政国库支付执行机构通过财政零余额账户为事业单位支付了一笔事业支出，具体为："事业支出——财政补助支出——项目支出——专用设备购置"13 000 元。应做会计分录：

借：事业支出——财政补助支出——项目支出——专用设备购置 13 000
贷：财政补助收入 13 000

同时：

借：固定资产 13 000
贷：非流动资产基金——固定资产 13 000

【例22-3】某市政府教育部门所属事业单位某科研院所用非财政专项资金支付一笔实验室项目支出，具体为："事业支出——非财政专项资金支出——项目支出"50 000 元。应做会计分录：

借：事业支出——非财政专项资金支出——项目支出 50 000
贷：银行存款 50 000

【例22-4】某市政府教育部门所属事业单位某科研院所通过银行存款账户支付一笔事业支出，具体为："事业支出——其他资金支出——基本支出——人员经费"12 500 元。应做会计分录：

借：事业支出——其他资金支出——基本支出——人员经费 12 500
贷：银行存款 12 500

【例22-5】期末，该科研院所将上述"事业支出"账户的借方余额全数转入"财政补助结转"、"非财政补助结转"和"事业结余"账户。应做会计分录：

借：财政补助结转——基本支出结转 79 700
——项目支出结转 13 000
贷：事业支出——财政补助支出——基本支出——人员经费 56 000
——财政补助支出——基本支出——日常公用经费 23 700
——财政补助支出——项目支出——专用设备购置 13 000

同时：

借：非财政补助结转 50 000

贷：事业支出——非财政专项资金支出——项目支出 50 000

同时：

借：事业结余 12 500

贷：事业支出——其他资金支出——基本支出——人员经费 12 500

第二节 上缴上级支出和对附属单位补助支出

一、上缴上级支出的核算

上缴上级支出是事业单位按照财政部门和主管部门的规定上缴上级单位的支出。它与上级单位的“附属单位上缴收入”相对应。

为核算上缴上级支出业务，事业单位应设置“上缴上级支出”账户。该账户平时为借方余额，反映上缴上级支出的累计数。本账户应当按照收缴款项单位、缴款项目、《政府收支分类科目》中“支出功能分类”相关科目等进行明细核算。

上缴上级支出的主要账务处理如下：

（1）按规定将款项上缴上级单位的，按照实际上缴的金额，借记本账户，贷记“银行存款”等账户。

（2）期末，将本账户本期发生额转入事业结余，借记“事业结余”账户，贷记本账户。

期末结账后，本账户应无余额。

【例22-6】某高等学校附属的事业单位某大学出版社按规定的定额上缴上级单位款项450 000元，款项已通过银行支付。应做会计分录：

借：上缴上级支出 450 000

贷：银行存款 450 000

【例22-7】期末，该大学出版社将“上缴上级支出”账户借方余额450 000元结转至“事业结余”账户。应做会计分录：

借：事业结余 450 000

贷：上缴上级支出 450 000

二、对附属单位补助支出的核算

对附属单位补助支出是事业单位用财政补助收入之外的收入对附属单位补助发生的支出。它与附属单位的“上级补助收入”相对应。

为了核算对附属单位补助业务，事业单位应设置“对附属单位补助支出”账户。该账户平时为借方余额，反映对附属单位补助支出的累计数。本账户应当按照接受补助单位、补助项目、《政府收支分类科目》中“支出功能分类”相关科目等进行明细核算。

对附属单位补助支出的主要账务处理如下：

(1) 发生对附属单位补助支出的，按照实际支出的金额，借记本账户，贷记“银行存款”等账户。

(2) 期末，将本账户本期发生额转入事业结余，借记“事业结余”账户，贷记本账户。

期末结账后，本账户应无余额。

【例 22-8】某高等师范学校用自有资金对附属中学拨付一次性补助款 50 000 元。该补助属于基本支出业务补助，并规定用于日常公用经费开支。补助款已通过银行付讫。应做会计分录：

借：对附属单位补助支出——基本支出——日常公用经费——附属中学 50 000

　贷：银行存款 50 000

【例 22-9】期末，该高等师范学校将“对附属单位补助支出”账户借方余额 50 000 元结转至“事业结余”账户。应做会计分录：

借：事业结余 50 000

　贷：对附属单位补助——基本支出——日常公用经费——附属中学 50 000

第三节　经营支出

一、经营支出的概念

经营支出是事业单位在专业业务活动及其辅助活动之外开展非独立核算经营活动发生的各项支出。

事业单位开展非独立核算经营活动的，应当正确归集开展经营活动发生的各项费用数；无法直接归集的，应当按照规定的标准或比例合理分摊；事业单位的经营支出应当与经营收入相配比。

事业单位开展非独立核算经营活动目的是为了充分利用事业单位的现有资源，通过向社会提供经营性服务筹集更多的资金，以支持事业的发展。但是事业单位应严格区分事业支出和经营支出，事业单位不可将应当用于事业支出的各项收入用于经营支出。

二、经营支出的核算

为了核算和监督经营支出业务，事业单位应设置“经营支出”账户。该账户平时为借方余额，反映单位经营支出累计数。本账户应当按照经营活动类别、项目、《政府收支分类科目》中“支出功能分类”相关科目等进行明细核算。

经营支出的主要账务处理如下：

（1）为在专业业务活动及其辅助活动之外开展非独立核算经营活动人员计提的薪酬等，借记本账户，贷记“应付职工薪酬”等账户。

（2）在专业业务活动及其辅助活动之外开展非独立核算经营活动领用、发出的存货，按领用、发出存货的实际成本，借记本账户，贷记“存货”账户。

（3）在专业业务活动及其辅助活动之外开展非独立核算经营活动中发生的其他各项支出，借记本账户，贷记“库存现金”、“银行存款”、“应缴税费”等账户。

期末，将本账户本期发生额转入经营结余，借记“经营结余”账户，贷记本账户。

期末结账后，本账户应无余额。

【例 22-10】某事业单位开展非独立核算的经营活动购买一批经营活动使用的日常办公用品 700 元，直接交有关经营部门使用，款项以银行存款支付。应做会计分录：

借：经营支出	700	
贷：银行存款		700

【例 22-11】某科研单位非独立核算的经营活动部门领用材料一批，价值为 1 700元。应做会计分录：

借：经营支出	1 700	
贷：存货		1 700

【例 22-12】某事业单位非独立核算的经营活动销售产品一批，实现销售收入为 5 000 元，该产品的适用税率为 17%，该批产品实际成本为 3 400 元。根据有关凭证，应做会计分录：

借：银行存款	5 850	
贷：经营收入		5 000
应缴税费——应缴增值税（销项税额）		850

同时：

借：经营支出	3 400	
贷：存货		3 400

【例 22-13】某事业单位为开展非独立核算的经营活动支付本月水费 5 000 元。根据有关凭证，应做会计分录：

借：经营支出	5 000	
贷：银行存款		5 000

【例 22-14】某事业单位为开展非独立核算的经营活动的人员计提薪酬 5 600 元。应做会计分录：

借：经营支出	5 600	
贷：应付职工薪酬		5 600

【例 22-15】期末，某事业单位将“经营支出”账户借方余额 67 000 元结转至

“经营结余”账户。应做会计分录：

借：经营结余　　67 000

　贷：经营支出　　67 000

第四节　其他支出

其他支出是事业单位除事业支出、上缴上级支出、对附属单位补助支出、经营支出以外的各项支出，包括利息支出、捐赠支出、现金盘亏损失、资产处置损失、接受捐赠（调入）非流动资产发生的税费支出等。

为了核算其他支出业务，事业单位应设置“其他支出”账户。该账户平时为借方余额，反映单位其他支出累计数。本账户应当按照其他支出的类别、《政府收支分类科目》中“支出功能分类”相关科目等进行明细核算。其他支出中如有专项资金支出，还应按具体项目进行明细核算。

其他支出的主要账务处理如下：

(1) 利息支出 。支付银行借款利息时，借记本账户，贷记“银行存款”账户。

(2) 捐赠支出。对外捐赠现金资产，借记本账户，贷记“银行存款”等账户；对外捐出存货，借记本账户，贷记“待处置资产损溢”账户；对外捐赠固定资产、无形资产等非流动资产，不通过本账户核算。

(3) 现金盘亏损失。每日现金账款核对中如发现现金短缺，属于无法查明原因的部分，报经批准后，借记本账户，贷记“库存现金”账户。

(4) 资产处置损失。报经批准核销应收及预付款项、处置存货，借记本账户，贷记“待处置资产损溢”账户。

(5) 接受捐赠（调入）非流动资产发生的税费支出。接受捐赠、无偿调入非流动资产发生的相关税费、运输费等，借记本账户，贷记“银行存款”等账户；以固定资产、无形资产取得长期股权投资，所发生的相关税费计入本账户。具体账务处理参见“长期投资”账户。

期末，将本账户本期发生额中的专项资金支出结转入非财政补助结转，借记“非财政补助结转”账户，贷记本账户下各专项资金支出明细账户；将本账户本期发生额中的非专项资金支出结转入事业结余，借记“事业结余”账户，贷记本账户下各非专项资金支出明细账户。

期末结账后，本账户应无余额。

【例 22-16】某事业单位通过开户银行支付商业银行短期借款利息 30 000 元。应做会计分录：

借：其他支出——利息支出　　30 000
　贷：银行存款　　30 000

【例 22-17】某事业单位通过开户银行向一希望小学捐款 20 000 元。应做会计分录：

借：其他支出——捐赠支出　　20 000
　贷：银行存款　　20 000

【例 22-18】某事业单位在现金账款核对中发现无法查明原因的现金短缺 300 元，报经批准后转销。应做会计分录：

借：其他支出　　300
　贷：库存现金　　300

【例 22-19】年终，某事业单位将"其他支出 "账户的借方余额为 35 600 元，均为非专项资金支出，应结转至"事业结余"账户。应做会计分录：

借：其他支出　　35 600
　贷：事业结余　　35 600

本章小结

事业单位支出是指事业单位开展业务及其他活动发生的资金耗费和损失。事业单位支出包括：事业支出、经营支出、对附属单位补助支出、上缴上级支出和其他支出。

事业支出是指事业单位开展专业业务活动及其辅助活动发生的基本支出和项目支出。

对附属单位补助支出是指事业单位用财政补助收入之外的收入对附属单位补助发生的支出。

上缴上级支出是指事业单位按照财政部门和主管部门的规定上缴上级单位的支出。

经营支出是指事业单位在专业业务活动及其辅助活动之外开展非独立核算经营活动发生的支出。

其他支出是指事业支出、对附属单位补助支出、上缴上级支出和经营支出以外的各项支出，包括利息支出、捐赠支出等。

事业单位事业支出的管理要求：严格按照部门预算规定的用途和数额使用，保证基本支出的需要，严格项目支出的管理，实行综合预算管理方法，划清事业支出与经营支出的界线。

思考题

1. 事业单位的支出包括哪些内容？
2. 什么是事业支出？可以分成哪些类别？其管理要求是什么？
3. 什么是事业单位的上缴上级支出？什么是事业单位的对附属单位补助支出？
4. 事业单位的其他支出包括哪些内容？
5. 年终，事业单位的各项支出如何结转？

第二十三章

事业单位净资产的核算

学习目标

通过本章的学习，掌握事业单位净资产的概念，了解事业单位净资产的类别，掌握事业单位事业基金、非流动资产基金、专用基金、财政补助结转结余、非财政补助结转和结余的具体内容及其会计处理。

净资产是指事业单位资产扣除负债后的余额。事业单位的净资产包括事业基金、非流动资产基金、专用基金、财政补助结转结余、非财政补助结转和结余等。

第一节　事业基金

一、事业基金的概念与管理

事业基金是指事业单位拥有的非限定用途的净资产，其来源主要为非财政补助结余扣除结余分配后滚存的金额。

事业单位应当加强事业基金的管理，遵循收支平衡的原则，统筹安排、合理使用，支出不得超出基金规模。

二、事业基金的核算

为了核算事业基金业务，事业单位应设置“事业基金”账户。该账户核算事业单位拥有的非限定用途的净资产，主要为非财政补助结余扣除结余分配后滚存的金额。事业单位发生需要调整以前年度非财政补助结余的事项，通过本账户核算。

事业基金的主要账务处理如下：

(1) 年末，将“非财政补助结余分配”账户余额转入事业基金，借记或贷记“非财政补助结余分配”账户，贷记或借记本账户。

(2) 年末，将留归本单位使用的非财政补助专项（项目已完成）剩余资金转入事业基金，借记“非财政补助结转——××项目”账户，贷记本账户。

(3) 以货币资金取得长期股权投资、长期债券投资，按照实际支付的全部价款（包括购买价款以及税金、手续费等相关税费）作为投资成本，借记“长期投资”账户，贷记“银行存款”等账户；同时，按照投资成本金额，借记本账户，贷记“非流动资产基金——长期投资”账户。

(4) 对外转让或到期收回长期债券投资本息，按照实际收到的金额，借记“银行存款”等账户，按照收回长期投资的成本，贷记“长期投资”账户，按照其差额，贷记或借记“其他收入——投资收益”账户；同时，按照收回长期投资对应的非流动资产基金，借记“非流动资产基金——长期投资”账户，贷记本账户。

本账户期末贷方余额，反映事业单位历年积存的非限定用途净资产的金额。

【例 23-1】某事业单位购买国库券 35 000 元，并支付手续费 300 元。应做会计分录：

借：长期投资——长期债券投资	35 300	
贷：银行存款		35 300
同时：		
借：事业基金	35 300	
贷：非流动资产基金——长期投资		35 300

【例 23-2】某事业单位由上级补助收入提供专项业务完工后，按照有关规定将项目支出结余 21 000 元留归本单位使用。应做会计分录：

借：非财政补助结转——某项目 21 000

贷：事业基金 21 000

【例 23-3】某事业单位收到到期兑付的 3 年期国债投资本息计 52 700 元，其中利息为 2 700 元。应做会计分录：

借：银行存款 52 700

贷：长期投资——长期债券投资 50 000

其他收入——投资收益 2 700

同时：

借：非流动资产基金——长期投资 50 000

贷：事业基金 50 000

【例 23-4】年终，某事业单位将“非财政补助结余分配”账户的贷方余额 55 000元结转至“事业基金”账户，应做会计分录：

借：非财政补助结余分配 55 000

贷：事业基金 55 000

第二节 非流动资产基金

非流动资产基金是指事业单位非流动资产占用的金额。

为了核算非流动资产基金业务，事业单位应设置“非流动资产基金”账户。本账户核算事业单位长期投资、固定资产、在建工程、无形资产等非流动资产占用的金额。本账户应当设置“长期投资”、“固定资产”、“在建工程”、“无形资产”等明细账户，进行明细核算。

非流动资产基金的主要账务处理如下：

（1）非流动资产基金应当在取得长期投资、固定资产、在建工程、无形资产等非流动资产或发生相关支出时予以确认。

取得相关资产或发生相关支出时，借记“长期投资”、“固定资产”、“在建工程”、“无形资产”等账户，贷记本账户等有关账户；同时或待以后发生相关支出时，借记“事业支出”等有关账户，贷记“财政补助收入”、“零余额账户用款额度”、“银行存款”等账户。

（2）计提固定资产折旧、无形资产摊销时，应当冲减非流动资产基金。

计提固定资产折旧、无形资产摊销时，按照计提的折旧、摊销金额，借记本账户（固定资产、无形资产），贷记“累计折旧”、“累计摊销”账户。

（3）处置长期投资、固定资产、无形资产，以及以固定资产、无形资产对外投资时，应当冲销该资产对应的非流动资产基金。

以固定资产、无形资产对外投资时，按照评估价值加上相关税费作为投资成本，借记“长期投资”账户，贷记本账户（长期投资），按发生的相关税费，借记“其他支出”账户，贷记“银行存款”等账户；同时，按照投出固定资产、无形资产对应的非流动资产基金，借记本账户（固定资产、无形资产），按照投出资产已提折旧、摊销，借记“累计折旧”、“累计摊销”账户，按照投出资产的账面余额，贷记“固定资产”、“无形资产”账户。

出售或以其他方式处置长期投资、固定资产、无形资产，转入待处置资产时，借记“待处置资产损溢”、“累计折旧”或“累计摊销”账户，贷记“长期投资”、“固定资产”、“无形资产”等账户。实际处置时，借记本账户（有关资产明细账户），贷记“待处置资产损溢”账户。

本账户期末贷方余额，反映事业单位非流动资产占用的金额。

【例 23-5】某事业单位向 B 公司投资一台专用设备，该设备发票价格 65 000 元，为评估价格。应做会计分录：

借：长期投资——长期股权投资　65 000

　贷：非流动资产基金——长期投资　65 000

同时：

借：非流动资产基金——固定资产　65 000

　贷：固定资产　65 000

【例 23-6】某事业单位 2011 年 3 月 10 日以面值 200 000 元购入国债，期限 3 年，年利率为 5.75%，每年支付一次利息，以银行存款支付手续费 1 000 元。应做会计分录：

借：长期投资　201 000

　贷：银行存款　201 000

同时：

借：事业基金　201 000

　贷：非流动资产基金——长期投资　201 000

【例 23-7】某事业单位按计划使用项目预算经费购入一台不需要安装的仪器，价款 38 500 元，款项通过财政零余额账户支付。仪器经验收后列报支出。应做会计分录：

借：固定资产　38 500

　贷：非流动资产基金——固定资产　38 500

同时：

借：事业支出　38 500

　贷：财政补助收入　38 500

【例 23-8】某事业单位接受一台捐赠的新设备，根据其发票等单据确定价值为 25 300 元。应做会计分录：

借：固定资产　25 300

　贷：非流动资产基金——固定资产　25 300

【例 23-9】某事业单位从某科研机构购入一项专利权，价值 11 000 元，通过零余额账户支付。应做会计分录：

借：无形资产——专利权　　11 000
　贷：非流动资产基金——无形资产　　11 000

同时：

借：事业支出　　11 000
　贷：零余额账户用款额度　　11 000

【例 23-10】某事业单位计提本月固定资产折旧，应计提折旧金额为 25 000 元。应做会计分录：

借：非流动资产基金——固定资产　　25 000
　贷：累计折旧　　25 000

【例 23-11】某事业单位本月摊销无形资产价值 20 000 元。应做会计分录：

借：非流动资产基金——无形资产　　20 000
　贷：累计摊销　　20 000

【例 23-12】某事业单位年终进行财产清查时发现盘亏一台仪器，该仪器价值为 13 000 元，已提折旧 7 000 元。应做会计分录：

审批前：

借：待处置资产损溢　　6 000
　　累计折旧　　7 000
　贷：固定资产　　13 000

审批后：

借：非流动资产基金——固定资产　　6 000
　贷：待处置资产损溢　　6 000

第三节　专用基金

一、专用基金的概念与管理

专用基金是指事业单位按规定提取或者设置的具有专门用途的净资产。专用基金包括：

（1）修购基金，即按照事业收入和经营收入的一定比例提取，并按照规定在相应的购置和修缮账户中列支（各列 50%），以及按照其他规定转入，用于事业单位固定资产维修和购置的资金。事业收入和经营收入较少的事业单位可以不提取修购基金，实行固定资产折旧的事业单位不提取修购基金。

（2）职工福利基金，即按照非财政拨款结余的一定比例提取以及按照其他规定提取转入，用于单位职工的集体福利设施、集体福利待遇等的资金。

（3）其他基金，即按照其他有关规定提取或者设置的专用资金。

各项基金的提取比例和管理办法，国家有统一规定的，按照统一规定执行；没有统一规定的，由主管部门会同同级财政部门确定。

专用基金管理应当遵循先提后用、收支平衡、专款专用的原则，支出不得超出基金规模。

二、专用基金的核算

为了核算专用基金业务，事业单位应设置“专用基金”账户。本账户应当按照专用基金的类别进行明细核算。

专用基金的主要账务处理如下：

(1) 按规定提取修购基金的，按照提取金额，借记“事业支出”、“经营支出”账户，贷记本账户（修购基金）。

(2) 年末，按规定从本年度非财政补助结余中提取职工福利基金的，按照提取金额，借记“非财政补助结余分配”账户，贷记本账户（职工福利基金）。

(3) 若有按规定提取的其他专用基金，按照提取金额，借记有关支出账户或“非财政补助结余分配”等账户，贷记本账户。

若有按规定设置的其他专用基金，按照实际收到的基金金额，借记“银行存款”等账户，贷记本账户。

(4) 按规定使用专用基金时，借记本账户，贷记“银行存款”等账户；使用专用基金形成固定资产的，还应借记“固定资产”账户，贷记“非流动资产基金——固定资产”账户。

本账户期末贷方余额，反映事业单位专用基金余额。

【例 23-13】年末，某事业单位年度事业收入为 500 万元，经营收入为 90 万元，提取修购基金比例为 10%。则修购基金提取额为 59 万元。应做会计分录：

借：事业支出	500 000	
经营支出	90 000	
贷：专用基金——修购基金		590 000

【例 23-14】年末，某事业单位按规定从本年度非财政补助结余中提取职工福利基金 150 000 元。应做会计分录：

借：非财政补助结余分配	150 000	
贷：专用基金——职工福利基金		150 000

【例 23-15】某事业单位 2012 年 10 月份按职工工资总额 1 000 000 元的 12% 提取住房基金。应做会计分录：

借：事业支出——社会保障费	120 000	
贷：专用基金——住房基金		120 000

【例 23-16】某事业单位用修购基金 52 000 元购置一台设备，款已通过银行付讫，设备已投入使用。应做会计分录：

借：专用基金——修购基金	52 000	

贷：银行存款　　52 000

同时：

借：固定资产　　52 000

贷：非流动资产基金——固定资产　　52 000

【例 23-17】某事业单位以修购基金支付房屋大修理费用 35 000 元，以存款支付。应做会计分录：

借：专用基金——修购基金　　35 000

贷：银行存款　　35 000

【例 23-18】某事业单位从职工福利基金中开支 3 700 元用于职工集体福利项目。应做会计分录：

借：专用基金——职工福利基金　　3 700

贷：银行存款　　3 700

第四节　财政补助结转与结余

结转和结余是指事业单位年度收入与支出相抵后的余额。结转资金是指当年预算已执行但未完成，或者因故未执行，下一年度需要按照原用途继续使用的资金。结余资金是指当年预算工作目标已完成，或者因故终止，当年剩余的资金。

财政补助结转结余是指事业单位各项财政补助收入与其相关支出相抵后剩余滚存的、须按规定管理和使用的结转和结余资金。

财政补助结转和结余的管理，应当按照同级财政部门的规定执行。

一、财政补助结转的核算

为了核算财政补助结转业务，事业单位应设置“财政补助结转”账户。本账户核算事业单位滚存的财政补助结转资金，包括基本支出结转和项目支出结转。事业单位发生需要调整以前年度财政补助结转的事项，通过本账户核算。

本账户应当设置“基本支出结转”、“项目支出结转”两个明细账户，并在“基本支出结转”明细账户下按照“人员经费”、“日常公用经费”进行明细核算，在“项目支出结转”明细账户下按照具体项目进行明细核算；本账户还应按照《政府收支分类科目》中“支出功能分类科目”的相关科目进行明细核算。

财政补助结转的主要账务处理如下：

（1）期末，将财政补助收入本期发生额结转入本账户，借记“财政补助收入——基本支出、项目支出”账户，贷记本账户（基本支出结转、项目支出结转）；将事业支出（财政补助支出）本期发生额结转入本账户，借记本账户（基本支出结转、项目支出结转），贷记“事业支出——财政补助支出（基本支出、项目支出）”或“事业支出——基本支出（财政补助支出）、项目支出（财政补助支出）”账户。

（2）年末，完成上述（1）结转后，应当对财政补助各明细项目执行情况进行分析，按照有关规定将符合财政补助结余性质的项目余额转入财政补助结余，借记或贷记本账户（项目支出结转——××项目），贷记或借记“财政补助结余”账户。

（3）按规定上缴财政补助结转资金或注销财政补助结转额度的，按照实际上缴资金数额或注销的资金额度数额，借记本账户，贷记“财政应返还额度”、“零余额账户用款额度”、“银行存款”等账户。取得主管部门归集调入财政补助结转资金或额度的，做相反会计分录。

本账户期末贷方余额，反映事业单位财政补助结转资金数额。

二、财政补助结余的核算

为了核算财政补助结余业务，事业单位应设置“财政补助结余”账户。本账户核算事业单位滚存的财政补助项目支出结余资金。事业单位发生需要调整以前年度财政补助结余的事项，通过本账户核算。本账户应当按照《政府收支分类科目》中“支出功能分类科目”的相关科目进行明细核算。

财政补助结余的主要账务处理如下：

（1）年末，对财政补助各明细项目执行情况进行分析，按照有关规定将符合财政补助结余性质的项目余额转入财政补助结余，借记或贷记“财政补助结转——项目支出结转（××项目）”账户，贷记或借记本账户。

（2）按规定上缴财政补助结余资金或注销财政补助结余额度的，按照实际上缴资金数额或注销的资金额度数额，借记本账户，贷记“财政应返还额度”、“零余额账户用款额度”、“银行存款”等账户。取得主管部门归集调入财政补助结余资金或额度的，做相反会计分录。

本账户期末贷方余额，反映事业单位财政补助结余资金数额。

【例 23-19】某市政府教育部门所属事业单位某高校，2011 年年末有“财政补助收入”、“事业支出”（财政补助支出）账户及其明细账户的余额如下：

账户名称		贷方余额
财政补助收入	基本支出——人员经费	345 000 元
	基本支出——日常公用经费	75 000 元
	项目支出——专用设备经费	130 000 元
	合计	550 000 元

账户名称		借方余额
事业支出	基本支出——人员经费	368 000 元
	基本支出——日常公用经费	73 000 元
	项目支出——专用设备经费	125 000 元
	合计	566 000 元

（1）将财政补助收入账户的余额转入财政补助结转账户。应做会计分录：

借：财政补助收入——基本支出——人员经费　　345 000

　　　　　　　——基本支出——日常公用经费　　75 000

借：财政补助收入——项目支出——专用设备经费　130 000
　贷：财政补助结转——基本支出结转——人员经费　345 000
　　　　　　　　　——基本支出结转——日常公用经费　75 000
　　　　　　　　　——项目支出结转——专用设备购置　130 000

（2）将事业支出账户的余额转入财政补助结转账户。应做会计分录：

借：财政补助结转——基本支出结转——人员经费　368 000
　　　　　　　　——基本支出结转——日常公用经费　73 000
　　　　　　　　——项目支出结转——专用设备购置　125 000
　贷：事业支出——财政补助支出——基本支出——人员经费　368 000
　　　　　　　——财政补助支出——基本支出——日常公用经费　73 000
　　　　　　　——财政补助支出——项目支出——专用设备经费　125 000

（3）本例中，完成上述结转后，"财政补助结转"账户的借方余额为16 000元（566 000-550 000）。具体情况如下：

"财政补助结转——基本支出结转"明细账借方余额为21 000元（345 000+75 000-368 000-73 000）。

"财政补助结转——项目支出结转——专用设备购置"明细账贷方余额为5 000元（130 000-125 000）。

经协调"基本支出"明细账借方余额为21 000元取得主管部门归集调入财政补助资金额度，应做会计分录：

借：财政应返还额度　21 000
　贷：财政补助结转——基本支出结转　21 000

经查，"项目支出——专用设备购置"的专项购置任务已经完成，资金节约数额按规定留归事业单位所有。应做会计分录：

借：财政补助结转——项目支出结转——××项目　5 000
　贷：财政补助结余　5 000

第五节　非财政补助结转

非财政补助结转结余是指事业单位除财政补助收支以外的各项收入与各项支出相抵后的余额。其中，非财政补助结转是指事业单位除财政补助收支以外的各专项资金收入与其相关支出相抵后剩余滚存的、须按规定用途使用的结转资金；非财政补助结余是指事业单位除财政补助收支以外的各非专项资金收入与各非专项资金支出相抵后的余额。

非财政拨款结转按照规定结转下一年度继续使用。非财政拨款结余可以按照国家有关规定提取职工福利基金，剩余部分作为事业基金用于弥补以后年度单位收支差额；国家另有规定的，从其规定。

为了核算非财政补助结转业务，事业单位应设置"非财政补助结转"账户。

本账户核算事业单位除财政补助收支以外的各专项资金收入与其相关支出相抵后剩余滚存的、须按规定用途使用的结转资金。事业单位发生需要调整以前年度非财政补助结转的事项，通过本账户核算。本账户应当按照非财政专项资金的具体项目进行明细核算。

非财政补助结转的主要账务处理如下：

(1) 期末，将事业收入、上级补助收入、附属单位上缴收入、其他收入本期发生额中的专项资金收入结转入本账户，借记“事业收入”、“上级补助入”、“附属单位上缴收入”、“其他收入”账户下各专项资金收入明细账户，贷记本账户；将事业支出、其他支出本期发生额中的非财政专项资金支出结转入本账户，借记本账户，贷记“事业支出——非财政专项资金支出”或“事业支出——项目支出(非财政专项资金支出)”、“其他支出”账户下各专项资金支出明细账户。

(2) 年末，完成上述 (1) 结转后，应当对非财政补助专项结转资金各项目情况进行分析，将已完成项目的项目剩余资金区分以下情况处理：缴回原专项资金拨入单位的，借记本账户（××项目），贷记“银行存款”等账户；留归本单位使用的，借记本账户（××项目），贷记“事业基金”账户。

本账户期末贷方余额，反映事业单位非财政补助专项结转资金数额。

【例 23-20】某市政府教育部门所属事业单位某高校，2011 年年末除财政补助收支以外的各专项资金收入与其相关支出账户及其明细账户的余额如下：

账户名称	贷方余额
事业收入	530 000 元
上级补助收入	160 000 元
附属单位上缴收入	130 000 元
合计	820 000 元

账户名称借方余额	
事业支出——非财政专项资金支出——某项目	550 000 元
其他支出——非财政专项资金支出——某项目	120 000 元
合计	670 000 元

(1) 将事业收入等账户的余额转入非财政补助结转账户。应做会计分录：

	借方	贷方
借：事业收入	530 000	
上级补助收入	160 000	
附属单位上缴收入	130 000	
贷：非财政补助结转		820 000

(2) 将事业支出等账户的余额转入非财政补助结转账户。应做会计分录：

	借方	贷方
借：非财政补助结转	670 000	
贷：事业支出——非财政专项资金支出——某项目		550 000
其他支出——非财政专项资金支出——某项目		120 000

(3) 本例中，完成上述结转后，“非财政补助结转”账户的贷方余额为150 000

元（820 000-670 000）。

经过对非财政补助专项结转资金各项目情况进行分析，将已完成项目的项目剩余资金 20 000 元留归本单位使用。应做会计分录：

借：非财政补助结转——某项目　　20 000

　贷：事业基金　　20 000

第六节　非财政补助结余

非财政补助结余是指事业单位除财政补助收支以外的各非专项资金收入与各非专项资金支出相抵后的余额，包括事业结余和经营结余。事业单位本年度非财政补助结余应按规定的程序进行分配。

一、事业结余的核算

事业结余是指事业单位一定期间除财政补助收支、非财政专项资金收支和经营收支以外各项收支相抵后的余额。

为了核算事业结余业务，事业单位应设置“事业结余”账户。

事业结余的主要账务处理如下：

（1）期末，将事业收入、上级补助收入、附属单位上缴收入、其他收入本期发生额中的非专项资金收入结转入本账户，借记“事业收入”、“上级补助收入”、“附属单位上缴收入”、“其他收入”账户下各非专项资金收入明细账户，贷记本账户；将事业支出、其他支出本期发生额中的非财政、非专项资金支出，以及对附属单位补助支出、上缴上级支出的本期发生额结转入本账户，借记本账户，贷记“事业支出——其他资金支出”或“事业支出——基本支出——其他资金支出、项目支出——其他资金支出”账户、“其他支出”账户下各非专项资金支出明细账户、“对附属单位补助支出”、“上缴上级支出”账户。

（2）年末，完成上述（1）结转后，将本账户余额结转入“非财政补助结余分配”账户，借记或贷记本账户，贷记或借记“非财政补助结余分配”账户。

本账户期末如为贷方余额，反映事业单位自年初至报告期末累计实现的事业结余；如为借方余额，反映事业单位自年初至报告期末累计发生的事业亏损。年末结账后，本账户应无余额。

【例 23-21】某事业单位 2011 年年终结账前除财政补助收支、非财政专项资金收支和经营收支以外各项收支有关账户的余额如下：

（1）“事业收入”760 000 元，“上级补助收入”336 000 元，“附属单位上缴收入”150 000 元，“其他收入”63 000 元；“事业支出——其他资金支出”380 000元，“上缴上级支出”334 000 元，“对附属单位补助支出”130 000 元，“其他支出”75 000 元。

将以上收支账户的余额转入“事业结余”账户。应做会计分录：

借：事业收入 760 000

上级补助收入 336 000

附属单位上缴收入 150 000

其他收入 63 000

贷：事业结余 1 309 000

同时：

借：事业结余 919 000

贷：事业支出——其他资金支出 380 000

上缴上级支出 334 000

对附属单位补助支出 130 000

其他支出 75 000

（2）将事业结余中的基本支出结余 390 000 元转入“非财政补助结余分配”账户。应做会计分录：

借：事业结余 390 000

贷：非财政补助结余分配 390 000

二、经营结余的核算

经营结余是指事业单位一定期间各项经营收支相抵后余额弥补以前年度经营亏损后的余额。

为了核算经营结余业务，事业单位应设置“经营结余”账户。

经营结余的主要账务处理如下：

（1）期末，将经营收入本期发生额结转入本账户，借记“经营收入”账户，贷记本账户；将经营支出本期发生额结转入本账户，借记本账户，贷记“经营支出”账户。

（2）年末，完成上述（1）结转后，如本账户为贷方余额，将本账户余额结转入“非财政补助结余分配”账户，借记本账户，贷记“非财政补助结余分配”账户；如本账户为借方余额，为经营亏损，不予结转。

本账户期末如为贷方余额，反映事业单位自年初至报告期末累计实现的经营结余弥补以前年度经营亏损后的经营结余；如为借方余额，反映事业单位截至报告期末累计发生的经营亏损。

年末结账后，本账户一般无余额；如为借方结余，反映事业单位累计发生的经营亏损。

【例 23-22】某事业单位 2011 年年终结账前“经营收入”账户贷方余额为 893 000元，“经营支出 ”账户借方余额为 553 000 元。

（1）将事业单位收支账户的余额转入“经营结余”账户。应做会计分录：

借：经营收入 893 000

贷：经营结余 893 000

同时：

借：经营结余　553 000

　贷：经营支出　553 000

（2）年末，完成上述结转后，将本账户贷方余额 340 000 元（893 000－553 000）转入“非财政补助结余分配”账户。应做会计分录：

借：经营结余　340 000

　贷：非财政补助结余分配　340 000

三、非财政补助结余分配的核算

为了核算事业单位本年度非财政补助结余分配的情况和结果。事业单位应设置“非财政补助结余分配”账户。

非财政补助结余分配的主要账务处理如下：

（1）年末，将“事业结余”账户余额结转入本账户，借记或贷记“事业结余”账户，贷记或借记本账户；将“经营结余”账户贷方余额结转入本账户，借记“经营结余”账户，贷记本账户。

（2）有企业所得税缴纳义务的事业单位计算出应缴纳的企业所得税，借记本账户，贷记“应缴税费——应缴企业所得税”账户。

（3）按照有关规定提取职工福利基金的，按提取的金额，借记本账户，贷记“专用基金——职工福利基金”账户。

（4）年末，按规定完成上述（1）至（3）处理后，将本账户余额结转入事业基金，借记或贷记本账户，贷记或借记“事业基金”账户。

年末结账后，本账户应无余额。

【例 23-23】年终，某事业单位当年实现的“事业结余”390 000 元、“经营结余”340 000 元。

（1）年终，将事业单位当年实现的“事业结余”、“经营结余”转入“非财政补助结余分配”账户。应做会计分录：

借：事业结余　390 000

　贷：非财政补助结余分配　390 000

借：经营结余　340 000

　贷：非财政补助结余分配　340 000

（2）年终，按 25% 的税率计算结转应纳的所得税，应做会计分录：

应缴所得税税额＝340 000×25%＝85 000（元）

借：非财政补助结余分配——应缴所得税　85 000

　贷：应缴税费——应缴所得税　85 000

（3）年终，按 15% 的比例计提职工福利基金，应做会计分录：

职工福利基金提取额＝［390 000＋（340 000－85 000）］×15%＝96 750（元）

借：非财政补助结余分配——提取专用基金　96 750

贷：专用基金——职工福利基金　　96 750

（4）年终，将“非财政补助结余分配”贷方余额548 250元转入“事业基金”账户，应做会计分录：

借：非财政补助结余分配　　548 250

贷：事业基金　　548 250

本章小结

事业单位的净资产是指事业单位资产扣除负债后的余额。事业单位的净资产包括事业基金、非流动资产基金、专用基金、财政补助结转结余、非财政补助结转和结余等。

事业基金是指事业单位拥有的非限定用途的净资产，其来源主要为非财政补助结余扣除结余分配后滚存的金额。

事业基金是指事业单位拥有的非限定用途的净资产，其来源主要为非财政补助结余扣除结余分配后滚存的金额。

非流动资产基金是指事业单位非流动资产占用的金额。

专用基金是指事业单位按规定提取或者设置的具有专门用途的净资产。

财政补助结转结余是指事业单位各项财政补助收入与其相关支出相抵后剩余滚存的、须按规定管理和使用的结转和结余资金。

非财政补助结转结余是指事业单位除财政补助收支以外的各项收入与各项支出相抵后的余额。其中，非财政补助结转是指事业单位除财政补助收支以外的各专项资金收入与其相关支出相抵后剩余滚存的、须按规定用途使用的结转资金；非财政补助结余是指事业单位除财政补助收支以外的各非专项资金收入与各非专项资金支出相抵后的余额。

思考题

1. 什么是事业单位的净资产？具体包括哪些内容？
2. 什么是事业单位的事业基金？其来源于哪些途径？
3. 什么是事业单位的非流动资产基金？其如何核算？
4. 什么是事业单位的专用基金？具体包括哪些内容？
5. 什么是事业单位的财政补助结转结余？其如何核算？
6. 什么是事业单位的非财政补助结转结余？其如何核算？

第二十四章

事业单位财务报表

学习目标

通过本章的学习，掌握事业单位会计报表的概念及种类，理解事业单位会计报表的作用，了解事业单位会计报表格式及内容，掌握事业单位资产负债表、收入支出表、财政补助收入支出表及会计报表附注的具体内容及其会计报表的编制。

事业单位会计报表是反映事业单位财务状况和收支预算执行情况的书面文件，主要包括资产负债表、收入支出表、财政补助收入支出表及会计报表附注。

第一节　资产负债表

一、资产负债表及其格式

事业单位的资产负债表是反映事业单位在某一特定日期财务状况的会计报表。通过资产负债表可以了解事业单位的财务实力、短期偿债能力和支付能力及财务状况的发展趋势。

事业单位的资产负债表按照编报时间，可以分为月报和年报。

事业单位的资产负债表应当按照资产、负债和净资产分类列示。资产和负债应当分别流动资产和非流动资产、流动负债和非流动负债列示。

事业单位资产负债表的格式如表 24-1 所示。

二、资产负债表的编制方法

资产负债表各项目都设有两栏，即“年初余额”和“期末余额”。其中，“年初余额”栏内各项数字，应当根据上年年末资产负债表“期末余额”栏内数字填列。如果本年度资产负债表规定的各个项目的名称和内容同上年度不相一致，应对上年年末资产负债表各项目的名称和数字按照本年度的规定进行调整，填入本表“年初余额”栏内。“期末余额”应根据期末有关各账户的余额和其他有关资料填列。由于事业单位只有到年末才结账，平时不结账，因此，资产负债表月报的有关数据应当经过对有关账户余额的数据进行计算整理后填列。

本表“期末余额”栏各项目的内容和填列方法说明如下：

1. 资产类项目

（1）“货币资金”项目，反映事业单位期末库存现金、银行存款和零余额账户用款额度的合计数。本项目应当根据“库存现金”、“银行存款”、“零余额账户用款额度”账户的期末余额合计填列。

（2）“短期投资”项目，反映事业单位期末持有的短期投资成本。本项目应当根据“短期投资”账户的期末余额填列。

（3）“财政应返还额度”项目，反映事业单位期末财政应返还额度的金额。本项目应当根据“财政应返还额度”账户的期末余额填列。

（4）“应收票据”项目，反映事业单位期末持有的应收票据的票面金额。本项目应当根据“应收票据”账户的期末余额填列。

（5）“应收账款”项目，反映事业单位期末尚未收回的应收账款余额。本项目应当根据“应收账款”账户的期末余额填列。

表 24-1　　**资产负债表**　　会事业 01 表

编制单位：　　年　月　日　　单位：元

资产	期末余额	年初余额	负债和净资产	期末余额	年初余额
流动资产：			流动负债：		
货币资金			短期借款		
短期投资			应缴税费		
财政应返还额度			应缴国库款		
应收票据			应缴财政专户款		
应收账款			应付职工薪酬		
预付账款			应付票据		
其他应收款			应付账款		
存货			预收账款		
其他流动资产			其他应付款		
流动资产合计			其他流动负债		
无形资产			流动负债合计		
资产合计			非流动负债：		
非流动资产：			长期借款		
长期投资			长期应付款		
固定资产			非流动负债合计		
固定资产原价			负债合计		
减：累计折旧			净资产：		
在建工程			事业基金		
无形资产			非流动资产基金		
无形资产原价			专用基金		
减：累计摊销			财政补助结转		
待处置资产损溢			非财政补助结转		
非流动资产合计			非财政补助结余		
			1. 事业结余		
			2. 经营结余		
			净资产合计		
资产总计			负债和净资产总计		

（6）“预付账款”项目，反映事业单位预付给商品或者劳务供应单位的款项。

本项目应当根据“预付账款”账户的期末余额填列。

(7)“其他应收款”项目，反映事业单位期末尚未收回的其他应收款余额。本项目应当根据“其他应收款”账户的期末余额填列。

(8)“存货”项目，反映事业单位期末为开展业务活动及其他活动耗用而储存的各种材料、燃料、包装物、低值易耗品及达不到固定资产标准的用具、装具、动植物等的实际成本。本项目应当根据“存货”账户的期末余额填列。

(9)“其他流动资产”项目，反映事业单位除上述各项之外的其他流动资产，如将在1年内（含1年）到期的长期债券投资。本项目应当根据“长期投资”等账户的期末余额分析填列。

(10)“长期投资”项目，反映事业单位持有时间超过1年（不含1年）的股权和债权性质的投资。本项目应当根据“长期投资”账户期末余额减去其中将于1年内（含1年）到期的长期债券投资余额后的金额填列。

(11)“固定资产”项目，反映事业单位期末各项固定资产的账面价值。本项目应当根据“固定资产”账户期末余额减去“累计折旧”账户期末余额后的金额填列。

“固定资产原价”项目，反映事业单位期末各项固定资产的原价。本项目应当根据“固定资产”账户的期末余额填列。

“累计折旧”项目，反映事业单位期末各项固定资产的累计折旧。本项目应当根据“累计折旧”账户的期末余额填列。

(12)“在建工程”项目，反映事业单位期末尚未完工交付使用的在建工程发生的实际成本。本项目应当根据“在建工程”账户的期末余额填列。

(13)“无形资产”项目，反映事业单位期末持有的各项无形资产的账面价值。本项目应当根据“无形资产”账户期末余额减去“累计摊销”账户期末余额后的金额填列。

“无形资产原价”项目，反映事业单位期末持有的各项无形资产的原价。本项目应当根据“无形资产”账户的期末余额填列。

“累计摊销”项目，反映事业单位期末各项无形资产的累计摊销。本项目应当根据“累计摊销”账户的期末余额填列。

(14)“待处置资产损溢”项目，反映事业单位期末待处置资产的价值及处置损溢。本项目应当根据“待处置资产损溢”账户的期末借方余额填列；如“待处置资产损溢”账户期末为贷方余额，则以“-”号填列。

(15)“非流动资产合计”项目，按照“长期投资”、“固定资产”、“在建工程”、“无形资产”、“待处置资产损溢”项目金额的合计数填列。

2. 负债类项目

(16)“短期借款”项目，反映事业单位借入的期限在1年内（含1年）的各种借款。本项目应当根据“短期借款”账户的期末余额填列。

(17)“应缴税费”项目，反映事业单位应交未交的各种税费。本项目应当根据“应缴税费”账户的期末贷方余额填列；如“应缴税费”账户期末为借方余额，则以“-”号填列。

（18）“应缴国库款”项目，反映事业单位按规定应缴入国库的款项（应缴税费除外）。本项目应当根据“应缴国库款”账户的期末余额填列。

（19）“应缴财政专户款”项目，反映事业单位按规定应缴入财政专户的款项。本项目应当根据“应缴财政专户款”账户的期末余额填列。

（20）“应付职工薪酬”项目，反映事业单位按有关规定应付给职工及为职工支付的各种薪酬。本项目应当根据“应付职工薪酬”账户的期末余额填列。

（21）“应付票据”项目，反映事业单位期末应付票据的金额。本项目应当根据“应付票据”账户的期末余额填列。

（22）“应付账款”项目，反映事业单位期末尚未支付的应付账款的金额。本项目应当根据“应付账款”账户的期末余额填列。

（23）“预收账款”项目，反映事业单位期末按合同规定预收但尚未实际结算的款项。本项目应当根据“预收账款”账户的期末余额填列。

（24）“其他应付款”项目，反映事业单位期末应付未付的其他各项应付及暂收款项。本项目应当根据“其他应付款”账户的期末余额填列。

（25）“其他流动负债”项目，反映事业单位除上述各项之外的其他流动负债，如承担的将于 1 年内（含 1 年）偿还的长期负债。本项目应当根据“长期借款”、“长期应付款”等账户的期末余额分析填列。

（26）“长期借款”项目，反映事业单位借入的期限超过 1 年（不含 1 年）的各项借款本金。本项目应当根据“长期借款”账户的期末余额减去其中将于 1 年内（含 1 年）到期的长期借款余额后的金额填列。

（27）“长期应付款”项目，反映事业单位发生的偿还期限超过 1 年（不含 1 年）的各种应付款项。本项目应当根据“长期应付款”账户的期末余额减去其中将于 1 年内（含 1 年）到期的长期应付款余额后的金额填列。

3. 净资产类项目

（28）“事业基金”项目，反映事业单位期末拥有的非限定用途的净资产。本项目应当根据“事业基金”账户的期末余额填列。

（29）“非流动资产基金”项目，反映事业单位期末非流动资产占用的金额。本项目应当根据“非流动资产基金”账户的期末余额填列。

（30）“专用基金”项目，反映事业单位按规定设置或提取的具有专门用途的净资产。本项目应当根据“专用基金”账户的期末余额填列。

（31）“财政补助结转”项目，反映事业单位滚存的财政补助结转资金。本项目应当根据“财政补助结转”账户的期末余额填列。

（32）“财政补助结余”项目，反映事业单位滚存的财政补助项目支出结余资金。本项目应当根据“财政补助结余”账户的期末余额填列。

（33）“非财政补助结转”项目，反映事业单位滚存的非财政补助专项结转资金。本项目应当根据“非财政补助结转”账户的期末余额填列。

(34)“非财政补助结余”项目，反映事业单位自年初至报告期末累计实现的非财政补助结余弥补以前年度经营亏损后的余额。本项目应当根据“事业结余”、“经营结余”账户的期末余额合计填列；如“事业结余”、“经营结余”账户的期末余额合计为亏损数，则以“-”号填列。在编制年度资产负债表时，本项目金额一般应为“0”；若不为“0”，本项目金额应为“经营结余”账户的期末借方余额(以“-”号填列)。

“事业结余”项目，反映事业单位自年初至报告期末累计实现的事业结余。本项目应当根据“事业结余”账户的期末余额填列；如“事业结余”账户的期末余额为亏损数，则以“-”号填列。在编制年度资产负债表时，本项目金额应为“0”。

“经营结余”项目，反映事业单位自年初至报告期末累计实现的经营结余弥补以前年度经营亏损后的余额。本项目应当根据“经营结余”账户的期末余额填列；如“经营结余”账户的期末余额为亏损数，则以“-”号填列。在编制年度资产负债表时，本项目金额一般应为“0”；若不为“0”，本项目金额应为“经营结余”账户的期末借方余额（以“-”号填列)。

第二节　收入支出表

一、收入支出表及其格式

事业单位的收入支出表是反映反映事业单位在某一会计期间内各项收入、支出和结转结余情况，以及年末非财政补助结余的分配情况的会计报表。通过收入支出表可以综合地反映事业单位在一定期间内收入的来源、支出的用途以及结余的形成与分配情况等多方面的信息。

事业单位收入支出表按照编报时间，可分为月报和年报。

收入支出表或者收入费用表应当按照收入、支出或者费用的构成和非财政补助结余分配情况分项列示。收入支出表的格式如表24-2所示。

二、收入支出表的编制方法

收入支出表都设“本月数”和“本年累计数”两栏。其中，“本月数”栏反映各项目的本月实际发生数。在编制年度收入支出表时，应当将本栏改为“上年数”，反映上年度各项目的实际发生数；如果本年度收入支出表规定的各个项目的名称和内容同上年度不一致，应对上年度收入支出表各项目的名称和数字按照本年度的规定进行调整，填入本年度收入支出表的“上年数”栏。

“本年累计数”栏反映各项目自年初起至报告期末止的累计实际发生数。编制年度收入支出表时，应当将本栏改为“本年数”。

表 24-2　　**收入支出表**　　会事业 02 表

编表单位：　　年　月　　单位：元

项　目	本月数	本年累计数
一、本期财政补助结转结余		
财政补助收入		
减：事业支出（财政补助支出）		
二、本期事业结转结余		
（一）事业类收入		
1. 事业收入		
2. 上级补助收入		
3. 附属单位上缴收入		
4. 其他收入		
其中：捐赠收入		
减：（二）事业类支出		
1. 事业支出（非财政补助支出）		
2. 上缴上级支出		
3. 对附属单位补助支出		
4. 其他支出		
三、本期经营结余		
经营收入		
减：经营支出		
四、弥补以前年度亏损后的经营结余		
五、本年非财政补助结转结余		
减：非财政补助结转		
六、本年非财政补助结余		
减：应缴企业所得税		
减：提取专用基金		
七、转入事业基金		

本表“本月数”栏各项目的内容和填列方法如下：

1. 本期财政补助结转结余

（1）“本期财政补助结转结余”项目，反映事业单位本期财政补助收入与财政补助支出相抵后的余额。本项目应当按照本表中“财政补助收入”项目金额减去“事业支出（财政补助支出）”项目金额后的余额填列。

（2）“财政补助收入”项目，反映事业单位本期从同级财政部门取得的各类财政拨款。本项目应当根据“财政补助收入”账户的本期发生额填列。

（3）“事业支出（财政补助支出）”项目，反映事业单位本期使用财政补助发生的各项事业支出。本项目应当根据“事业支出——财政补助支出”账户的本期发生额填列，或者根据“事业支出——基本支出（财政补助支出）”、“事业支出——项目支出（财政补助支出）”账户的本期发生额合计填列。

2. 本期事业结转结余

（4）“本期事业结转结余”项目，反映事业单位本期除财政补助收支、经营收支以外的各项收支相抵后的余额。本项目应当按照本表中“事业类收入”项目金额减去“事业类支出”项目金额后的余额填列；如为负数，以“-”号填列。

（5）“事业类收入”项目，反映事业单位本期事业收入、上级补助收入、附属单位上缴收入、其他收入的合计数。本项目应当按照本表中“事业收入”、“上级补助收入”、“附属单位上缴收入”、“其他收入”项目金额的合计数填列。

“事业收入”项目，反映事业单位开展专业业务活动及其辅助活动取得的收入。本项目应当根据“事业收入”账户的本期发生额填列。

“上级补助收入”项目，反映事业单位从主管部门和上级单位取得的非财政补助收入。本项目应当根据“上级补助收入”账户的本期发生额填列。

“附属单位上缴收入”项目，反映事业单位附属独立核算单位按照有关规定上缴的收入。本项目应当根据“附属单位上缴收入”账户的本期发生额填列。

“其他收入”项目，反映事业单位除财政补助收入、事业收入、上级补助收入、附属单位上缴收入、经营收入以外的其他收入。本项目应当根据“其他收入”账户的本期发生额填列。

“捐赠收入”项目，反映事业单位接受现金、存货捐赠取得的收入。本项目应当根据“其他收入”账户所属相关明细账户的本期发生额填列。

（6）“事业类支出”项目，反映事业单位本期事业支出（非财政补助支出）、上缴上级支出、对附属单位补助支出、其他支出的合计数。本项目应当按照本表中“事业支出（非财政补助支出）”、“上缴上级支出”、“对附属单位补助支出”、“其他支出”项目金额的合计数填列。

“事业支出（非财政补助支出）”项目，反映事业单位使用财政补助以外的资金发生的各项事业支出。本项目应当根据“事业支出——非财政专项资金支出”、“事业支出——其他资金支出”账户的本期发生额合计填列，或者根据“事业支出——基本支出（其他资金支出）”、“事业支出——项目支出（非财政专项资金支出、其他资金支出）”账户的本期发生额合计填列。

“上缴上级支出”项目，反映事业单位按照财政部门和主管部门的规定上缴上级单位的支出。本项目应当根据“上缴上级支出”账户的本期发生额填列。

“对附属单位补助支出”项目，反映事业单位用财政补助收入之外的收入对附属单位补助发生的支出。本项目应当根据“对附属单位补助支出”账户的本期发生额填列。

“其他支出”项目，反映事业单位除事业支出、上缴上级支出、对附属单位补助支出、经营支出以外的其他支出。本项目应当根据“其他支出”账户的本期发生额填列。

3. 本期经营结余

（7）“本期经营结余”项目，反映事业单位本期经营收支相抵后的余额。本项目应当按照本表中“经营收入”项目金额减去“经营支出”项目金额后的余额填列；如为负数，以“-”号填列。

（8）“经营收入”项目，反映事业单位在专业业务活动及其辅助活动之外开展非独立核算经营活动取得的收入。本项目应当根据“经营收入”账户的本期发生额填列。

（9）“经营支出”项目，反映事业单位在专业业务活动及其辅助活动之外开展非独立核算经营活动发生的支出。本项目应当根据“经营支出”账户的本期发生额填列。

4. 弥补以前年度亏损后的经营结余

（10）“弥补以前年度亏损后的经营结余”项目，反映事业单位本年度实现的经营结余扣除本年初未弥补经营亏损后的余额。本项目应当根据“经营结余”账户年末转入“非财政补助结余分配”账户前的余额填列；如该项目年末余额为借方余额，以“-”号填列。

5. 本年非财政补助结转结余

（11）“本年非财政补助结转结余”项目，反映事业单位本年除财政补助结转结余之外的结转结余金额。如本表中“弥补以前年度亏损后的经营结余”项目为正数，本项目应当按照本表中“本期事业结转结余”、“弥补以前年度亏损后的经营结余”项目金额的合计数填列；如为负数，以“-”号填列。如本表中“弥补以前年度亏损后的经营结余”项目为负数，本项目应当按照本表中“本期事业结转结余”项目金额填列；如为负数，以“-”号填列。

（12）“非财政补助结转”项目，反映事业单位本年除财政补助收支外的各专项资金收入减去各专项资金支出后的余额。本项目应当根据“非财政补助结转”账户本年贷方发生额中专项资金收入转入金额合计数减去本年借方发生额中专项资金支出转入金额合计数后的余额填列。

6. 本年非财政补助结余

（13）“本年非财政补助结余”项目，反映事业单位本年除财政补助之外的其他结余金额。本项目应当按照本表中“本年非财政补助结转结余”项目金额减去“非财政补助结转”项目金额后的金额填列；如为负数，以“-”号填列。

（14）“应缴企业所得税”项目，反映事业单位按照税法规定应缴纳的企业所得税金额。本项目应当根据“非财政补助结余分配”账户的本年发生额分析填列。

（15）“提取专用基金”项目，反映事业单位本年按规定提取的专用基金金额。本项目应当根据“非财政补助结余分配”账户的本年发生额分析填列。

7. 转入事业基金

（16）“转入事业基金”项目，反映事业单位本年按规定转入事业基金的非财政补助结余资金。本项目应当按照本表中“本年非财政补助结余”项目金额减去“应缴企业所得税”、“提取专用基金”项目金额后的余额填列；如为负数，以“-”号填列。

上述（10）至（16）项目，只有在编制年度收入支出表时才填列；编制月度收入支出表时，可以不设置这 7 个项目。

第三节　财政补助收入支出表

一、财政补助收入支出表及其格式

事业单位财政补助收入支出表是反映事业单位某一会计年度财政补助收入、支出、结转及结余情况的会计报表。通过财政补助收入支出表可以综合地反映事业单位在一定期间内运用财政补助收入安排基本支出和项目支出情况及结转结余结果的信息。

事业单位财政补助收入支出表按编报时间为年报。

事业单位的财政补助收入支出表正表部分由项目、本年数和上年数三部分组成，其中，“项目”栏包括年初财政补助结转结余、调整年初财政补助结转结余、本年归集调入财政补助结转结余 、本年上缴财政补助结转结余、本年财政补助收入、年财政补助支出和年末财政补助结转结余 7 部分。

财政补助收入支出表的格式如表 24-3 所示。

二、财政补助收入支出表的编制方法

财政补助收入支出表设有“本年数”和“上年数”两栏。其中，本表“上年数”栏内各项数字，应当根据上年度财政补助收入支出表“本年数”栏内数字填列。

表 24-3　　**财政补助收入支出表**　　会事业 03 表

编表单位：　　年　月　日　　单位：元

项　目	本月数	上年数
一、年初财政补助结转结余		
（一）基本支出结转		
1. 人员经费		
2. 日常公用经费		
（二）项目支出结转		
××项目		
（三）项目支出结余		
二、调整年初财政补助结转结余		
（一）基本支出结转		
1. 人员经费		
2. 日常公用经费		
（二）项目支出结转		
××项目		
（三）项目支出结余		
三、本年归集调入财政补助结转结余		
（一）基本支出结转		
1. 人员经费		
2. 日常公用经费		
（二）项目支出结转		
××项目		
（三）项目支出结余		
四、本年上缴财政补助结转结余		
（一）基本支出结转		

续表

项　目	本月数	上年数
1. 人员经费		
2. 日常公用经费		
（二）项目支出结转		
××项目		
（三）项目支出结余		
五、本年财政补助收入		
（一）基本支出		
1. 人员经费		
2. 日常公用经费		
（二）项目支出		
××项目		
六、本年财政补助支出		
（一）基本支出		
1. 人员经费		
2. 日常公用费用		
（二）项目支出		
××项目		
七、年末财政补助结转结余		
（一）基本支出结转		
1. 人员经费		
2. 日常公用经费		
（二）项目支出结转		
××项目		
（三）项目支出结余		

本表“本年数”栏各项目的内容和填列方法如下：

（1）“年初财政补助结转结余”项目及其所属各明细项目，反映事业单位本年初财政补助结转和结余余额。各项目应当根据上年度财政补助收入支出表中“年末财政补助结转结余”项目及其所属各明细项目“本年数”栏的数字填列。

（2）“调整年初财政补助结转结余”项目及其所属各明细项目，反映事业单位因本年发生需要调整以前年度财政补助结转结余的事项，而对年初财政补助结转结余的调整金额。各项目应当根据“财政补助结转”、“财政补助结余”账户及其所属明细账户的本年发生额分析填列。如调整减少年初财政补助结转结余，以“-”号填列。

（3）“本年归集调入财政补助结转结余”项目及其所属各明细项目，反映事业单位本年度取得主管部门归集调入的财政补助结转结余资金或额度金额。各项目应当根据“财政补助结转”、“财政补助结余”账户及其所属明细账户的本年发生额分析填列。

（4）“本年上缴财政补助结转结余”项目及其所属各明细项目，反映事业单位本年度按规定实际上缴的财政补助结转结余资金或额度金额。各项目应当根据“财政补助结转”、“财政补助结余”账户及其所属明细账户的本年发生额分析填列。

（5）“本年财政补助收入”项目及其所属各明细项目，反映事业单位本年度从同级财政部门取得的各类财政拨款金额。各项目应当根据“财政补助收入”账户及其所属明细账户的本年发生额填列。

（6）“本年财政补助支出”项目及其所属各明细项目，反映事业单位本年度发生的财政补助支出金额。各项目应当根据“事业支出”账户所属明细账户本年发生额中的财政补助支出数填列。

（7）“年末财政补助结转结余”项目及其所属各明细项目，反映事业单位截至本年末的财政补助结转和结余余额。各项目应当根据“财政补助结转”、“财政补助结余”账户及其所属明细账户的年末余额填列。

第四节　会计报表附注

会计报表附注是为了帮助理解会计报表的内容而对报表有关项目等所作的补充说明和详细解释。它是事业单位会计报表的重要组成部分。

事业单位的会计报表附注至少应当披露下列内容：

（1）遵循《事业单位会计准则》、《事业单位会计制度》的声明；

（2）单位整体财务状况、业务活动情况的说明；

（3）会计报表中列示的重要项目的进一步说明，包括其主要构成、增减变动情况等；

（4）重要资产处置情况的说明；

(5) 重大投资、借款活动的说明；

(6) 以名义金额计量的资产名称、数量等情况，以及以名义金额计量理由的说明；

(7) 以前年度结转结余调整情况的说明；

(8) 有助于理解和分析会计报表需要说明的其他事项。

本章小结

事业单位会计报表是反映事业单位财务状况和收支预算执行情况的书面文件，主要包括资产负债表、收入支出表、财政补助收入支出表及会计报表附注。

事业单位的资产负债表是反映事业单位在某一特定日期财务状况的会计报表。资产负债表按照编报时间，可以分为月报和年报。

事业单位的收入支出表是反映反映事业单位在某一会计期间内各项收入、支出和结转结余情况，以及年末非财政补助结余的分配情况。收入支出表按照编报时间，可分为月报和年报。

事业单位财政补助收入支出表是反映事业单位某一会计年度财政补助收入、支出、结转及结余情况的会计报表。财政补助收入支出表按编报时间为年报。

会计报表附注是为了帮助理解会计报表的内容而对报表有关项目等所作的补充说明和详细解释。它是事业单位会计报表的重要组成部分。

思考题

1. 什么是事业单位会计报表？事业单位的会计报表主要包括哪些种类？
2. 什么是事业单位的资产负债表？
3. 什么是事业单位的收入支出表？
4. 什么是事业单位的财政补助收入支出表？
5. 什么是事业单位的会计报表附注？主要包括哪些内容？

第二十五章

民间非营利组织会计概述

学习目标

通过本章的学习，明确民间非营利组织会计的适用范围，了解民间非营利组织的特征，熟知民间非营利组织会计的目标，掌握民间非营利组织会计的基本要素、会计原则和财务会计报告。

第一节 民间非营利组织会计的概念和目标

一、民间非营利组织会计的概念

民间非营利组织，是指按照财政部2004年8月颁布的《民间非营利组织会计制度》所界定的，依照国家法律、行政法规登记的社会团体、基金会、民办非企业单位和寺院、宫观、清真寺、教堂等。这些民间非营利组织一般具有以下基本特征：

（1）该组织不以营利为宗旨和目标；

（2）资源提供者向该组织投入资源不取得经济回报；

（3）资源提供者不享有该组织的所有权。

在计划经济体制下，包括社会公益事业在内的各项社会事业基本上都是由政府或者政府所属的某种形式的单位包办的，从事各种社会事业的组织基本上都是国有的非营利组织。改革开放以来，随着我国社会主义市场经济体制的建立和完善，各种社会团体、基金会、民办非企业单位等民间非营利组织得到了快速的发展。截至2008年年底，登记注册的社会组织总量接近40万个，其中社会团体22万个，比上年同期增长6.3%，民办非企业单位17.8万个，比上年同期增长3.5%，基金会1 390个，比上年同期增加21个，初步形成了门类齐全、层次不同、覆盖广泛的社会组织体系。

实践证明，大力发展民间非营利组织，无论对于政府，还是对于公民个人来说，都具有重要作用：一方面，民间非营利组织可以有效地弥补政府在公共产品和准公共产品提供上的资金不足，从而使社会和公民得到更多更好的服务。另一方面，依照市场经济体制建立的民间非营利组织，其运转更具有效率上的优势，而且，由于民间非营利组织业务保障运转的资源广泛地来自于捐赠人、会员和服务对象，有的还接受政府的资助，因而形成了一个依靠出资人实施有效监管的机制，使得其效率和公平性更加得到保障。客观地讲，民间非营利组织的发展，对于促进社会事业的协调发展，促进社会的稳定和经济的持续协调发展，都具有重要的作用。

二、民间非营利组织会计的基本目标

民间非营利组织会计的基本目标，即民间非营利组织的财务会计报告目标，解决的是民间非营利组织财务会计报告编制的目的问题。根据《民间非营利组织会计制度》的规定，民间非营利组织的财务会计报告应当如实反映民间非营利组织的财务状况、业务活动情况和现金流量等信息，所提供的信息应当能够满足会计信息使用者的需要。

要明确民间非营利组织会计目标，必须着重解决两方面的问题：一是民间非营利组织会计信息使用者究竟有哪些，即谁需要民间非营利组织的财务会计信息；二是这些信息使用者需要哪些财务会计信息。

（一）会计信息的使用者

民间非营利组织是市场经济条件下的产物，随着市场经济体制的完善及市场经济的深入发展，民间非营利组织会计信息的使用者越来越多，对信息的要求也越来越高，呈多元化的趋势。

民间非营利组织信息的需求者主要包括：

1. 民间非营利组织基本资源的提供者

民间非营利组织基本资源的提供者主要是组织的捐赠者、会员。民间非营利组织的类型多种多样，其捐赠者、会员的身份也表现为多种多样，可能是各种各样的法人，可能是慈善家，也可能是普通的公民个人；从地域上看，这些法人或自然人可能来自于当地，也可能来自于全国各地，甚至可能来自于国外或者是国际组织。当然，政府也有可能对非营利组织给予适当的资助。无论他们的身份如何，他们关心的问题是相同的，他们需要了解所捐赠的资产、缴纳的会费能否为民间非营利组织开展业务活动服务，或者所捐赠的资产能否保证按照捐赠者的意愿发挥其应有的作用，预期的捐赠目标能否实现等。

2. 民间非营利组织的债权人和其他资源的提供者

民间非营利组织无论规模大小，都会有一系列的债权人和其他的资源提供者。民间非营利组织需要向银行借款，需要其他各种形式的融资，在购买商品和劳务的过程中形成赊欠。这些资源的提供者，特别是债权人，都非常关心企业的债务偿还能力，关心民间非营利组织对利息等使用费用的支付能力。

3. 民间非营利组织的管理者

民间非营利组织的经营管理当局，要对民间非营利组织的运营负责，他们要关心民间非营利组织所支配的资源的利用是否合理，关心组织是否按照组织成本的章程运行，是否实现预期目标，预期目标的实现程度，关心业务活动的发展趋势和财务收支的情况。民间非营利组织经营管理者需要根据财务会计所提供的财务信息，作出相关的决策。

4. 民间非营利组织的其他利益相关者

民间非营利组织的其他利益相关者还有很多，如政府部门，特别是民政部门、业务主管部门、财政部门、统计部门以及其他的一些相关监管机构，与民间非营利组织具有紧密利益依附关系的内部职工等，大家也都会站在自身的立场上关注民间非营利组织的会计信息。

（二）会计信息的内容

对各种信息使用者的信息需要进行归纳和概括，可以将各种信息使用者的信息需要划分为以下三类：

（1）反映民间非营利组织财务状况和现金流量方面的信息，包括民间非营利组织的资产、负债、净资产和现金流入、流出净流量方面的信息。通过这些信息，人们可以判断一个民间非营利组织的财务状况、资金运转情况和偿债能力。

（2）反映民间非营利组织业务活动和财务收支情况方面的信息，包括民间非营利组织的收入、成本费用、净资产变动等方面的信息。通过这些信息，人们可以判断一个民间非营利组织资源的使用情况，并预测其发展趋势。

（3）其他有关方面的会计信息，既包括一些相关的财务性质的信息，也包括一些有助于理解和评价相关情况的非财务性质的信息。

第二节　民间非营利组织会计的一般原则

民间非营利组织会计核算的一般原则是指导和约束民间非营利组织会计行为的基本规范和要求。《民间非营利组织会计制度》中规定了会计核算必须坚持的各项基本原则。在这些原则中，既有针对会计信息质量提出的要求，也包括适用于会计确认和计量的要求。

一、客观性原则

客观性又称真实性，是指会计信息不仅如实地反映了交易或事项，而且是可证实的、公正的和不偏不倚的，即会计信息的归集和计量不受个人主观的影响，根据审核合格并可验证的会计凭证及相关的规章制度进行确认和计量。简单地讲，客观性原则是指民间非营利组织的会计核算应当以实际发生的交易或事项为依据，如实地反映其财务状况和业务活动情况和现金流量等信息。这是民间非营利组织会计信息最基本的质量特征。

客观性是对财务会计核算工作和会计信息的基本要求。它要求民间非营利组织会计在会计核算的各个阶段必须符合真实客观的要求，会计确认必须以实际发生的经济活动为依据；会计计量、记录的对象必须是真实的经济业务；会计报告必须如实反映情况，不得虚报和掩饰。

二、相关性原则

相关性是指决策相关性，即民间非营利组织所提供的会计信息要与会计信息使用者（如捐赠人、会员、监管者等）的决策需要相关联。更明确地讲，民间非营利组织会计核算所提供的会计信息应当能够满足信息使用者的各种需要。会计核算的主要目标是为给那些与民间非营利组织有关的捐赠者、债权人以及社会团体和一些潜在的捐赠人和债权人提供有利于他们进行决策的财务会计信息。这些信息必须与信息使用者的需要相关。这也是民间非营利组织会计信息的最基本的质量特征。

三、实质重于形式原则

实质重于形式原则是指民间非营利组织应当按照交易或事项的实质进行会计核算，而不应仅仅以法律形式作为会计核算依据。这样做的结果是进一步改进和增强了会计信息的有用性。

四、一贯性原则

一贯性又称一致性，是指同一组织单位在不同的会计期间提供信息所采用的会计概念、程序、计量模式和方法尽可能一贯，以保证会计信息前后时期的比较。简单地讲，一贯性原则要求民间非营利组织的会计核算方法前后各期应当保持一致，不得随意变更。如有必要变更，应当在会计报表附注中披露变更的内容和理由、变更的累积影响数，以及累积影响数不能合理确定的理由等。在民间非营利组织会计核算中坚持一贯性原则，有利于提高会计信息的使用价值，防止通过会计处理方法和程序的变更，在会计信息上弄虚作假。

一贯性原则要求同一会计主体在不同时期尽可能采用相同的会计处理方法和程序，便于不同时期会计信息的纵向比较。民间非营利组织发生的交易或事项具有多样性和复杂性的特点，对于某些交易或事项可以有多种会计处理方法，如存货的发出成本计算，有先进先出法、加权平均法；固定资产折旧有平均年限法、工作量法等。保证会计信息一贯性的前提是民间非营利组织在各个会计期间应尽可能地采用相同的会计核算和处理方法。如果民间非营利组织在不同的会计期间采用不同的会计核算和处理方法，则不利于会计信息的使用者对会计信息的理解和使用。

一贯性原则并不否认在必要时对所采用的会计处理方法作出适当的变更。

五、可比性原则

可比性原则是指民间非营利组织会计核算应当按照规定的会计处理方法进行，会计信息应当口径一致、相互可比。按照可比性原则，会计人员处理经济业务时所采用的会计程序和会计处理方法应当前后各期一致，不同民间非营利组织发生的相同业务的会计处理也应当采用相同的会计处理程序和会计方法，使不同民间非营利组织之间的会计信息所反映的业务活动情况、财务状况相互可比。

六、及时性原则

及时性是指民间非营利组织会计信息的加工、传递速度要快，要在信息的使用者作出决策之前传到，也就是说，会计信息具有时效性。会计信息的加工、传递过程所占用的时间越短，时效性越强，否则，会计信息即使可靠，也是徒劳的。站在实际工作的角度来看，及时性原则就是指民间非营利组织的会计核算应当及时进行，不得提前或延后。

及时性原则的要求：一是应及时收集会计信息。所谓及时收集会计信息，就是要求民间非营利组织在经济业务发生后，会计人员要及时收集、整理各种原始凭证。二是及时对会计信息进行加工处理，即要求会计人员在收集各种原始凭证以后，及时地进行编制记账凭证、登记账簿等账务处理，并编制会计报告。三是及时传递会计信息，将编制的会计报告及时报送有关各方。

七、明晰性原则

明晰性要保证的是会计信息易于使用者把握和接受，会计信息的表现形式、计量的概念、设定的假设、划分数据的依据、注释和报告均不得含糊，易于理解接受。简单地讲，明晰性原则是指民间非营利组织会计核算和编制的财务会计报告应当清晰明了，便于理解。

明晰性原则要求民间非营利组织财务会计核算所提供的信息简明、易懂，能够简明地反映该组织的财务状况和业务活动情况，并容易为人们所理解。坚持明晰性原则，有利于会计信息使用者准确、完整地把握会计信息所要说明的内容，从而更好地加以利用。

在会计核算中坚持明晰性原则，会计记录应当准确、清晰，填制会计凭证、登记会计账簿必须做到依据合法、账户对应关系清楚、文字摘要完整；在编制会计报表时，项目之间的钩稽关系清楚、项目完整、数字准确。

八、配比性原则

配比性原则是指民间非营利组织在进行会计核算时，收入与其成本、费用应当相互配比，同一会计期间内的各项收入与其有关的成本、费用，应当在该期间内确认。配比性原则是民间非营利组织收入和费用确认的基本规范。按照配比性原则，民间非营利组织某一会计期间的收入与其成本、费用应配合比较；某项收入也应与其相关的成本、费用配合比较。收入与费用成本配合比较的方法有：按因果关系直接配合、按系统合理的方法分摊确认费用，如销售收入与业务活动成本的直接配比，以及跨期分摊和预提费用、收入与费用的配比。

九、实际成本原则

实际成本原则也称历史成本原则，是指民间非营利组织的各项财产在取得时应当按照实际成本计量。其后，各项资产账面价值的调整，应当按照《民间非营利组织会计制度》的规定执行。除法律、行政法规或国家统一的会计制度另有规定者外，民间非营利组织不得自行调整其账面价值。

以实际成本进行计价，不仅因为实际成本具有客观性，而且因为实际成本数据的取得比较容易。实际成本计价原则要求民间非营利组织对资产、负债、净资产等项目的计量，应当基于经济业务的实际交易成本，而不考虑随后市场价格变动的影响。按照实际成本原则进行核算，有助于各项财产、负债项目确认和计量结果的检查与控制。同时，按实际成本核算，使得收入和费用建立在实际交易的基础上，从而使会计信息真实可靠。

十、谨慎性原则

《民间非营利组织会计制度》要求民间非营利组织在进行会计核算时，应当遵循谨慎性原则。谨慎性原则是指面对不确定的环境因素，会计人员应当尽可能选择低估资产和收入，而尽可能充分预计费用和损失并且将预计的费用和损失计入当期损益的会计处理方法。或者说，在资产计价时从低，而负债计量时从高，收入确认时从低，费用计量时从高，这样可以使本期的资产和收益以最低的状态反映，但谨慎性原则不能作为调节损益的手段。

十一、划分收益性支出与资本性支出原则

划分收益性支出与资本性支出是指民间非营利组织的会计核算应当合理划分收益性支出与资本性支出的界限。凡是支出的效益仅限于本年度（或一个营业周期）的，应当作为收益性支出；凡支出的效益及于几个会计年度（或几个营业周期）的，应当作为资本性支出。区分收益性支出和资本性支出，有利于正确计算成本费用和各期收入。如果将资本性支出作为收益性支出，会导致本期净收入减少；反之，将收益性支出作为资本性支出，会导致本期净收入增加。收益性支出如管理费用、营业费用、财务费用等；资本性支出如为固定资产、无形资产购建发生的费用等。

十二、重要性原则

重要性原则是指民间非营利组织的会计核算应当遵循重要性原则，对资产、负债、净资产、收入、费用等有较大影响，并进而影响财务会计报告使用者据以作出合理判断的重要会计事项，必须按照规定的会计方法和程序进行处理，并在财务会计报告中予以充分披露；对于非重要的会计事项，在不影响会计信息真实性和不至于误导会计信息使用者作出正确判断的前提下，可以适当简化处理。

重要性原则要求会计工作必须分清轻重缓急，不能事无巨细。对于影响决策的重要经济业务，应当分别核算、反映，并在会计报表中重点说明；对于其他影响不大、无足轻重的业务、事项可以合并反映。民间非营利组织会计人员遵循重要性原则处理经济业务或事项，可以简化会计处理手续，节省作业成本，提高会计信息质量。

十三、权责发生制原则

权责发生制是指民间非营利组织当期已经实现的收入和已经发生的费用或者应当负担的费用，不论是否收付，一般都应作为当期的收入和费用；不属于当期的收入和费用，即使款项已经在当期收付，一般也不应作为当期的收入和费用。权责发生制原则要求民间非营利组织会计以权责发生制为基础，确认当期收入和费用。

权责发生制原则主要是从时间上规定会计确认的基础，其核心是根据权责关系的实际发生和影响期间来确认收入和费用。根据权责发生制进行收入和费用的核算，能够更加准确地反映民间非营利组织一定会计期间真实的财务状况和业务活动情况。

第三节　民间非营利组织会计的基本要素

会计要素是对民间非营利组织会计反映和监督的内容所作的基本分类，是对财务会计报表所反映内容的概括。在民间非营利组织会计中，会计要素被划分为资产、负债、净资产、收入、费用。其中：前三者为反映民间非营利组织财务状况的要素，构成了资产负债表的基本内容；后二者为反映民间非营利组织业务活动情况的要素，构成了业务活动情况表的基本内容。

一、反映民间非营利组织财务状况的要素

财务状况是指在财务报告中列示的资产，以及对这些资产主张的权利所产生的结果和评价。要恰如其分地解释财务状况，就必须明确资产、负债和净资产这些要素。

（一）资产

资产是指由民间非营利组织过去的交易或事项形成并由民间非营利组织拥有或者控制的资源，该资源预期会给民间非营利组织带来经济利益或者服务潜能，包括各种财产、债权和权利。从民间非营利组织角度讲，资产的取得主要是因为它具有潜在的效益，民间非营利组织可以从资产的使用中得到预期的利益。民间非营利组织的资产具有以下特征：

1. 资产能够直接或间接地给民间非营利组织带来经济利益

这里的“经济利益”是指直接或间接地流入民间非营利组织的现金或现金等价物。资产导致经济利益流入的形式是多种多样的，如出售资产、以资产换取其他资产、以资产偿还债务等。如果某项目不能为民间非营利组织带来经济利益，那么就不能确认为资产。

2. 资产应为民间非营利组织拥有或控制

民间非营利组织拥有资产，就应能够从资产的使用中获得经济利益。有些资产虽然不能由民间非营利组织所拥有，但可以控制、支配这些资产，同样可以从该资产中获得经济利益，如融资租入的固定资产，虽然不能拥有所有权，但其租赁时间较长，在租赁期内，承租方有权支配资产，从中收益。

3. 资产是过去的交易或事项形成的

4. 资产必须是现实的资产，而不能是预期的资产。只有过去的交易或事项才能取得或减少资产，而不能根据计划中的交易确认资产。

在民间非营利组织里，资产应当按照其流动性分为流动资产、长期投资、固定资产、无形资产和受托代理资产等。

流动资产是指预期可以在 1 年内（含 1 年）变现或耗用的资产，包括现金、银行存款、短期投资、应收款项、预付账款、存货、待摊费用等。

长期投资是指除了短期投资以外的投资，包括长期股权投资和长期债权投

资等。

固定资产是指使用年限较长、单位价值较高并在使用中保持原有物质形态的资产，如房屋建筑物、机器设备、工具和器具等。

无形资产是指民间非营利组织为开展业务活动、出租给他人或为管理目的持有的且没有实物形态的非货币性长期资产，包括专利权、非专利技术、商标权、著作权、土地使用权等。

受托代理资产是指民间非营利组织接受委托方委托从事代理业务而收到的资产。

其他资产是指不包括在上述各项资产中的资产。

（二）负债

负债是民间非营利组织过去的交易或事项形成的现时义务，履行该义务预期会导致含有经济利益或者服务潜能的资源流出民间非营利组织。负债按其流动性分为流动负债、长期负债和受托代理负债。记录一项负债必须具有法律上的依据；按稳健性原则记录民间非营利组织负债；任何一项负债都必须具有经济实质；不应记录主观判断确定的负债项目。

民间非营利组织的负债具有以下特征：

1. 负债的清偿会导致经济利益流出民间非营利组织

负债是要偿还的，偿还债务导致经济利益流出民间非营利组织的形式也是多样的，如以现金资产偿还债务，以实物资产偿还债务，提供劳务偿还债务等。所以，负债是民间非营利组织不可避免的义务，如果可以避免，则就不能确认为负债。

2. 负债是过去的交易或事项形成的结果

凡是负债，都是过去的交易或事项产生的，而未来计划或合同中的交易或事项不能确认为负债。

民间非营利组织的负债按流动性分为流动负债和长期负债。

流动负债是指在1年内（含1年）偿还的债务，包括短期借款、应付款项、应付工资、应交税金、预收账款、预提费用和预计负债等。

长期负债是指偿还期限在1年以上的债务，包括长期借款、长期应付款和其他长期负债等。

（三）净资产

民间非营利组织的净资产是指资产减去负债后的余额。净资产应当按其是否受到限制，分为限定性净资产和非限定性净资产。

限定性净资产是指如果资产或者资产所产生的经济利益（如资产的投资收益和利息等）的使用受到资产提供者或者国家有关法律、行政法规所设置的时间限制或（和）用途限制，由此形成的净资产即为限定性净资产，国家有关法律、行政法规对净资产的使用直接设置的限制，该受限制的净资产即为限定性净资产。

非限定性净资产是指除了限定性净资产以外的其他净资产。

二、反映业务活动情况的要素

业务活动情况是指民间非营利组织一定时期内从事各种业务活动所实现的收入和发生的费用情况。其要素包括收入、费用等。

（一）收入

收入是指民间非营利组织开展业务活动取得、导致本期净资产增加和经济利益或者服务潜力的流入。民间非营利组织的收入应当按照其来源分为捐赠收入、会费收入、提供服务收入、政府补助收入、投资收益、商品销售收入等主要业务活动收入和其他收入。对于一个会计主体来说，收入表现为一定期间货币资产的流入、其他资产的增加或负债的减少。收入的特征有：

1. 收入是从主要业务活动中取得的

民间非营利组织业务按其业务活动的主次分为日常业务活动和其他业务活动。日常业务活动是民间非营利组织根据其本身存在目的而进行的活动，这类活动所取得的收入为主要业务活动收入。不同类型的民间非营利组织其日常主要业务活动的内容不同，其主要业务收入的内容也不同。其他业务活动收入则是除了主要业务活动以外的活动所取得的收入，如处置固定资产净收入、处置无形资产净收入等。

2. 收入可以表现为民间非营利组织资产的增加，或负债的减少，或二者兼有

收入为民间非营利组织带来经济利益的流入的形式也是多样的，既可以是增加资产，如现金、银行存款、应收账款增加；也可以是负债的减少，如预收账款的减少；还可以是既增加资产又减少负债，如销售货物，部分收到货币资金，部分冲减预收账款等。

3. 收入会使净资产权益增加

无论收入导致资产的增加还是负债的减少，或二者兼有，最终的结果都会使净资产增加。

（二）费用

费用是指民间非营利组织为开展业务活动所发生的、导致本期净资产减少的经济利益或者服务潜力的流出。费用应当按其功能分为业务活动成本、管理费用、筹资费用和其他费用等。民间非营利组织费用的特征有：

1. 费用是民间非营利组织日常业务活动和其他偶发活动发生的经济利益或者服务潜能的流出，即在其商品销售、提供服务、筹资、日常管理等活动中发生的经济利益或服务潜能的流出。

其他偶发事项也会导致经济利益流出或服务潜能流出民间非营利组织，如处置固定资产净损失、处置无形资产净损失等。

2. 费用可以表现为资产的减少，或负债的增加，或二者兼有

费用的发生形式也是多样的，可以是资产的减少，如支付水电费、耗用存货等；也可以是负债的增加，如应付利息费用；或者二者兼有，如存货的购买部分支付现金，部分赊账。

3. 费用最终导致净资产减少

三、会计要素之间的关系

任何一个会计主体所拥有的资产在最初开始营业时都有其提供者，一是捐赠者（或称无偿投资者），二是债权人。资产的提供者会对民间非营利组织提出要求，捐赠者对其捐赠的资产的使用提出限定性要求或非限定性要求，债权人对其债权的权益提出要求，我们把捐赠人的要求权称为净资产，把债权人的权益称为负债。因此，一个会计主体的全部资产应当等于各有关提供者对这些资产的权益合计。所以，会计要素之间的等式关系可以表示为：

资产=负债+净资产

任何一项业务或会计事项的发生对上述等式都会有影响，但是这种影响是双重性的，至少影响两个要素或一个要素的两个方面，无论是哪一种影响，都使资产总额等于权益总额，所以，会计等式又称为会计恒等式。

在每一会计年度末，为了反映民间非营利组织的业务活动情况，又会得出下面等式：

收入-费用=净资产变动额

这一等式是编制业务活动情况表的理论依据。

在会计期间民间非营利组织在业务活动过程中一方面取得了收入，这就必然会导致民间非营利组织资产的增加或负债的减少；另一方面又发生各种各样的费用，这又会导致资产的减少或负债的增加，因此，收入超过费用的净收入必然表现为净资产总额的增加，如小于费用的净损失必然表现为净资产总额的减少。所以，民间非营利组织在年末进行结账时，可以将以上两个会计等式合并为：

资产=负债+净资产+（收入-费用）

或资产=负债+净资产+净资产变动额

上式中净资产加净资产变动额，即为期末净资产总额。所以，年末民间非营利组织结账后，上述会计等式又恢复到会计期初的基本恒等式的形式。

会计等式表明了资产、负债和净资产等主要要素之间的基本数量关系，是进行复式记账和编报会计报表的理论依据。

第四节　民间非营利组织财务会计报告

财务会计报告是概括地反映民间非营利组织某一特定日期财务状况和某一会计期间业务活动情况和现金流量的报告式文件。按照现行制度的规定，民间非营利组织的财务会计报告主要包括资产负债表、业务活动情况表、现金流量表以及会计报表附注和财务情况说明书。

民间非营利组织财务会计报告的使用者，通常有资源提供者、债权人、有关管理部门及其他单位和个人。不同的使用者依据报告信息作出不同的决策。民间非营利组织现有资源的提供者，利用财务会计报告信息，了解、监督所提供资源的使用情况；有关政府管理部门利用报告信息，了解有关民间非营利组织的运转情况和发展过程中存在的问题，以便进行宏观监督、指导和政策上的支持；民间非营利组织的管理者利用会计报告信息，了解管理水平或者受托管理的受托责任履行情况。

一、财务会计报告的分类

民间非营利组织的财务会计报告可以有多种分类方式：

(1) 民间非营利组织财务会计报告的种类按其反映的内容，可以分为资产负债表、业务活动情况表和现金流量表。资产负债表是反映民间非营利组织某一会计期期末全部资产、负债和净资产状况的报表。业务活动情况表是反映民间非营利组织在一定会计期间内开展业务活动的实际情况的报表。现金流量表是反映民间非营利组织在某一会计期间内有关现金和现金等价物的流入和流出情况的报表。

(2) 民间非营利组织财务会计报告按其编制时间，可以分为年度财务会计报告和中期财务会计报告。年度财务会计报告是以整个会计年度为基础编制的财务会计报告。中期财务会计报告是以短于一个完整的财务会计年度的期间（如半年度、季度、月度）为基础编制的财务会计报告。民间非营利组织在编制中期财务会计报告时，应当采用与年度会计报告相一致的确认与计量原则。中期财务会计报告的内容相对于年度财务报告而言可以适当简化，但仍应保证包括与理解中期期末财务状况、中期业务活动情况及现金流量相关的重要财务信息。

(3) 民间非营利组织财务会计报告按报告的使用者不同，可以分为内部报告和外部报告。民间非营利组织对外提供的财务会计报告的内容、会计报表的种类和格式、会计报表附注应予以披露的主要内容等，按照《民间非营利组织会计制度》的要求编制。民间非营利组织内部管理需要的会计报表由单位自行规定。

二、财务会计报告的编制要求

编制财务会计报告是会计核算程序的最终环节，也是民间非营利组织业务状况和财务状况的年终总结。所以，在编制财务会计报告时，必须严格遵循以下基本要求：

1. 内容完整

首先，有关法规要求或按常规应该编制的各种会计报表都必须编制，不得漏编；其次，每一财务会计报告内需要填列的各个项目都要填列，不得漏填。

2. 数字真实

首先，编制财务会计报告前的各项准备工作应认真做好，包括已发生的经济业务应全部入账、应调整的账项全部调整、按期结账、对主要财产物资与债权债务查实核对、组织对账；然后，根据账簿真实数字编制财务会计报告，不能以估计数字或编造数字填报；最后对编制完成的财务会计报告进行查核，保证没有差错。

3. 报送及时

财务会计报告应在当期终了后规定的时间内编制完成，并按规定时间报送有关部门。

4. 说明清楚

在各财务报告有补充资料或需要说明的事项时，应全面且简明地表述，使会计信息的使用者更准确地理解和运用有关信息。

三、会计报表的编制

（一）资产负债表的编制

资产负债表是用来反映民间非营利组织某一会计期末全部资产、负债和净资产状况的报表。通过资产负债表可以了解民间非营利组织的财务实力、组织的资金配置结构与筹资结构，了解民间非营利组织的资产变现能力及发展能力。

资产负债表基本结构采用账户式结构，左边是资产类，右边是负债类和净资产类。按照会计恒等理论，资产负债表的左边资产项目的金额合计应等于右边负债和净资产项目的金额合计，左右两边要自动平衡。其基本格式如表 25-1 所示。

资产负债表的各个项目均应填列“年初数”和“期末数”。其中，“年初数”栏内各项数字，应根据上年末资产负债表的“期末数”栏内所列数字填列。如果本年度资产负债表规定的各个项目名称和内容与上年度不一致，应对上年末资产负债表各项目的名称和数字按照本年度的规定进行调整。“期末数”则可以为月末、季末或年末的数字，应分别根据总账余额直接填列，根据几个总账科目的余额计算填列，根据总账科目和明细科目的余额分析计算填列，根据有关资产科目与其备抵科目抵销后的净额填列。

（二）业务活动情况表的编制

业务活动情况表是反映民间非营利组织在某一会计期间内开展业务活动结果的书面报告文件，是一定期间的民间非营利组织收入与同一会计期间相关的成本费用进行配比的结果。业务活动情况表体现了民间非营利组织的实际绩效，反映了民间非营利组织净资产的形成内容。报表的使用者通过该表可以了解民间非营利组织的业务活动情况、受托责任的履行情况，据此作出有关决策。业务活动情况表的格式如表 25-2 所示。

业务活动情况表反映民间非营利组织在某一会计期间内开展业务活动的实际情况，其金额栏有本月数和本年累计数。

“本月数”反映各项目的本月实际发生数。在编制季度、半年报等中期财务报告时，应当将本栏改为“本季度数”、“本半年度数”等本中期数栏，反映各项目本中期的实际发生数。在提供上年度比较报表时，应当增设可比期间栏目，反映可比期间各项目的实际发生数。如果本年度业务活动情况表规定的各个项目的名称和内容同上年度不相一致，应对上年度业务活动情况表各项目的名称和数字按照本年度的规定进行调整。本表“本年累计数”栏反映各项目自年初起至报告期末止的累计实际发生数。

表 25－1　　资产负债表　　会民非 01 表

编制单位：　　年　月　日　　单位：元

资产	行次	年初数	期末数	负债和净资产	行次	年初数	期末数
流动资产：				流动负债：			
货币资金	1			短期借款	61		
短期投资	2			应付款项	62		
应收款项	3			应付工资	63		
预付账款	4			应交税金	65		
存货	8			预收账款	66		
待摊费用	9			预提费用	71		
一年内到期的长期债权投资	15			预计负债	72		
其他流动资产	18			一年内到期的长期负债	74		
流动资产合计	20			其他流动负债	78		
				流动负债合计	80		
长期投资：							
长期股权投资	21			长期负债：			
长期债权投资	24			长期借款	81		
长期投资合计	30			长期应付款	84		
				其他长期负债	88		
固定资产：				长期负债合计	90		
固定资产原价	31						
减：累计折旧	32			受托代理负债：			
固定资产净值	33			受托代理负债	91		
在建工程	34			负债合计	100		
文物文化资产	35						
固定资产清理	38						
固定资产合计	40			净资产：			
				非限定性净资产	101		
无形资产：				限定性净资产	105		
无形资产	41			净资产合计	110		
受托代理资产：							
受托代理资产	51						
资产总计	60			负债和净资产总计	120		

表 25-2 **业务活动情况表** 会民非 02 表

编制单位： 年 月 单位：元

项目	行次	本月数			本年累计数		
		非限定性	限定性	合计	非限定性	限定性	合计
一、收入							
其中：捐赠收入	1						
会费收入	2						
提供服务收入	3						
商品销售收入	4						
政府补助收入	5						
投资收益	6						
其他收入	9						
收入合计	11						
二、费用	12						
（一）业务活动成本	13						
其中：	14						
（二）管理费用	15						
（三）筹资费用	26						
（四）其他费用	21						
费用合计	25						
三、限定性净资产转为非限定性净资产	28 35						
四、净资产变动（若为净资产减少，以“-”号填列）	40 45						

本表“非限定性”栏反映本期非限定性收入的实际发生数、本期费用的实际发生数和本期由限定性净资产转为非限定性净资产的金额；本表“限定性”栏反映本期限定性收入的实际发生数和本期由限定性净资产转为非限定性净资产的金额（以“-”号填列）。在提供上年度比较报表项目金额时，限定性和非限定性栏目的金额可以合并填列。

业务活动情况表项目的内容，应分别根据总账发生额直接填列，根据几个总账科目的发生额计算填列，根据总账科目和明细科目的发生额分析计算填列。

（三）现金流量表的编制

现金流量表是反映民间非营利组织一定会计期间内有关现金和现金等价物的流入和流出情况的报表。

通过编制现金流量表，有助于评价民间非营利组织的支付能力和偿债能力，并配合资产负债表和业务活动情况表，可以了解民间非营利组织的现金来源和用途是否合理，了解民间非营利组织的现金是否能偿还到期的债务和购建必要的固定资产，了解民间非营利组织在多大程度上依赖于外部资金等。通过编制现金流量表，有助于预测民间非营利组织未来现金流量。

通过编制现金流量表，有助于分析民间非营利组织影响现金净流量的因素。业务活动情况表中列示的净资产指标，反映了民间非营利组织业务活动的结果，这是体现民间非营利组织业务活动的重要指标。但是业务活动情况表是按权责发生制编制的，它不能反映民间非营利组织业务活动的现金有多少来源于业务活动，有多少来源于投资和筹资活动。通过编制现金流量表可以了解民间非营利组织的现金从哪儿来、用到哪儿去了及增减变化的原因，为进一步分析提供资料。

现金流量表是以现金为基础编制的，这里的现金是指民间非营利组织的库存现金、可以用于支付的存款，以及现金等价物。

现金流量表中将现金流量分为三大类，即业务活动现金流量、投资活动现金流量和筹资活动现金流量。

现金流量表的报告方法是按直接法报告，即按现金流入和流出的主要类别直接反映业务活动的现金流量。其基本结构如表 25-3 所示。

现金流量表中分五项：一是业务活动产生的现金流量；二是投资活动产生的现金流量；三是筹资活动产生的现金流量；四是汇率变动对现金及现金等价物的影响额；五是现金及现金等价物的净增加额。前四项的现金流量净额的合计金额与第五项的金额相等。

民间非营利组织应当采用直接法编制业务活动产生的现金流量。采用直接法编制业务活动现金流量时，有关现金流量的信息可以从会计记录中直接获得，也可以在业务活动情况表收入和费用的基础上，通过调整存货和与业务活动有关的应收应付款项的变动、投资以及固定资产折旧、无形资产摊销等项目获得。

（四）会计报表附注

民间非营利组织的会计报表附注至少应当披露以下内容：

（1）重要会计政策及其变更情况的说明；

（2）董事会（或者理事会或者类似权力机构）成员和员工的数量、变动情况以及获得的薪金等报酬情况的说明；

（3）会计报表重要项目及其增减变动情况的说明；

（4）资产提供者设置了时间限制或用途限制的相关资产情况的说明；

（5）受托代理业务情况的说明，包括受托代理资产的构成、计价基础和依据、用途等；

（6）重大资产减值情况的说明；

（7）公允价值无法可靠取得的受赠资产和其他资产的名称、数量、来源和用途等情况的说明；

表 25-3　　　　　　　　　　　　**现金流量表**　　　　　　　　　　　会民非 03 表

编制单位：　　　　　　　　　　　　年　　月　　　　　　　　　　　　　单位：元

项目	行次	金额
一、业务活动产生的现金流量		
接受捐赠收到的现金	1	
收取会费收到的现金	2	
提供服务收到的现金	3	
销售商品收到的现金	4	
政府补贴收到的现金	5	
收到的其他与业务活动有关的现金	8	
现金流入小计	13	
提供捐赠或者资助支付的现金	14	
支付给员工以及为员工支付的现金	15	
购买商品、接受劳务支付的现金	16	
支付的其他与业务活动有关的现金	19	
现金流出小计	23	
业务活动产生的现金流量净额	24	
二、投资活动产生的现金流量		
收回投资所收到的现金	25	
取得投资收益所收到的现金	26	
处置固定资产和无形资产所收回的现金净额	27	
收到的其他与投资活动有关的现金	30	
现金流入小计	34	
购建固定资产和无形资产所支付的现金	35	
对外投资所支付的现金	36	
支付的其他与投资活动有关的现金	39	
现金流出小计	43	
投资活动产生的现金流量净额	44	
三、筹资活动产生的现金流量		
借款所收到的现金	45	
收到的其他与筹资活动有关的现金	48	
现金流入小计	50	
偿还借款所支付的现金	51	
偿付利息所支付的现金	52	
支付的其他与筹资活动有关的现金	55	
现金流出小计	58	
筹资活动产生的现金流量净额	59	
四、汇率变动对现金及现金等价物的影响额	60	
五、现金及现金等价物净增加额	61	

（8）对外承诺和或有事项情况的说明；

(9) 接受劳务捐赠情况的说明;

(10) 资产负债表日后非调整事项的说明;

(11) 有助于理解和分析会计报表需要说明的其他事项。

(五) 财务情况说明书

民间非营利组织的财务情况说明书至少应当对下列情况作出说明:

(1) 民间非营利组织的宗旨、组织结构以及人员配置等情况;

(2) 民间非营利组织业务活动基本情况,年度计划和预算完成情况,产生差异的原因分析,下一会计期间业务活动计划和预算等;

(3) 对民间非营利组织业务活动有重大影响的其他事项。

本章小结

民间非营利组织是指按照财政部2004年8月颁布的《民间非营利组织会计制度》所界定的,依照国家法律、行政法规登记的社会团体、基金会、民办非企业单位和寺院、宫观、清真寺、教堂等。民间非营利组织具有三个方面的基本特征:不以营利为宗旨和目标,资源提供者不取得经济回报,不享有该组织的所有权。

民间非营利组织的会计目标:应当如实反映民间非营利组织的财务状况、业务活动情况和现金流量等信息,所提供的信息应当能够满足会计信息使用者的需要。

民间非营利组织会计核算的基本原则:客观性原则、相关性原则、实质重于形式原则、一贯性原则、可比性原则、及时性原则、明晰性原则、配比性原则 、实际成本原则 、谨慎性原则 、划分收益性支出与资本性支出原则、重要性原则、权责发生制原则。

民间非营利组织会计要素被划分为资产、负债、净资产、收入、费用。

民间非营利组织的财务会计报告主要包括资产负债表、业务活动情况表、现金流量表等。

思考题

1. 民间非营利组织有何特征?民间非营利组织会计的特点是什么?
2. 民间非营利组织会计核算要遵循哪些会计原则?
3. 简述民间非营利组织会计要素的内容。
4. 简述民间非营利组织会计的任务。
5. 简述民间非营利组织会计报告的内容。

模拟试题

一、名词解释（5 题，每题 2 分，共 10 分）

1. 政府财政会计 2. 国库集中收付制度 3. 财政直接支付 4. 财政拨款收入 5. 事业单位会计

二、判断题（10 题，每题 1 分，共 10 分）

1. 政府会计是由财政总预算会计、行政单位会计、事业单位会计和民间非营利组织会计组成。（　）

2. 各级预算收入的收纳、划分和报解，通过商业银行办理。（　）

3. 政府财政会计的核算对象是各级政府财政预算资金，不核算政府的实物资产。（　）

4. 预算单位既可以从财政零余额账户提取现金，又可以从单位零余额账户提取现金。（　）

5. 政府在财政事务、税收征管事务、工商行政管理事务、教育管理事务、医疗卫生管理事务等方面的支出都属于一般公共服务支出。（　）

6. 在财政实拨资金方式下，行政单位在收到开户银行转来的收款通知时，确认拨入经费。（　）

7. 行政单位对于单位零余额账户的业务通过设置“零余额账户用款额度”账户进行核算，对于财政零余额账户的业务通过设置“财政零余额账户存款”账户进行核算。（　）

8. 事业单位会计的专款专用原则，是指对于有指定用途的资金，应当按规定的用途使用，并单独核算反映。（　）

9. 事业单位会计核算均采用收付实现制会计核算基础。（　）

10. 零余额账户用款额度是事业单位可以随时使用的一项特殊的流动资产。（　）

三、单项选择题（10 题，每题 1 分，共 10 分）

1. 政府财政会计在年终计算出财政体制结算中应由下级财政上解给本级财政的款项时，应通过(　　)账户核算。

A. “与上级往来”　　B. “暂付款”

C. “预拨经费”　　D. “与下级往来”

2. 财政总预算会计核算的一般预算收入包括(　　)。

A. 上解收入　　B. 税收收入

C. 政府性基金收入　　D. 补助收入

3. 在财政直接支付方式下，行政单位在确认财政拨款收入的同时确认(　　)。

A. 银行存款增加　　B. 零余额账户用款额度增加

C. 财政零余额账户存款增加　　D. 经费支出

4. 行政单位会计不适用于(　　)。

A. 行政机关　　B. 国家权力机关

C. 国家审判机关　　D. 国有企业

5. 行政单位资产的种类不包括(　　)。

A. 现金　　B. 银行存款

C. 财政零余额账户存款　　D. 零余额账户用款额度

6. 行政单位使用的非实存资金银行账户是(　　)。

A. 财政资金专户　　B. 银行存款账户

C. 财政零余额账户　　D. 单位零余额账户

7. 对于已实行非税收入收缴制度改革、取消收入过渡账户的行政单位，开具非税收入一般缴款书或收到并于当日上缴应缴预算款项时，可以(　　)。

A. 借：银行存款

　　贷：应缴预算款

B. 借：应缴预算款

　　贷：银行存款

C. 仅在应缴预算款备查账簿中进行备查登记，不做会计分录

D. 借：银行存款

　　贷：应缴财政专户款

8. 事业单位的负债按照流动性，分为流动负债和(　　)。

A. 长期负债　　B. 长期应付款

C. 长期借款　　D. 非流动负债

9. 事业单位依据有关的法律法规向公民、法人和其他组织无偿收取的具有专门用途的财政资金，属于(　　)。

A. 税收收入　　B. 应缴预算款

C. 应缴财政专户款　　D. 应缴国库款

10. 按照不同经费的性质，事业单位的事业支出可分成(　　)。

A. 工资福利支出、商品和服务支出、对个人和家庭的补助等种类

B. 财政补助支出、非财政专项资金支出和其他资金支出三个种类

C. 基本支出、项目支出两个种类

D. 财政拨款支出、其他事业支出两个种类

四、简答题（2 题，每题 6 分，共 12 分）

1. 什么是政府与非营利组织会计？相对于企业会计，政府与非营利组织会计有哪些特点？

2. 在不同的财政资金支付方式下，行政单位应当如何确认财政拨款收入？

五、业务处理题（4题，共58分）

（一）业务处理题1（12分）

1. 资料

某市财政201×年发生如下经济业务：

（1）收到人民银行国库报来的预算收入日报表。其中，一般预算收入合计368 400元，具体科目和金额为："税收收入——增值税"185 000元，"税收收入——营业税"108 000元，"非税收入——行政事业性收费收入"12 400元，"非税收入——罚没收入"63 000元。

（2）收到人民银行国库报来的预算收入日报表。其中，转移性收入合计185 800元，具体科目和金额为："一般性转移支付收入"107 800元，"专项转移支付收入"78 000元。

（3）以财政直接支付方式支付了一般预算支出资金，共计364 000元，其中，"一般公共服务——人大事务——行政运行"85 000元，"一般公共服务——工商行政管理事务——执法办案专项"69 000元，"一般公共服务——税收事务——行政运行"52 000元，"一般公共服务——税收事务——税务办案"158 000元。

（4）以财政授权支付方式支付了一般预算资金共计200 000元，其中，"一般公共服务——财政事务——预算编制业务"35 000元，"一般公共服务——纪检监察事务——大案要案查处"75 000元，"一般公共服务——纪检监察事务——派驻派出机构"61 000元，"一般公共服务——审计事务——审计业务"29 000元。

（5）年终，财政总预算会计进行结账。有关收入和支出账户的余额如表1和表2所示。

表1 **一般预算类收入账户的贷方余额** 单位：元

总分类账户	明细分类账户	贷方余额
一般预算收入		686 000
	税收收入	585 000
	非税收入	101 000
补助收入		350 000
	一般性转移支付收入	220 000
	专项转移支付收入	130 000
上解收入		56 000
	专项转移支付收入	56 000

表2　　**一般预算类支出账户的借方余额**　　单位：元

总分类账户	明细分类账户	借方余额
一般预算支出		667 000
	一般公共服务	179 000
	公共安全	120 000
	教育	136 000
	社会保障和就业	82 000
	城乡社区事务	68 000
	农林水事务	82 000
补助支出		86 000
	专项转移支付	86 000
上解支出		64 000
	一般性转移支付	64 000

2. 要求

根据以上资料，为该市财政编制有关的会计分录，有关的收入和支出账户需要列出明细分类账户。

（二）业务处理题2（16分）

1. 资料

某市政府所属某行政单位没有财政政府性基金预算拨入经费和财政政府性基金预算经费支出的业务。201×年该行政单位发生如下经济业务：

（1）收到财政部门委托其代理银行转来的财政直接支付入账通知书，财政部门为行政单位支付了一笔基本支出，具体科目和金额为："基本支出——人员经费"68 000元。

（2）收到单位代理银行转来的财政授权支付到账通知书，其中列示收到财政部门拨入一笔财政授权支付用款额度，具体科目和金额为："基本支出——日常公用经费"43 200元。

（3）收到财政部门委托其代理银行转来的财政直接支付入账通知书，财政部门为行政单位支付了一笔项目支出预算经费，具体科目和金额为："项目支出——信息网络购建"58 000元。

（4）因为开展业务活动的要求，通过单位零余额账户支付了购买办公设备的款项35 000元。

（5）通过单位零余额账户支付了一笔基本支出预算经费，具体科目和金额为："经费支出——基本支出——日常公用经费"38 000元。

（6）年终结账。"拨入经费"总账科目的贷方余额为890 000元。拨入经费有关明细账科目的贷方余额为："基本支出——人员经费"263 000元，"基本支出——日常公用经费”542 000 元；“项目支出——信息网络购建”85 000 元。

（7）年终结账。“经费支出”总账科目的借方余额为 887 000 元。经费支出有关明细账科目的借方余额为：“基本支出——人员经费”263 000 元，“基本支出——日常公用经费”541 000 元；“项目支出——信息网络购建”83 000 元。

2. 要求

根据以上资料，为该行政单位编制有关的会计分录，有关的收入和支出账户需要列出明细分类账户。

（三）业务处理题 3（30 分）

1. 资料

某事业单位 201×年发生如下经济业务：

（1）收到财政零余额账户代理银行转来的财政直接支付入账通知书，列示：财政部门通过财政零余额账户为事业单位支付了一笔劳务费用，金额共计 60 000元。

（2）事业单位通过单位零余额账户购入一批自用材料 1 000 千克，单价 10 元/千克，增值税税款为 1 700 元，价税合计 11 700 元，材料已验收入库。

（3）事业单位按计划使用项目预算经费购入一台不需要安装的仪器，价款 38 500元，款项通过财政零余额账户支付。仪器经验收后列报支出。

（4）事业单位计提本月固定资产折旧，应计提折旧金额为 60 000 元。

（5）事业单位将收到的应缴国库款 150 000 元通过开户银行上缴财政国库。

（6）事业单位按照国家统一规定通过财政零余额账户发放职工工资 153 800 元，同时，按税法规定代扣代缴个人所得税 13 500 元。

（7）事业单位收到银行收款通知，收到从财政专户返还的事业收入450 000元。

（8）事业单位收到银行收款通知，收到上级单位拨来的一笔非财政性的补助款项 299 000 元，其中，“基本支出——人员经费”125 000 元，“基本支出——日常公用经费”81 000 元，“项目支出——教学设备采购”93 000 元。

（9）事业单位某文化馆将闲置的房屋对外出租，取得租金收入 7 000 元，存入银行。

（10）事业单位收到财政国库支付执行机构委托其代理银行转来的财政直接支付入账通知书，财政国库支付执行机构通过财政零余额账户为事业单位支付了一笔事业支出，具体为：“事业支出——财政补助支出——基本支出——人员经费”76 000元；“事业支出——财政补助支出——基本支出——日常公用经费”25 700元。

（11）期末，事业单位计算结转从事专业业务活动及其辅助活动人员的工资 145 000 元，从事经营业务活动人员的工资 36 000 元。

（12）事业单位年终结账，“事业收入”总账账户的贷方余额为 5 880 000 元，其中，专项资金收入 1 330 000 元，非专项资金收入 4 550 000 元。

（13）年终，事业单位年度事业收入为 9 000 000 元，经营收入为 2 000 000

元，按10%的比例提取修购基金。

(14) 事业单位年终结账前“经营收入”账户贷方余额为89 000元，“经营支出”账户借方余额为53 000元，将事业单位收支账户的余额转入“经营结余”账户。

(15) 年终，某事业单位将“非财政补助结余分配”账户的贷方余额53 000元转入“事业基金”账户。

2. 要求

根据以上经济业务，为该事业单位编制有关的会计分录，有关的收入和支出总账账户要求列出明细分类账户。

参考文献

［1］罗朝晖．政府与非营利组织会计［M］．成都：西南财经大学出版社，2004.

［2］贺蕊莉，刘明慧，包丽萍．预算会计［M］．大连：东北财经大学出版社，2009.

［3］赵建勇．政府与非营利组织会计［M］．北京：中国人民大学出版社，2010.

［4］王彦，王建英．政府会计［M］．北京：中国人民大学出版社，2012.

［5］刘学华．政府与非营利组织会计［M］．上海：立信会计出版社，2012.